“十三五”国家重点图书出版物出版规划项目
改革开放四十年中国职工状况丛书

中国职工状况调查报告

1978－2018

本书编辑组◎编

中国工人出版社

图书在版编目（CIP）数据

中国职工状况调查报告：1978—2018 / 本书编辑组编.
—北京：中国工人出版社，2018.12
ISBN 978-7-5008-7104-0

Ⅰ.①中… Ⅱ.①本… Ⅲ.①职工构成—调查报告—中国—1978—2018
Ⅳ.①D412.7

中国版本图书馆CIP数据核字（2018）第287967号

中国职工状况调查报告（1978—2018）

出 版 人	王娇萍
责任编辑	王学良
责任校对	孙遒伟
责任印制	栾征宇
出版发行	中国工人出版社
地　　址	北京市东城区鼓楼外大街45号　邮编：100120
网　　址	http://www.wp-china.com
电　　话	（010）62005043（总编室）　（010）62005039（出版物流部） （010）82075935（工会与劳动关系分社）
发行热线	（010）62004002　62033018　62046264　（010）82081553（传真）
经　　销	各地书店
印　　刷	三河市东方印刷有限公司
开　　本	710毫米×1000毫米　1/16
印　　张	19
字　　数	320千字
版　　次	2018年12月第1版　2018年12月第1次印刷
定　　价	50.00元

目录

CONTENTS

第一次中国职工状况调查报告

（1982 年）

关于当前我国工人阶级状况的调查报告

最近，我室会同全国总工会，就当前我国工人阶级状况进行了一次调查。参加这次调查的有：原冶金部、第一机械工业部、第四机械工业部、第六机械工业部、纺织工业部、煤炭部、石油部、铁道部、交通部、建筑工程总局、商业部等十一个部局，分别选择了鞍山钢铁公司、第一汽车制造厂、南京无线电厂、大连造船厂、上海第十七棉纺织厂、大同煤矿、大庆油田、郑州铁路局、广州远洋运输公司、北京第三建筑公司和上海市第一百货商店等十一个企业作为重点调查的对象，由上述部局牵头组成了十一个调查组（全国总工会有三十名干部参加各组活动），按统一的调查提纲开展工作。十一个部局的党组和全总党组对这次调查很重视，进行了具体领导。与此同时，我室也组织了一个调查组，对江苏和上海等几个有代表性的大中工业城市作了面上的考察。上述十二个调查组的工作，得到了有关省、市委和企业党组织的大力支持和帮助，并选派数百名干部参加调查工作，因此参加十一个点调查的工作人员有近千人。调查涉及的职工约二十七万人，其中以座谈会、个别谈话、无记名的书面调查和家庭访问等方式直接或间接接触到的工人有四万人，整理了各种调查资料约五十多万字。可以说，这是建国以来，就工人阶级状况所作的一次规模较大和较为系统的调查。调查组的各项活动，得到了广大工人群众和干部的欢迎和很好的配合。

十二个调查组从三月初开始，经过一个多月的紧张工作，已完满完成预定的调查任务。现将这次调查中提出的带有理论性和政策性的七个问题综述如下。

一、关于资产阶级作为剥削阶级消灭以后的工人阶级

建国三十多年来，随着我国社会主义建设事业的发展，工人阶级队伍有了很大的发展。据统计，全国职工人数，一九四九年为八百万，一九八一年为一亿零九百万，增加了十二倍多。作为工人阶级主体的产业工人——工业、基本

建设、交通运输、邮电等系统属于全民所有制单位的工人，一九四九年仅有三百九十万，而一九八一年则已达四千六百万，增加了近十一倍。一九五二年我国全民所有制单位的工程技术人员只有十六万四千人，而一九八〇年则已达一百八十六万二千人，增加了十倍多。一九八一年全国职工在城镇居民中的比重，已由一九四九年的 14% 上升到 60% 左右。其中，全民所有制的产业工人在全国城镇居民中的比重，也由一九四九年的 7% 上升到 35%。在中等的工业城市，如江苏的常州、扬州、无锡、苏州等，工人的人数则已超过这些城市全体居民的 60%。全国解放前，现代性工业的产值只占国民经济总产值的 10% 左右，而一九八一年，我国工业总产值在国民经济总产值中的比重已提高到 70% 左右。这是一个历史性的伟大变化。这个变化，对于我国的现代化社会主义建设，对于我国社会主义制度的不断完善和发展，对于我国整个政治生活、经济生活、文化生活和其他各方面的社会生活，已经起着和将要起着极其重大的作用。在整个居民中比重已经达到这样大的工人阶级中，它的状况特别是它的思想状况如何，它在国家政治、经济、文化生活中的地位和作用如何，不但在很大程度上标志着我们国家的政治、经济、文化等的状况，而且不可避免地要对其他阶级起重大的甚至决定性的影响。因此，我们建议从现在起，各级党委，特别是工业比较发达的省、市、自治区党委，要十分重视对工人阶级状况的调查研究，十分重视从思想上、组织上和其他方面加强工人阶级队伍的建设，并且把对工人阶级的工作，提到议事日程上来。

现在党内外都有不少同志有这样一种观点，他们不正确地理解资产阶级和无产阶级互相依存、互为条件的对立统一关系，认为在我国，作为剥削阶级的资产阶级既然已被基本消灭，因此作为它的对立面的工人阶级也不能作为一个阶级而继续存在了。这种观点从根本上曲解了我国的社会现实，严重影响各方面的工作，我们在调查中遇到的许多问题，如忽视工人阶级队伍的建设，放弃对工人阶级进行阶级教育，不去发挥工人阶级的先进作用，把工人阶级和农民阶级、知识分子的根本利益上的一致看作是一切都一致，否认社会主义社会中的阶级差别等，都与这个观点有关。因此，我们认为在谈工人阶级问题的时候，首先应该澄清这种不承认工人阶级仍然存在，而且将要长期作为强大的和先进的阶级存在并且对其他阶级和阶层发生有力的影响这样一种观点。

当然，从历史的长期发展看问题，资产阶级和工人阶级都是在历史上发生、发展，也要在历史上灭亡。但是不能把这个经过高度概括的规律性结论，简单地理解为这两个对抗着的阶级可以在同一个早上产生，在同一个早上灭亡。阶级从产生到灭亡，要经历一个长时期的历史过程。我国生产资料私有制的社会主义改造基本完成之后，资产阶级作为剥削阶级就已消灭，而工人阶级不但没有随着资产阶级的消灭而消灭，而且发展得愈来愈壮大了。今天，中国工人阶级作为先进生产力和生产关系的代表，巨人般屹立在世界的东方。它经过自己的先锋队——中国共产党领导着中华人民共和国，并且在世界事务中起着日益重要的作用。这是为什么呢？这是违背了对立统一规律吗？完全不是。从根本上说，这是因为，我国社会生产力还远远没有发展到能够消灭一切阶级和阶级差别的水平，历史赋予中国工人阶级的使命还远远没有完成。（一）中国工人阶级的历史使命，不只是在条件成熟的时候消灭资产阶级，而且要在条件成熟的时候（这需要长得多的时间），消灭工人阶级同农民阶级的差别，消灭一切阶级差别，从而消灭工人阶级自身（即全社会成员都工人阶级化），这是很长历史时期的任务，而完成这个任务，为时尚早。（二）在我国资产阶级作为剥削阶级已经消灭，这是我国工人阶级实现自己历史使命征途上迈出的具有决定性意义的一步，对它的巨大意义和作用绝不可低估，但这里所说的资产阶级的被消灭，是指这个阶级在大陆上已经消灭。在台湾、香港和澳门，这个阶级仍然是完整的剥削阶级。资本主义制度和资产阶级在国际范围仍然存在，而资本是国际性的现象（同样的道理，工人阶级的存在也是一种国际性的现象）。由于我们现在是执行对外开放和对内搞活经济的政策（这种政策还要长期执行），原来就存在的国外和海外的资产阶级向我们进攻、渗透、腐蚀和影响就必然大大加剧，这样，中国工人阶级（和全国人民）同它进行斗争的任务，也就大大加重了。我国社会主义制度建立的时间还不长，还处于初级阶段，还不很完善，我们的经济体制和经济生活还有一些缝隙，以致新的剥削分子得以滋生。这些新的剥削分子，趁着对外开放之机，内外勾结，大肆进行贪污、受贿、走私、诈骗等等破坏活动，成为我国社会主义制度的敌对分子，人民民主的国家政权必须对他们实行专政，工人阶级和全体人民对他们必须进行坚决的斗争。（三）我国的资产阶级、封建阶级被消灭的时间还不长，封建制度、半殖民地半封建制度被推翻的时间也不长（而封建制度存在的时间却很长），反革命分子、敌视和破坏社会主义制度的残余分子还没有完全肃清，在一定条件下，新的反革命分子和敌视、破坏社会主义制度的分子也还可以产生。我们说在社会主义改造完成以后还要在一定范围内存在的阶级斗争指的主要就是同这些反革命分子和敌视、破坏社会主义制度的分子之间的阶级斗争。至于人民内部，由于国外和海外剥削制度和剥削阶级以及国内旧的剥削阶级思想的影响，产生了诸如资产阶级自由化、无政府主义、极端个人主义等资产阶级和其他非无产阶级的思想和行为，同社会主义制度，同工人阶级和全体人民发生矛盾，一般说来，这种矛盾是社会主义社会中诸种社会矛盾中的一种属于具有阶级斗争性质的矛盾。这种矛盾，在当前社会主义社会中，还是相当大量的，需要工人阶级和绝大多数人民用适当的方法同他们进行适当的斗争，并且以工人阶级和人民的胜利而得到解决。所有这些都充分说明，工人阶级走完自己的历史行程，还要作出巨大艰苦的奋斗和牺牲，一直到相当遥远的将来才能实现。有的同志并不否认我国工人阶级作为阶级仍然存在，但他们认为现在的工人阶级已经不是原来意义的工人阶级了，因为列宁对工人阶级所下的定义（简单地说，即没有生产资料）已经不适用了。这种看法也是不正确的。我国工人阶级，如同一切在历史上产生和灭亡的其他事物一样，都要经过一个发展的过程，在这个发展的过程中，必然会发生巨大的变化，包括随着新中国的建立，工人阶级已由过去的被统治阶级成为新社会的统治阶级这种社会地位的根本性变化，包括在新的历史条件下工人阶级固有的本色随着社会实践的发展而不断地得到丰富和发展等这样重大的变化在内，但总的来说，工人阶级并没有因此而改变它原来具有的本质。中国工人阶级在资产阶级作为剥削阶级灭亡以后所发生的变化，我们应该把它看成是中国资产阶级和工人阶级这一对立统一体在其产生、发展和灭亡的尚未完结的过程中的一种必然出现的现象。

人类的历史，归根到底是社会物质生活资料生产的历史，是物质生活资料生产者——劳动人民的历史。马克思主义这个关于社会历史发展的基本观点并没有过时。我国工人阶级，之所以在资产阶级作为阶级被消灭以后仍然存在和发展，之所以能够肩负起上述伟大的历史使命，从根本上说，是由于它是同社会化大生产相联系的劳动者阶级，是新的、比资本主义更高的社会主义生产方式的体现者，是最有前途的阶级。工人阶级的这种历史地位和作用，是不以人们的主观意志为转移的客观存在，也不会为这个阶级内部存在着这样或那样暂时的消极现象而有所改变。

因此，在我国现阶段，认为工人阶级作为阶级已不复存在的观点，是不符合我国客观实际的，是违背马克思主义基本观点的。这种错误观点只会导致模糊工人阶级的阶级意识，不利于工人阶级提高自己的阶级觉悟，增强自己的团结和纪律，发挥自己的先进作用，因而不利于工人阶级履行自己的崇高的历史使命。

在这次调查中，许多工人反映，前一段报刊很少宣传工人阶级，在一些重要文章和文件中，提到工人阶级的也不多，工人阶级的阶级观念所以淡薄，同这种情况有明显的关系。因此，采取必要措施以加强对工人阶级的社会地位、历史使命和先进作用的正确宣传，提高工人阶级的阶级觉悟，增强工人阶级的阶级意识，激发工人阶级的光荣感和责任感，是十分必要的。

二、关于对我国工人阶级新一代的基本估计

进入七十年代以来，我国工人阶级队伍的更新速度加快了。从一九四九年到一九六九年，平均每年增加职工二百多万，而从一九七〇年到一九八一年，平均每年增加近四百万。近几年来，很多地区和单位不适当地实行职工退休子女顶替的办法，致使大批老工人未到退休年龄即提前退休，大大加速了我国工人阶级队伍的组织构成的重大变化——解放前和建国初期参加工作的老年工人显著减少（以鞍钢为例，炼铁厂、炼钢厂、第一轧钢厂、电修厂等六个单位建国以前的老工人仅剩二百三十九人，只占职工总数的2.15%，再过三五年，这部分人将全部退出企业），年青工人的比重越来越大。据统计，一九六六年以来参加工作、年龄在三十五岁以下的年青工人，到一九八一年底已达六千多万，约占职工总数的60%左右，并且这部分年青工人绝大部分处在生产第一线，已经成为生产的骨干和主力。例如，上海第十七棉纺厂的挡车工，三十五岁以下的占90%以上。广州远洋运输公司，三十五岁以下的海员占海员总数的88%。郑州铁路分局郑州北机务段、郑州工务段、郑州北站，在运输生产第一线的，三十五岁以下的青年工人占到66%。北京市第三建筑公司，在九百八十名生产班组长中，年轻的班组长占到62%。大庆油田一千二百二十二名生产班组长中，一九六六年以来参加工作的共八百三十人，占68%。总之，现代化工业建设的重担，已经历史地落到了我国工人阶级新一代的肩上。这已经成为不以人们的意志为转移的客观事实。如何估计这新的一代，是一个有争议的问题。

鉴于正确估计这新的一代，已经成为我们党在工人阶级中进行一切工作和活动的一个基本出发点，我们必须经过调查研究，对这个问题作出合乎实际的回答。

建国初期，新工人大部分来自农村，现在绝大部分来自城市。据统计，一九五七年在产业部门的七百万名新工人中，出身自工人血统家庭的约占 30%。这次据我们对一九六六年以来进厂的新工人的调查，他们出身自工人血统家庭的占 80% 左右（煤矿、油田等企业新工人来自农民家庭的比例要大一些）。绝大多数青年工人来自工人家庭或其他劳动人民家庭，但由于他们没有亲身在旧社会经受压迫和剥削，因而缺乏老一代工人所具有的那种强烈的翻身感，那种对党、对社会主义的朴素深厚的感情，在主人翁的责任感方面，在吃苦耐劳和组织纪律性方面，也不如老工人那样自觉。这是事实。但是我们应该看到，年青一代工人之所以存在这个缺点，除了年龄原因之外，主要是因为十年内乱期间和最近这些年来我们放松了（有的地方有的时候是放弃了）对他们的教育，以致他们对于老一代工人所熟悉的一切，都异常生疏，对于祖国、对于共产党、对于马克思列宁主义毛泽东思想、对于社会主义制度、对于无限光明美妙的共产主义明天，都几乎一无所知或所知甚少。这显然是十年内乱的一种严重的消极后果。这一点这里不详加论述。除此之外，这种情况所以如此严重，与我们工作中的失误有直接的关系，把它完全归咎于年青一代工人是不恰当的，也是不公平的。而且这个缺点完全可以经过改进和加强我们的工作而得到弥补。现在有些同志未作具体分析，简单地用上述青年工人在某些方面不如老工人这个理由来责备年青一代的工人。认为年青一代工人政治素质大大降低了，甚至认为这一代工人已经失去了工人阶级的阶级性，因而对他们失去信心。我们经过这次调查，对大量材料进行综合和分析研究，认为这种看法是不符合实际的，因而是不正确的。

一九六六年以后参加工作的年青工人有些什么特点呢？第一，他们的文化水平较高，感觉敏锐，接受新鲜事物的能力强。在他们中间，90% 以上的人具有初中或高中的学历。据一九五七年有关部门的统计，当时职工的文化程度，中学不到 20%，小学占 64%，文盲占 15%。参加这次调查的十一个调查组同志一致认为，除去学历与实际文化水平不相符这个因素以后，目前新一代工人的实际文化水平仍然要比老年工人高得多（当然，同现代化建设的客观需要相比，青年工人的文化水平还是很不够的）。青年工人由于具有较高的文化，掌握新技术、新工艺的能力较强。在生产上，老工人经过长年累月，一点一滴积累起来的生产技能和经验，他们往往能够只用一两年或者两三年的时间就能掌握。近几年新老工人大进大出，除极少数技术工种出现了技术力量青黄不接的现象外，一般生产没有受影响，许多生产部门由于接收了大量有文化、有体力的新工人，使劳动力得到了更新，生产上出现了好的势头。去年，仅上海市就有十四万青工提前两个月完成了一九八一年生产任务。第二，在政治方面，主流也是好的。总的说来，青年工人可塑性很大，由于他们文化程度稍高，视野比较开阔，思想比较活跃，很少有保守思想，能够较快地理解比较复杂的社会政治问题，对改革不合理的现状具有较强烈的要求。这集中表现在对党的三中全会以来的一系列方针政策，理解和接受得比较快。在这次调查中，我们就三中全会以来党中央的十三项重大方针政策向职工作了书面调查，青年工人绝大多数表示赞成。经过参加调查的同志认真分析，认为这个调查结果基本上是可信的。

在调查中，我们对一九六六年以来参加工作的年青工人作了分类研究。郑州铁路局调查组对该局所属的北站一场一百五十四名青年工人作了分析，认为大体上可分为五种类型：

第一类，既有远大理想，又能做好本职工作；既是政治上的骨干，又是生产上的突击手。他们好学上进，认真钻研，自觉遵守劳动纪律，遇事抢先。共有三十一人，占青工的 19.4%。

第二类，安全生产，踏实肯干，把搞好本职工作放在首位。有当先进生产者的要求，看不惯一些轻浮散漫的作风，比较艰苦朴素。共有七十五人，占青工的 48.1%。以上两项合计为 67.5%，可见青工中好的和比较好的占大多数。

第三类，缺乏理想，不关心政治，只讲挣钱，把钱放在首位，即所谓“一切向钱看”。讲究吃穿，追求享受。他们的口头语是“当工人就是为了挣钱吃穿”。一到开工资，就宴请“哥们弟兄”。一到休息天就穿上好衣服，东游西串。共有二十五人，占青工的 16%。

第四类，思想空虚，虚度年华。“今朝有酒今朝醉”，只图眼前舒适。工作马虎，纪律松弛。大错不犯，小错不断。多次批评，还是我行我素。有时当面检讨保证，过后依然故我。对这些人，领导着急，家长生气，同志们反感。共有十七名，占青工的 11%。

第五类，违法乱纪，触犯刑律，受到拘留或劳教。这类人有七名（其中因流氓罪被劳教的三人，扰乱公共秩序被拘留的二人，用汽枪伤人被拘留的一人，酒后打架被拘留一人），占青工的4.5%。

我们认为，郑州铁路局调查组对青年工人的上述分析及好的和比较好的青年工人占大多数的结论，是有代表性的。当然，由于各个企业、各个单位的具体情况不同，各类青年工人所占的比例大小也会有所不同。从这次调查的其余十个企业的情况来看，第三类青工的比例要稍大于16%，第五类青工的比例要小于4.5%，一般只占百分之一二，而触犯刑律、受到刑法惩处的只占3‰—5‰。

青年工人中有一部分人特别值得我们重视，即所谓的“老三届”就是一九六六年、一九六七年、一九六八年三届的高、初中毕业生。这部分人从整体来说，在“文化大革命”初期，由于年少无知，受到狂热的煽动，有过过火的行动，但是他们比较快地陆续觉悟过来了，并且比较早加入了工人队伍。他们在十年动乱前一般都受过7—12年正规的学校教育、家庭教育和社会教育，文化基础比较扎实，再加上已在社会化大生产的环境中受到了十年左右的训练，因此其中不少人已经继承了工人阶级的优良品质和光荣传统，成为企业政治工作和生产建设的骨干。据十一个调查组统计，在生产班组长中，由这部分人担任的已占到接近一半。在他们中间，人才辈出，优秀班组长、优秀工程技术人员和管理干部、优秀政治工作者大有人在。例如，常州灯芯绒厂印染车间拉蜡机小组乙班组长杨彩英，女，现年三十一岁，六六届初中毕业生，一九六九年进厂，已有十三年工龄。她一九七九年开始当生产组乙班的班长，领导得不错，全小组的产量、质量，在全厂同类小组里居于领先地位，一九八〇年被评为厂先进小组。后来把她调到甲班当生产组长，甲班的生产很快上去了，而乙班又掉下来了。之后领导又把她调回乙班，结果乙班的生产又上去了。广州远洋运输公司的青年海员莘留生，不仅经受了险风恶浪的考验，并在两伊战争的炮火中显示了中国海员的英雄品格。类似杨彩英、莘留生这样优秀的青年工人，多不胜举。通过同这些优秀青年工人的直接接触和多方面的了解，我们深深感到，工人阶级大公无私、吃苦耐劳、富于组织纪律性等优良品质确已在我国工人阶级新一代的优秀分子身上得到了继承和巩固。

青年是整个社会中最积极最有生气的力量，社会主义社会的、与社会化大生产相联系的、具有较高文化水平的青年工人，尤其是这样。目前，党内外有一部分同志，所以对我国工人阶级年青一代作出不符合实际的估计，正是因为他们忽视了我国社会历史条件的变化，看不到由于家庭生活条件不同、文化水平不同和社会经历不同而带来的新老工人在思想方式、生活方式上的不同，不加分析地搬用五十年代的标准，来看待八十年代的青年工人，因而看青年工人身上的消极因素多，看积极因素少，不能正确地分析青年工人的主流和本质。这种错误的看法，在社会上有相当的普遍性，以致很大地挫伤广大青年工人的社会主义积极性，并给我们党的工作带来不应有的损失。我们应该看到，在工人阶级队伍中，约占15%左右的老工人和约占20%左右的中年工人，仍然是我们党的一部分重要依靠力量，我们应当对他们继续做好思想政治工作，并且注意解决他们工作上、生活上的实际困难，使他们能够在发扬工人阶级的优良传统、热爱党、热爱社会主义，在技术上精益求精，全心全意搞好生产等方面，继续做青年工人的表率，起传、帮、带的作用。我们也应该看到，在工人阶级队伍内部，现在还有10%左右的青年工人，居于落后状态，特别是还有1%左右的青年工人，已经成为失足青年，或者已经到了失足的边缘。他们在整个工人阶级中所占的比例虽然很小，但是绝对数却很大，对于整个社会治安和社会风气起着很坏的影响。如果我们不能把这部分消极力量化为积极力量，我们的现代化建设，我们的精神文明的建设，我们整个社会风气的改善和道德水平的提高势必受到严重的障碍，我们整个工人阶级队伍的形象和素质，也必然受到严重的损害。所以，我们必须坚决采取有力的措施，经过坚持不懈的努力，来改变这种情况。在这个问题上，我们头脑必须清醒：（一）我们的工人阶级队伍中，之所以有些人处于落后状态，有的甚至失足，这是特殊历史条件下的暂时现象，只要我们整个社会都来关心他们，只要主管部门真正发扬我们党教育人、改造人的优良传统和丰富经验，除了极少数不可救药的分子以外，绝大多数经过教育是能够转化为积极力量，以至成为先进分子。这是实践已经证明了的。他们所以沦为落后分子甚至失足，主要是因为在十年动乱中受到许许多多的毒害和创伤，同时失去了接受正面教育的机会，以致对社会主义社会的一切原则和准则一无所知。但他们毕竟是在社会主义祖国生长的，就整体来说，他们的本质仍然是好的，我们决不可把他们同资本主义社会青年中的那种由于整个社会的弊病和没有前途，而成为“垮掉的一代”、成为罪犯和坠落者、沉沦者相提并论。（二）我们工人阶级是历史上最先进的阶级，以解放全人类为己任。这个阶级掌握着现今世界上最进步的科学——马克思列宁主义、毛泽东思想，它不但能够自觉地教育和改造工人阶级本身，而且有能力领导全体人民，在全国范围内和全体规模上教育和改造自己，使其摆脱反动派的影响，至于被革命浪潮卷进工人阶级内部的非工人阶级分子——小资产阶级分子、流氓无产者等，工人阶级能够运用它的强有力的思想政治工作，系统的教育工作等，教育和改造他们，消化他们，使其转化为当之无愧的光荣的工人阶级成员，这是已经为我们党的历史所反复证明了的。我们对此应该有足够的信心。

现在摆在我们面前的迫切任务，还有大大加强对先进的和比较先进的青年（其中有小部分已接近中年）工人的教育。如上所述，这部分工人处于生产第一线，是我们的主要依靠力量。生产是否上得去，他们起着举足轻重的作用。这部分工人总的说来，在政治上、生产上和生活作风上的表现也是好的，这是本质和主流。但是应该看到，他们是在十年内乱期间成长的，十年内乱中的各种阴暗面，对他们不能不发生程度不同的影响。一般地，他们也缺乏马克思主义基本理论、社会主义的各项原则和准则的系统教育，这是他们很大的缺陷。总之，在调查中，我们深深感到，我们党作为工人阶级的先锋队，在经过三年的拨乱反正的今天，完全有必要花费比较大的精力，整顿和建设我们的工人阶级队伍。我们如果不能把工人阶级整顿和建设成一支有共产主义觉悟的、有现代文化和现代生产技能的、团结协作而且纪律严明的强大队伍，我们党就不可避免地要逐渐削弱自己坚强的阶级基础，这是一个十分严肃、十分紧迫的问题。

我国在现阶段，工人、农民、知识分子都是我们党的依靠力量。就工人阶级来说，我们当然是依靠整个工人阶级。鉴于当前我国工人阶级队伍组织构成的重大变化，我们党对工人阶级工作的重点，必须把以建国前后入厂做工的老工人为主转变到以青年工人为主上来（中年工人的骨干作用当然不可忽视）。这是历史和客观现实所要求于我们的。为了把我们的工人阶级整顿和建设成如上所说的强大的队伍，我们今后对工人阶级的一切工作，必须以这个转变为主要出发点。

三、关于重新向工人阶级灌输共产主义思想

工人阶级虽然是当代最先进的阶级，但它是不可能自发地产生科学社会主

义思想的。只有经过教育和灌输，接受了科学社会主义思想，工人阶级才能提高阶级觉悟，从自在的阶级变为自为的阶级。这个马克思主义的基本原理至今丝毫没有过时。大量调查材料表明，现在在工人阶级中，有相当一部分人政治热情有所下降，缺乏工人阶级应有的远大理想。他们对于共产主义事业必胜的信念已经比较淡薄。北京市第三建筑公司一个先进的施工队，在这次书面调查时，二十六名干部（十三名党员）中，在回答“你的最高理想是什么?”这个问题时，只有八人在“为实现共产主义”这个答案下画了圈，就是说，至少有五名以上党员干部，已不承认自己的最高理想是实现共产主义。这当然只是少数人的情况，不能以偏概全，但这种现象十分值得我们的注意和警惕。

我们的工人阶级队伍中，有一些人受资产阶级思想影响已相当严重。有一个工厂开展关于人生观问题的讨论，有一个车间竟有 99% 的人认为“人的本质是自私的”。后来工厂为此组织了一次辩论，辩论的结果是这种错误思想仍然占了上风。资产阶级把人和人之间的关系变成了赤裸裸的利害关系，把人的尊严变成了交换价值。必须指出，这种资产阶级的价值观在工人阶级队伍内部已经不同程度、不同形式地有所反映。个别职工把金钱看得比政治荣誉更重要、更宝贵。例如，有的工人违犯了劳动纪律，宁愿用写检讨来代替扣奖金，金钱重于荣誉。诸如此类的事情，我们在调查中屡见不鲜。这种情况的确向我们提出了一个严肃的问题：我们是社会主义国家，我们实行的是计划经济，市场调节只起辅助作用，但是我国社会生产力发展水平要求我们在今后相当长的历史时期内，必须发展商品生产和商品交换。怎样才能做到既要发展商品生产和商品交换，又能限制商品自由交换和等价交换的原则，超越经济活动的范围而侵入社会生活的各个领域? 例如，限制其侵入精神产品的领域，侵入社会主义的伦理关系的领域，特别是侵入作为社会主义国家公民的信念、理想以至人格国格这样神圣的领域。这是一个带有一定的严峻性和深刻性的问题，我们希望党的各级组织和其他有关部门，我们的政治工作干部，我们的经济学家、伦理学家、历史学家、社会学家以及其他社会科学工作者，都来研究和共同努力解决这个问题。

工人阶级所以是当代最先进的阶级，所以具有任何其他阶级所不能具有的先进性，除了它同当代新的生产力和生产关系相联系，是当代新的生产力和生产关系的代表者以外，还因为它拥有科学社会主义的思想武装。从这次调查的材料可以看出，最近相当一个时期以来，由于种种原因，我们党对工人阶级的共产主义教育有了明显的削弱，日常的思想政治工作也同样有了削弱，在许多企业，政治学习甚至已经名存实亡。党的十一届三中全会以后，这种情况虽然已经开始扭转和改善，但是同客观需要比较起来，还差得很远。我们认为，现在完全有必要把重新向工人阶级灌输共产主义思想的任务提到全党的面前，并且采取各种有力措施，使这项工作卓有成效地开展起来。

如同国家对公民的文化教育，从小学到中学，到大学，是一个由浅入深、循序渐进、综合规划的教育体系一样，党对工人阶级的共产主义教育，也应逐步地形成一个体系。就是说，今后新工人从入厂的第一天起直至退休，在不同时期，要联系他们的现实思想，施以系统的思想教育。在马克思主义基本理论、共产主义理想、共产主义道德、共产主义劳动态度、劳动观念和劳动纪律、爱国主义和国际主义、集体主义、社会主义法制、党和国家的方针政策、工人阶级的优良传统、社会主义的审美观点和生活方式、中国近代史、中国近代革命史和中国共产党史相统一的近代历史知识等方面，应包括哪些具体内容；先学什么，后学什么，学习过程中各部分内容如何融贯、有机结合；学过之后应达到什么样的要求，如何进行考核，等等，都要作出规划，编出教材或教学大纲。有了教学大纲，各地方、部门、各行业或企业还应根据自己的特点加以充实和具体化。总之，应使这种教育逐步正规化、系统化。党对工人阶级的共产主义教育所要达到的基本目的，就是使全体工人提高对本阶级的历史使命的认识，不断抵制和清除资产阶级思想、封建残余思想和其他错误思想对工人队伍的侵蚀，牢固地树立起共产主义世界观和人生观，并在国家的政治、经济、文化和其他社会生活中充分发挥工人阶级的先进作用。

为了使共产主义教育收到实效，目前企业的政治教育工作必须从内容到形式来一个大的改善或改革。在继承和提高我们党长期积累的思想政治工作的优良传统和方法的同时，要坚决改革那些落后于实际生活的、不恰当的形式和方法，创造群众易于接受的生动活泼的新形式和新方法。目前共产主义教育工作的主要对象是青年工人。因此，我们要根据青年工人善于独立思考、求知欲强、兴趣爱好广泛等特点，加强教育工作的针对性、知识性和生动性。要做到正面教育疏导为主，循序渐进，形式灵活多样。要把政治思想教育和开展丰富多彩的业余文化活动很好地结合起来。看电影、电视，读文艺作品和科普作品，已成为广大职工特别是青年工人业余生活的一个重要的内容。我们要高度重视这个领域，用最大努力办好电影、电视和广播节目，办好报纸和各种工人读物，为工人阶级提供日益增多的精神食粮。现在一些同志片面理解政治工作要为经济工作服务，把政治教育工作的内容搞得很狭隘，只是满足于保出勤，保安全生产，保生产计划的完成，没有把对工人阶级进行马克思主义世界观、人生观的教育等放在应有的重要地位，并予以很好的解决。这种认识和做法必须迅速改变。

应该把思想政治工作的改善如实地看作是党的领导的改善的一个重要组成部分。我们要在训练、提高原有政工人员的同时，提拔一批热爱政治工作、富有朝气、具备一定的文化知识水平并与工人群众有密切联系的人员来担任思想政治工作，逐步建设起一支坚强有力的共产主义教育工作者的宏大队伍。工会系统要加强以工人阶级为主要对象的调查研究工作、宣传教育工作和出版工作等。共产主义青年团也要以容易为年青人所接受的形式，大大加强对青年工人的教育工作。

有些同志认为，现在对工人进行共产主义教育，很不容易收到效果，其实不然。目前不少地方和单位在对青年工人进行共产主义教育方面已经创造了一些好办法，积累了一些成功的经验。例如，这次调查中，我们了解到江苏省扬州纱厂举办的政治学校，坚持正面教育，实行疏导方针，紧密结合青年工人的思想实际进行党的四项基本原则和工人阶级历史使命的教育，取得了令人满意的效果。这个政校已开办了十期，共培训了四百九十一人，90% 以上的学员通过短期脱产学习，在政治思想觉悟、劳动纪律、工作责任心等方面都有不同程度的进步。青年工人的家长还向政治学校送了锦旗，称赞他们“因材施教传马列，细雨无声育新人”。我们应当相信，我们党在绝大多数工人中是有崇高威信的，我国工人阶级是有学习理论的传统的，我们的政治工作人员中，有许多聪明睿智之士，他们必能总结经验，创造出为广大工人群众所喜闻乐见的思想教育的新方法和新形式。随着我国政治、经济形势不断向好的方向发展，一个具有新时期特征的、以学习马克思主义理论为中心的共产主义教育热潮一定会在我国蓬勃兴起。

在向工人阶级进行共产主义思想教育的同时，必须十分重视在工人阶级中进行文化教育和科学技术教育，这方面的教育不仅为提高工人的生产技能，掌握先进的生产工艺所必需，而且为工人掌握马克思主义的理论知识所必需。列宁曾经尖锐地提出这个问题，毛泽东同志也多次尖锐地提出过这个问题。如同没有一定的科学文化知识就不可能理解和掌握现代技术一样，没有一定的文化，也不可能理解和掌握比较复杂的思想问题、政治问题和理论问题。这样，我们政治工作和思想教育，就都只能停留在较低的水平上。因此，今后我们应该把文化和科学技术教育提到同思想政治教育同等重要的地位上来。现在经济调整和整顿企业的工作正在进行，完全有必要和有可能有计划、有步骤、分期分批地对职工实行包括思想政治和文化技术两方面内容的正规的全员轮训。

四、关于认真实行职工代表大会制度

社会主义公有制的确立，彻底废除了企业内部人与人之间剥削与被剥削的关系，为广大工人做企业管理的主人奠定了具有决定性意义的物质基础。然而，只有继续前进，使广大工人通过适当的形式和途径参加对企业的真实的而不是名义上的管理，广大工人才会感受到自己是名副其实的主人。也就是说，如果工人阶级只有劳动的权利，而没有参与企业的民主管理的权利，而像某些工人所说的只是“机器的主人”或“干活的主人”，那么，在企业中，工人阶级的主人翁地位，就是不完全的或者是名不副实的。

多年来的经验表明，职工代表大会是提高工人阶级的主人翁责任感，发挥当家作主的积极性，办好社会主义企业的基本组织形式。一九八一年七月，中共中央、国务院转发了《国营工业企业职工代表大会暂行条例》。这个《条例》明确规定了职代会根据国家的政策、法令和计划要求，在有关企业的生产、管理、分配、干部的监督、选举、罢免等五个方面的权利。这是目前阶段维护工人阶级在企业中的主人翁地位，实行企业的民主管理的一种切实可行的、有效的形式。但是，各地在实施这个《条例》过程中阻力还是相当大的。据有关部门调查分析，目前职代会开得较好的，只占五分之一左右，相当多数单位的职代会，流于形式，走过场，广大职工对此极为不满和失望。在这次调查中，一部分职工反映：“中央对民主管理寄予很大希望，但是，职代会是当家不作主，民主管理流于形式”。目前职工住房紧张的矛盾相当尖锐，有的单位虽然把新建职工住宅的分配权交给了职代会，但一些领导干部并不按职代会的决议办事，而是个人批条子分房，工人对此极为气愤。有的说：“这是拿我们当阿斗、当木偶”，“职代会是傀儡不管用，工人没有一点权。工会也没权，五十年代好，工会说话管用。”在那些职代会流于形式的单位，职工代表失去了荣誉感，不愿参加会议。一些职工代表组长反映：“现在请代表参加会议都很困难，叫这个拉那个，说了很多好话，还不愿意来。”“参加第一次会议大家很齐，现在有三分之二的人来就不错了。”“先不说罢免干部那些很遥远、不能盼望的事，我们提议‘评议评议’干部都不能得到同意。”一些调查组在召开座谈会时，请到会工人谈谈对当家作主和主人翁地位的看法。有的老工人说：“我们过去是主人，现在不是。”有的工人说：“工人干活时是主人，分房子时是仆人”，“现在谁当厂长谁就是主人”，“工人是活工具，没有社会地位，除了干活啥权利也没有”。

一些成立了职代会而没有取得应有效果的单位，主要原因在于领导干部。为数不少的领导干部不习惯于发挥职代会的作用，怕职代会的权大了，自己的权就小了。有些企业的党组织还相当缺乏经验，强调职代会要置于同级党组织领导之下，就把“领导”变成了包办代替，事无巨细都要党委讨论好了，再拿到职代会上通过一下。一些行政领导干部则把职代会当作“御用工具”，解决自己解决不了的难题，如生产完不成任务，就想到要开职代会，动员工人“大干”，而对广大职工应享受的其他民主权利则不感兴趣，认为民主管理“七嘴八舌”，会妨碍厂长负责制的执行。总之，他们忘记了，在社会主义建设时期，党的根本任务之一，就是领导工人阶级和全体人民当家作主，就是领导工人阶级以主人翁的身份，参与管理政治、管理经济、管理文化、管理其他各项社会事务。相反，他们以为工人阶级一旦享有当家作主的民主权利，就会削弱党委的领导。这是十分错误的。

这次调查的材料表明，当前不少企业干群关系紧张，工人缺乏应有的民主权利，已成为直接影响广大职工政治积极性和生产积极性的重要原因之一。在我们的企业里，所谓干群关系问题，在很大程度上就是党群关系问题。而干群关系、党群关系紧张的主要根源，在于许多企业党风还没有根本好转，有的企业则根本没有好转。工人群众对党风不正，少数领导干部搞特殊化，侵占、损害群众利益的行为，反映强烈，极为不满。一些领导干部通过不正当的手段为自己的子女安排较好的工种，在提干、晋级、住房分配等涉及群众切身利益方面都给自己以及自己的子女和亲属以不合理的照顾，这些错误行为直接伤害了、刺激了周围工人群众的感情，广大群众对此感到愤懑。在这种情况下，工人群众更为强烈地要求加强对干部的监督，渴望运用民主的手段来撤换那些不称职的干部，惩办那些顶着干部的招牌，肆意侵吞国家、集体财产，损害职工利益的腐化变质分子。广大工人的这种情绪和要求，我们在调查过程中，都深有感受。我们在和工人接触中，深切感觉到，广大工人所以殷切希望实施职工代表大会制度，还有一个原因，就是希望职工代表大会可以为他们提供一个讲坛，作为一种他们能够方便地享受法定的民主权利的手段。我们认为，工人群众这种要求是完全合理的。坚决而切实地满足工人的这种要求，有百利而无一害。近年来，在那些干部问题较多的落后企业，工人用消极怠工来对付干部，已经成为公开的秘密。最近，国务院已颁发了《企业职工奖惩条例》这是完全必要的，但如果我们不切实执行职代会制度，维护职工的民主权利，加强工人对干部的监督，那些严重脱离群众的干部就有可能放肆地胡作非为。这样就有可能使矛盾激化，不仅会影响生产，并且将会严重地破坏安定团结的政治局面。这是我们必须引起注意的。我们认为，有必要再次向那些不认真执行职代会制度的企业领导干部严肃指出，在现阶段，职工代表大会制度，是我国工人阶级当家作主的一项根本制度。工人阶级通过这个制度，在他们所在的企业，行使当家作主、参加管理企业的民主权利。工人阶级的这种权利，是不容忽视，更不容剥夺，而我们有不少企业的领导人，却有意无意地忽视甚至剥夺工人阶级的这种权利。我们有些思想政治水平很低的同志，混淆了共产党干部、社会主义国家公职人员同封建主义、资本主义国家官吏的原则区别，忘记自己是受党的委托、人民的委托来担任公职，管理公共事务，而错误地把自己凌驾在人民之上。他们根本不承认工人阶级的主人翁地位。这些同志不理解，在任何企业中，工人阶级的主人翁地位如果得不到实现，它的主人翁责任感，它的政治的和生产的积极性就要受到极大的影响，甚至无从发挥。而劳动者的生产积极性的充分发挥，是社会主义制度优越性的根本方面。对于这样关系到社会主义制度根本优越性能否充分发挥的问题，共产党员根本立场的问题，社会主义国家干部根本立场的问题，我们难道不应该认真想一想吗？

进一步解决工人阶级在企业中的主人地位以便使工人群众不仅通过本阶级的政党和自己的代表实现对整个国家的领导，而且通过他们参加企业管理和对企业的监督，体现工人阶级在企业中的主人翁的地位和发挥主人翁的作用，这是社会主义民主建设的一个重大课题，涉及经济管理体制和企业的领导制度以及其他方面的全面改革。当前，首先必须做到，把职工代表大会制度充分地付诸实施，并且引导职工正确运用这种民主权利，以便使广大职工能够通过这种民主生活真正地享受到这个制度所规定的各种民主权利。我们建议：要把认真执行职代会制度列为当前企业整顿的一项重要内容，领导机关要切实加强指导、检查和监督。职代会制度执行得不好的单位，不能列为先进企业。要把评议干部列为职代会的一项重要议程。干部至少每年接受一次群众评议，认真听取群众的批评意见，有助于干部思想和工作的进步，有助于密切干群关系。抚顺矿务局电机车修配厂在党委的领导下，先后于一九八〇、一九八一两年的职代会上，开展了评议领导干部的活动。这个厂的干部认为，领导和工人没有贵贱之分，绝不能只准干部批评工人，不准工人批评干部。一位副厂长说："我们批评工人一年了，难道还不叫工人批评咱们一次吗?" 原先曾有这样那样顾虑的干部现在也说："职代会评议干部就是好，干部和工人双方都可以把闷在心里的话说出来，互相谅解，互相促进。大家气顺心齐劲足，共同把工厂的事办得更好。"其他已经实行评议干部的单位的经验也都表明，认真地通过职代会定期对干部进行评议，这是当前加强工人对干部的监督的一种切实可行的措施，完全有条件在各企业普遍推广实行。当然在评议干部的过程中，要教育引导职工正确运用自己的民主权利，正确对待干部的缺点和错误。在条件成熟的地方，要由群众评议干部过渡到民主选举干部。去年七月，中共中央、国务院明确指出："为了使企业基层工会能很好地承担起职工代表大会工作机构的任务，要选调相当于企业党委副书记、副厂长一级的干部担任企业基层工会的主席。"这一指示，也应得到每个企业的认真执行。

五、关于在工人阶级中严格实行按劳分配的社会主义原则

"各尽所能，按劳分配"，是社会主义阶段的分配原则。在工人阶级中严格实行按劳分配原则，是加强劳动者的主人翁责任感、提高他们的生产积极性和政治积极性所必不可少的带有根本性的措施。我们是社会主义国家，实行生产资料公有制，而按劳分配是生产资料公有制的一种实现（其他如社会产品作为集体消费的部分等等，也是生产资料公有制的实现）。按劳分配使劳动者与生产资料紧密地结合，从根本上避免像资本主义制度所必然发生的那样劳动者与生产资料的分离。从这个意义上说，严格实行按劳分配制度是坚持社会主义制度

必不可少的条件，但是，我们在政策上坚持和严格实行按劳分配的同时，必须使自己的思想不受按劳分配原则的局限。为此，我们在贯彻执行按劳分配原则的同时，必须加强而不能削弱对工人阶级和全体人民的共产主义思想教育和卓有成效的思想政治工作，并且必须经常进行共产主义劳动态度的教育，提倡从事不计报酬劳动。事实上，社会上层出不穷的舍己为人的崇高事迹，特别是为保卫祖国，为保卫人民的生命财产而牺牲自己的幸福直至自己的生命的人民解放军战士所付出的劳动等等，都不是按劳分配原则所能包括的。我们所以必须在政策上坚持和严格实行按劳分配制度，是因为我们的社会还处在社会主义阶段，只有按劳分配制度才能与这个阶段的社会生产力性质相适应。我们所以必须同时进行共产主义思想和共产主义劳动态度的宣传和教育，是因为社会主义是共产主义的初级阶段，如果不进行这种教育，人们的思想觉悟就不能提高，因而社会主义就不能协调地向前发展。

我国由于生产力发展水平的限制和其他种种原因，在一个时期内还不可能充分实现按劳分配原则，但是我们应该在客观条件允许的范围内尽最大可能来实行这个原则，而且必须采取必要的措施，防止对这个原则的偏离。调查材料表明，现在我们的大多数企业，按劳分配的社会主义原则，并没有得到认真的贯彻执行，不论基本工资和奖金都存在这个问题。以基本工资来说，工人的实际技术水平高于他的工资等级，已经成为一个很尖锐的矛盾。这个矛盾对于解放前和解放初期进厂的老工人来说并不突出，因为他们的工资等级同他们的技术水平已大致相符。对于刚进厂不久的青年工人来说，问题也不大。矛盾突出的是五十年代末至七十年代初进厂的中年工人和青年工人。根据调查材料，鞍钢第一炼钢厂三十六名炉长，其工资等级，最高的六级，最低的二级，平均为三点八六级。而一九五七年担任炉长的二十四人，当时全部是七级和八级（其中八级的十人），平均为七点四级。事实上，现在的三十六名炉长和一九五七年炉长的技术水平不相上下，但工资等级却低了三点五级。这个厂三号平炉有三十一名工人，工资级别为二点四级，经厂和车间考核，实际技术等级应为三点七级，工资级别比实际技术水平低了一点三级。大连造船厂，一类焊工有二百三十二名，可以承担船体建造难度最大、技术要求较高的活件。过去达到这种技术水平的工人，工资等级至少在六级以上，但目前他们的平均工资等级只有四点〇七级。其中工资等级在三级以下的有九十七名，占一类焊工的41.8%，这部分工人的工资等级比实际技术水平低了三级。上海第十七棉纺厂，在八千多名生产工人中，工资等级在三级以下的占到73%，四级工只占10.4%，而在过去只要能挡车，就可拿到四级工的工资，现在的挡车工绝大部分的工资级别为一级、二级和三级。上海远洋运输公司二百零四名船长中，基本工资在五十四元以下的有五十九人，占船长总数的29%，而按过去规定船长工资最低应是一百八十六元。这里虽然只是举出了几个企业的数字，但是类似的情况，在这次调查的机械、电子、煤炭、石油、铁路、商业（商业职工对他们的基本工资标准偏低反映也较为强烈）等企业中，在全国企业中，都是相当普遍的。

我国五十年代初期，由于有正常的升级制度，工人的工资等级与技术等级基本上是一致的。一九五七年辽宁省五十三万产业工人的技术等级状况是，一级至四级的为60%，五级至八级的为40%，两者之比为6∶4。这次十一个组调查统计，工人的技术等级，一级至四级的人数与五级至八级的人数之比约为8∶2。一九五七年，北京石景山发电厂三百八十多名二十五岁以下、工龄最长不超过六年的青工，其平均技术等级为四点二二级，平均工资为七十六元八角（内有奖金十五元）。当时有一名青工，一九五二年一月进厂，二十岁，到一九五七年二月，已是七级工，工资为一百二十五元（内有奖金二十八元八角六分），成为当时一部分青年心目中的标准人物。从这次我们对鞍钢、一汽、大庆油田、大同煤矿、南京无线电厂等十个单位的调查来看，一九六六年至一九七六年期间入厂，工龄在六年至十六年之间的青工，其中工资级别为二级的占36%，三级的占50%，四级和五级的只占12%，即使是技术尖子，有创造发明的青年劳动模范，其工资最高一般也没有超过五级的。

粉碎“四人帮”后，通过三次调整职工工资，再加上实行奖金和副食品补贴等，大部分职工的实际收入水平比一九七九年前有所增多，感到手头的钱多了一些，但和五十年代相比，工人的实际收入水平仍有所下降。但现在由于家庭就业人口增加，职工赡养的人口减少，所以扣除物价上涨等因素以外，虽然有一部分职工经济上还有不少困难，但大部分职工家庭的经济条件还是有所改善。这次十一个调查组对十三万五千多名工人实际生活水平状况的调查表明，按他们家庭人均每月收入来看，比较富裕的约占15%，中等水平的占36%，能够维持的占33%，困难户占15%。但是，必须看到，目前一九六六年以后参加工作的青工占60%左右，一九五七至一九六五年参加工作的中年工人占20%，两部分加起来占职工总数的80%左右，而在80%的职工中间普遍地存在工资等级比实际技术水平低的矛盾，按劳分配原则没有得到应有的体现。由于这种情况的长期存在和不合理性，很容易在人们身上造成不良的心理影响。这仍然是一个应该加以特别注意的问题。

近几年来，国家支付巨额款项，作为支付企业职工的奖金，实行奖励制度所起的积极作用当然不可否认，但这个制度执行中存在的严重问题也不可忽视。从社会主义按劳分配的角度看问题，奖金的作用主要有两个方面：（一）它是计时工资的补充，是对劳动者的超额劳动（即在一定时间内实际付出的劳动的数量和质量超过社会平均先进定额那一部分劳动）的报酬。（二）它是对成绩优异的劳动者的物质奖励，所以，奖金制度是按劳分配原则的一种体现，有利于劳动者努力提高劳动的数量和质量，有利于劳动生产率的提高，有利于社会生产的发展。但是，我们的许多企业负责同志，由于种种原因无视奖金的性质和作用，巧立名目滥发奖金，以致使这些奖金实际上变成平均主义的附加工资，丧失了奖金应有的激励劳动者从物质利益上关心劳动成果的作用，丧失了激励劳动者提高生产积极性的作用。据调查，一九八一年末北京市建工局所属工业企业和施工企业的职工有七万零六百五十人，全年支出工资总额为七千零二十二万元，其中各种奖金一千零四十万元，计件超额工资五百九十一万元，各种津贴（包括副食品价格津贴），加班工资一百四十七万元，共计二千四百三十一万元，占全年工资总额的34.6%。仅奖金和计件超额工资两项就支出一千六百三十万元，占全年工资总额的23.2%，据测算相当于给全体职工提两级工资的钱。由此可见，如何按照“各尽所能，按劳分配”原则用好支付奖金和超额工资这笔钱，的确很值得研究。

二十多年来，我们在企业中停止了正常的升级制度，造成了现在这种大多数工人的工资级别同他们的技术级别之间不相符的现象，影响了广大工人的生产积极性和政治积极性。这种损失是难以用数字来表达的。任何一种新的社会制度所以能够取代旧的社会制度，其根本原因，就在于在新制度下，劳动者的生产积极性比较说来要高得多。这一点，社会主义制度也无例外，所以我们应该予以足够的注意。

许多工厂的工人认为，现在工人的生产积极性还没有充分发挥出来，不管是老工人还是青年工人都如此，能够发挥出60%—70%就很不错了。大同矿务局井下工人一个班有效工作时间仅有4—5个小时。北京第三建筑公司调查组，据对该公司先进、中间、后进三个施工队的调查，认为当前工人的生产积极性，少数较高，多数偏低，生产技术指标的统计数字存在不少虚假成分。该公司目前机械装备人均三点一二马力，比一九六〇年增加了一点四三倍；人均竣工面积目前为三十点七五平方米，比一九五四年人均三十点二平方米，基本没有增加。可见，现在机械化程度高了，劳动生产率实际上是下降了。当然造成工人生产积极性不高的原因是多方面的，从分配方面来说，不论基本工资和奖金，都没有严格实行按劳分配原则，的确影响很大。一些五十年代参加工作的老工人说："现在年轻人缺乏上进心，也不能完全怪他们。过去三年一评级，我们大热天不休息练技术，大伙都有一股子奔劲。现在青年工人三年出师，定一级，第四年评二级，评上二级以后不知哪年再升级，升到三级心就凉了，没盼头了，这就造成许多职工缺乏事业心、上进心。"

由于按劳分配方面存在上述问题，工人阶级中蕴藏着的无穷无尽的智慧和力量，还没有普遍地、充分地发挥出来。如果我们能够改变这种情况，我们的工业建设，以至整个经济建设，就完全可能出现一种新的局面，这绝不是什么虚幻的空想。

在工人阶级中严格实行按劳分配，当前还有一个情况特别值得注意，就是1957—1965年参加工作的四级工（这部分约占中年职工总数的53%，他们上养老，下养小，生产、生活双肩挑），1966—1976年参加工作的二级工（占这一档青工总数的36%左右）和一部分三级工（主要是生产骨干和班组长），一九七〇年以前大学毕业或中专毕业而工资级别过低的工程技术人员、管理人员等，这几部分人身处生产、工作第一线，其中许多人是各个企业中的工人阶级的中坚力量，由于他们的工资低于他们的技术等级，家庭生活负担太重，精神和体力都过于分散，生产积极性和政治积极性都难以充分发挥。这种情况，已经成为当前影响生产发展的一个直接的、严重的因素。如果我们能尽可能快地改变这种情况，再加上其他各种工作的配合，那么，由于广大工人生产积极性和政治积极性的提高，生产就会大幅度增长，国家财政收入就会大幅度增加，这种令人鼓舞的良性循环是完全可以实现的，我们对此不应当有任何怀疑。

为了有计划、有步骤地解决工人阶级中按劳分配方面存在的问题，除了国家在这方面继续努力外，还应该在工人阶级中进行艰苦细致的思想政治工作。

使广大职工了解，由于二十多年来我们在这方面积累的问题较多，尽管从党的十一届三中全会以来，党和政府在改善人民生活方面，尽了最大的力量，国家用于改善人民生活的开支，在国民收入中已经占很大的比重。如果过多地增加这方面的开支，就无异于杀鸡取卵。在这个问题上，根本出路是发展生产。如果广大职工能够把蕴藏在自己身上的社会主义积极性充分发挥出来，发奋图强，埋头苦干，改善经营管理，消除浪费，提高劳动生产率，争取在尽可能短的时间内，使我们的大多数企业，特别是骨干企业，在一些重要的经济指标，如每百元积累所提供的国民收入方面，每百元社会产品所消耗物资方面等等，能够达到或者接近历史最高水平，那么，我们就有可能着手解决上面所说的问题。大公无私，目光远大，是我国工人阶级的固有特点。工人阶级只要能够认清自己真正的利益所在，就必能为之团结奋斗，开创我国社会主义经济发展的新局面，我们对此同样不应当有任何怀疑。

六、关于更大规模地开展先进生产者运动

先进生产者运动，是我国工人阶级和其他劳动群众建设社会主义并进一步实现共产主义的伟大实践。当前，更大规模地开展先进生产者运动，对于促进社会主义现代化建设事业的发展，对于加强工人阶级的自身建设，都具有极为重要的意义和作用。这种运动，完全不同于过去那种政治运动。它是在党和政府领导下，在法律和法令的范围内，自觉自愿参加的、有秩序地进行的群众性生产竞赛活动。它是我国社会主义建设时期工人运动的一个主要内容。我们希望党的有关部门、各级工会、企业职工代表大会和代表会议、企业领导者，都能给予这项工作以足够的注意。

粉碎“四人帮”特别是党的三中全会以来，通过落实劳动模范政策，开展劳动竞赛、技术革新和合理化建议等，十年内乱期间一度陷于停顿的学赶先进、争当各种先进生产者的活动又开展了起来。据十一个企业的调查，近年来获得劳动模范、先进生产者、新长征突击手、三八红旗手以及为四化立功者等劳动荣誉称号的工人，约占工人总数的20%左右，建国以来荣获各级劳动模范称号的工人有七百多人，约占工人总数的5‰左右。各地各单位先进生产者运动的发展不平衡，收效也各不相同。例如，大庆油田坚持每年终开展“评比选树”活动，对于油田的开发和建设，对于近几年来确保油田的稳产高产起了很大的

作用。大庆钻井公司结合推行经济责任制开展劳动竞赛，去年钻井进尺突破了六十万米，提前二十八天完成全年生产任务。上海第五钢铁厂从去年以来开展合理化建议活动，提高了企业的经济效益。这个厂有一个七百多人的轧钢车间，从去年七月到年底，先后有 10% 左右的职工提出了一百一十六项合理化建议。经审核，有三十六项建议被采纳。实现这些建议需要投资三万一千元，发放奖金一百四十一元，实现后全年可获利一百六十五万元，相当于目前这个车间全年上交利润的 8.7%。这三十六项建议中，已有十九项在去年底以前实现，投资五千元，当年实现利润四十二万元。这个车间一位工长关于“提高作业率”的建议，从提出、审核到实施，仅两天时间，不花一分钱，每年可多轧钢三百六十吨，增加利润四万五千元。但当前就多数企业来说，在组织先进生产者运动方面仍存在不少问题，主要是：

（一）不少领导干部对于开展先进生产者运动的巨大意义和作用，认识模糊，顾虑重重，束手束脚，领导很不得力。在这些单位学先进活动，声势不够大，目标不明确，措施不具体，效果不明显，甚至空喊一阵，不见行动。这种状况必须迅速加以改变。

任何生产部门，总有少数比较先进的生产者，他们采用着比较先进的生产技术，创造着比较先进的生产定额。随后，就有愈来愈多的生产者学会了他们的技术，达到了他们的定额，直至最后，原来是少数先进分子的生产水平就成为全社会的生产水平，社会生产就提高了。这时，更多的更加先进的生产者又会涌现，他们采用更加先进的技术，创造更加先进的定额，并且影响和带动更多的生产者进入先进的行列。这样后浪推前浪，势头愈来愈大。一般说来，这就是我们社会主义社会生产发展的图景，表现了社会主义社会生产发展的一般规律。这中间如有重大的生产技术的发明，就要引起生产技术的重大改革，创造生产的巨大高涨。社会主义制度的巨大优越性之一，就表现在它为千百万先进生产者的成长，为他们生产的主观能动性的发挥，为他们的先进经验和各种发明创造的利用和发展，提供了以往任何阶级社会所无法提供的各种有利条件，开辟了无限广阔的前景。

早在一九五五年底，毛泽东同志曾提出，是不是搞一个斯达汉诺夫式的运动。根据这一提议，党中央在次年三月发出了《关于积极领导先进生产者运动的通知》。“文化大革命”前十七年，我国开展的先进生产者运动，虽然其间曾有过挫折和失误，但总的来说，是起了积极作用的，特别是在国民经济的恢复时期和完成“一五”计划时期所起的积极作用更为巨大。实践表明，开展比、学、赶、帮、超的社会主义劳动大竞赛，形成人人学先进、赶先进的强大的群众性运动，迅速地激发出人们的积极性和上进心，改变着人们的精神面貌，这就能极大地推动我国社会主义现代化建设各项事业的蓬勃发展。特别是今后我国经济的发展要走出一条速度比较实在，经济效益比较好、人民得到更多实惠的新路子，在重工业企业调整服务方向，产品的更新换代，老厂的挖潜改造等方面，比以往任何时候更加需要广大职工献计献策，发挥其聪明才智。大幅度地提高劳动生产率，大幅度地提高企业的经济效益，这是当前更大规模开展先进生产者运动的中心内容。在国民经济的各个部门，造成一个普遍、深入和持久的群众性竞赛活动，越来越多的工人群众投身到这种学先进、赶先进的运动中去，这对于促进现代化建设各项事业的蓬勃发展，对于提高整个工人阶级的文化技术素质，逐步缩小体力劳动和脑力劳动之间的差别，培养和提高工人阶级的阶级意识和阶级觉悟，都有不可估量的意义和作用。

（二）现在许多企业程度不同地存在孤立打击先进的不良倾向，严重影响着学先进活动的开展。

据上海市第一百货商店对六十五名先进生产者的调查，其中有十七人认为他们继续前进的主要障碍是受讽刺打击。有些单位先进模范人物受孤立、打击的面更大一些，达到40%或50%。孤立、打击先进的不良倾向得不到及时有效的纠正，根本原因在于那里的党的领导涣散软弱。孤立、打击先进，这是与工人阶级及其政党的先进性，与社会主义制度的本性，根本不相容的。坚决纠正这种极不正常的现象，直接关系到工人阶级先进思想的主导地位，关系到工人阶级事业的壮大和发展。因此，各地区各单位的党政领导都要旗帜鲜明地代表先进、支持先进，要切实检查一下本地区、本单位的先进模范人物所处的状况；要教育中间和后进的职工正确对待先进人物，批评那种自己不求上进也不许别人进步的错误思想，坚决纠正那种认为凡是先进生产者，就必须事事先进，终身先进，因而对先进生产者责备求全的错误看法和做法；对诬陷、打击先进的行为，要严肃查处，其中情节严重、触犯刑律的，要追究法律责任，以造成一个人人学先进、争上游的良好社会政治环境。还应当看到，更大规模地开展先进生产者运动，必然会形成一种威力巨大的浩然正气，它将在祖国大地上涤荡那些形形色色的非社会主义的歪风邪气。

（三）在先进人物的选拔、使用、宣传等方面存在一些弊病，需要加以改进。

据十一个点调查，一九六六年以来参加工作的九万多名青年工人中，当选为劳动模范的只有三百三十二人，占青年工人总数的0.3%；而在五万多名老年工人和中年工人中，当选为劳动模范的有三百九十七人，约占老、中年工人的0.8%，这个比例，接近青年工人的三倍。青年工人中劳模比较少的原因是多方面的，其中就包括对青年工人求全责备的错误思想在作怪。青年劳模少，直接削弱了劳模在广大工人中的影响和作用。因此，今后在树立先进的过程中，在选拔中、老年劳动模范的同时，要破除保守思想，大胆树立合乎条件的青年先进模范人物，促进劳模队伍的年轻化。

先进生产者，总的来说，他们是生产力先进水平的代表者，是生产或工作上的“尖子”。据调查，陕西省秦川机械厂去年评选出的九十六名厂级先进生产者和四十五个先进集体，他们的事迹，其中有85.4%的先进个人和几乎100%的先进班组，是属于加班超产、吃大苦耐大劳这一类型的，用一些群众的话说，是属于“老黄牛式”的先进典型。缺乏试制新产品、革新工具设备、采用先进工艺流程和先进技术、提高劳动生产率以及加强科学管理提高企业经济效益等方面的先进典型。据调查，这种情况，其他企业也很普遍。“老黄牛式”的先进典型作为先进典型的一种，是宝贵的，今后还应有这方面的先进典型，但如果只有这样一种先进典型是不够的，是不能适应社会形势发展需要的。所以，我们在满腔热情地培养、提高现有先进人物的同时，要充分注意发现、扶植和树立新的更具有时代典型意义的先进模范人物。要多设立一些单项先进竞赛，以利于吸引更多职工参加。为了充分发挥劳模应有的作用，必须坚决纠正目前存在的劳模兼职多、会议多、社会活动多的现象，使他们的生产时间得到保证，加强同群众的联系。要大张旗鼓、实事求是地宣传劳模的先进思想和事迹。要切实解决一部分劳模工作负担过重，学习与深造难以保证以及个人生活方面的一些实际问题，以利于劳模的健康成长。我们应该经过艰苦的工作，使成千上万的生产工人陆续进入先进的行列，争取在三五年内，真正合格的先进生产者的队伍比目前要大得多，质量也高得多。

我们必须看到，当前更大规模地开展先进生产者运动的条件已越来越成熟。

党的十一届三中全会以来我们实行了一系列新的重大的方针、政策。这一具有历史意义的伟大变革已经历时三年多，它不仅向全国人民显示了自己的政治成果，并且向全国人民显示了自己的物质成果，绝大多数劳动者的实际生活水平有了一定的改善。而广大劳动者物质文化生活的改善，或迟或早要反映到生产或工作中去，引起他们劳动积极性和创造性的高涨。近几年来，我们在整顿企业的领导班子、建立经济责任制、培训职工队伍等方面做了大量的工作，企业的定额管理、经济核算等各项管理工作已逐步走上正轨，企业的全面整顿正在抓紧进行。再加上加强思想政治工作等其他方面条件的配合，我们完全可以预料，一个以建设社会主义现代化强国为目标的波澜壮阔的先进生产者运动，必将兴起。在工人阶级中，以至在全体人民中，有愈来愈多的人争当先进生产者，而且有愈来愈多的人成为先进生产者，这是我国社会主义精神文明的一个重要标志。它将成为一种极大的力量，直接推动工业、农业、国防和科学技术的现代化，推动整个社会主义事业蓬蓬勃勃地向前发展。

七、关于提高党员的政治质量和积极而慎重地吸收优秀青年生产工人入党

我们的党是工人阶级的先锋队，在建设社会主义时期，党能否继续与本阶级保持密切的鱼水般的联系，这是关系到党的兴衰，关系到党的事业成败的一个极其重大的问题。

我们这次重点调查的十一个单位，都是大型骨干企业。从调查的情况来看，这些单位的干部队伍和党员队伍，总的来说，是好的和比较好的。大多数干部和党员能够做到在政治上与中央保持一致，工作上兢兢业业，有的同志还相当辛苦。但由于种种原因，在一部分干部和党员中程度不同地存在脱离工人群众的现象，有的已经到了相当严重的地步。

（一）一些党员干部搞特殊化，利用职权谋私，严重损害了党在工人群众中的威信，削弱了党的领导作用。

据十一个组调查，两万多名职工在回答“你认为当前的主要弊病是什么”和“你最感烦恼的事是什么”这两个问题时，80%以上的人认为“干部特殊化”、“社会风气不正”、“不求人办不成事”和“物价上涨”、“住房紧张”一起成为职工最感烦恼的几件事。在座谈会和个别谈话、家庭访问中，不少职工

谈到“党风不正”、“干部特殊化”等现象时，十分气愤，其情绪之激烈，措词之尖锐，表明了他们对党的某些组织和某些成员中存在的腐败现象确已到了难以容忍的地步，表明了企业党组织特别是企业领导班子的整顿，已经刻不容缓。

目前企业生产第一线特别是那些较艰苦的劳动岗位上的工人情绪不够稳定，是一个带有普遍性的严重问题。这个问题的产生与某些党员干部的不正之风有直接的关系。据调查，曾在北京市第三建筑公司工作过的高级干部子女，随着父母政策的落实，早已分别通过各种关系、渠道调走。该公司一九八〇年招工，在职工子女的工作安排上，存在所谓“领导干部子女工代干，一般干部子女机、管、电（技术工种），工人子女累活干”的现象。目前在该公司工作的六十八名职工子弟中，其中，干部子女二十人，已提干或工代干的有十五人，占干部子弟数的 75%；工人子女四十八人，提拔为正式干部和以工代干的只有九人，占 80%。郑州铁路局郑州北站，从一九七七年以来共分配三十九名干部子弟来当工人，到一九八一年三月，已调走二十六人，提干四人，现在仍旧当工人的仅有八人，占五分之一。工人群众说：“光说调车作业艰苦、危险，是光荣岗位，你们的子弟为什么不来‘光荣一下’！”有的说：“让我们安心工作，他们后台硬的不来干，后台软的转一转，没有后台的瞪眼看。谁能安心？”有的人甚至说：“现在有一个社会主义新家谱，领导干部子女进厂干清闲工作，工人子女进厂干艰苦工作，这都是家谱早定好了的”，“还是龙生龙，凤生凤，老鼠生儿打地洞”。一些基层干部对这种不正之风也十分恼火，他们说：“领导干部子女分配工作这样挑挑拣拣，我们无法开口教育青工安心本职工作。”干部通过各种门路把子女、亲属调离艰苦岗位，安排到条件优越的岗位，这种现象已成风，即使大庆油田这样先进的单位，在某些干部中也存在这些问题。

由于党员干部与群众争利，严重损害了党与工人群众之间的亲密关系。有的老工人说：“过去干部讲到那做到那，现在干部不关心群众，有点好处自己揣起来，他做工作谁还听？”不少工人群众同领导采取不远不近的态度，只说好，不说坏，只说表面话，不说心里话。一个工人在回答问题时写道：“也许我说得严重了，现在领导和群众的关系，我看是资本家与工人的关系，是一种雇佣关系。”五十年代工人说干活是“给自己干”，现在一些工人的口头语是“给领导干”。过去工人谈到党总是亲切地说“我们的党”，现在听到不少是“你们党”或“你们党员”。

在目前职工住房仍然十分紧张的情况下，某些干部在新建住宅分配上搞特殊化，利用职权给自己及其子女、亲属以不合理的照顾，无异于火上浇油。鉴于目前在干部子女工作安排和职工新建住宅分配方面存在的不正之风具有一定的普遍性，工人群众对此极为反感，并考虑到就业困难和住房紧张的矛盾在今后五年、十年内仍将继续存在，因此，我们建议中央就党员干部如何正确对待这两个问题，作出必要的规定。今后，党员干部特别是领导干部（包括企业领导干部），他们子女的工作一律由组织上合理安排，本人不得插手；违反者给以党纪处分。在职工新建住宅的分配上，要有国务院有关部门明文规定，分配权属于职工代表大会，盖了多少房子，分房的条件是什么，最后确定分给谁，要“三公开”，各级领导干部不得染指，违反者也给以党纪处分。同时要在报纸上多宣传干部子女安心艰苦劳动岗位工作和领导干部与群众同甘共苦等先进模范事迹。

从全国范围来看，企业干部伍队中还有一些“三种人”。他们一有机会就兴风作浪，平时则在工人中搞小动作，用各种办法拉拢、腐蚀工人；或者搞所谓“政治损失经济补”，从事投机倒把、走私、贪污盗窃、行贿受贿等犯罪活动。他们为数不多，但是一种隐患。在企业领导班子的整顿过程中，必须注意加以解决。

（二）一部分党员模范作用差，削弱了党组织的战斗力。

据北京市三建公司党组织分析，在该公司一千一百四十三名党员中，合格的党员占35.5%，基本合格的占51%；基本不合格和不合格的占13.5%。据郑州铁路局郑州北站党组织分析，在二百五十三名党员中，表现比较好的占51%，表现一般的占45.1%，表现比较差的党员占3.9%。据大连造船厂调查分析，这个厂共有党员三千七百八十四人，其中，较好地发挥党员先锋模范作用的占45%，先锋模范作用不明显的占51.3%，不起党员应有作用的占3.4%，不够党员条件的占0.3%。从十二个组的调查材料来看，目前约有半数左右的党员不能起到党员应有的先锋模范作用。有相当一部分党员，党的观念淡薄，把自己混同于缺乏觉悟的群众，挑担子拈轻怕重，见福利争先恐后，带头说怪话发牢骚，在群众中影响很不好。有些表现较好曾经积极要求入党的积极分子说：“看到一些党员的表现还不如群众，自己要求加入党组织的心凉了一半。”另据上海市经委组织处同志反映，近几年从部队复员的青年党员其中有一些质量也不够好。有的往往是八月份复员，七月份入党。这些同志入党时思想基础较差，到了工厂后约有三分之一的人不能按时转正。这种情况影响到一部分青工入党的积极性，有的青工说："像他这样的人能入党，我也不大想入党了。"

因此，基层党组织的思想整顿和组织整顿，势在必行。整党时，对不合格的党员和经过反复教育帮助仍不起作用的党员，不能让其继续留在党内。只有进行这种严格的整顿，党员队伍的政治素质才能提高，基层党组织的战斗力才能增强。

（三）生产第一线的党员数量太少，直接影响着党与工人群众之间的联系和党的战斗力。

近几年来由于大批党员老工人退休，在新工人中发展新党员数量很少，再加上生产第一线的党员不断地流向管理部门，因此造成生产第一线党员过少的极不正常的局面。上海第十七棉纺厂，党员占职工总数的比例已由一九七八年底的13.6%下降为一九八一年底的8.3%。该厂有生产工人八千三百七十一人，其中，党员只有三百九十七人，占生产工人总数的4.7%；在全厂五百九十五个生产班组中，没有一个党员的空白班组有三百零七个，占51.6%。郑州铁路局郑州北站，在一百零九个生产班组中，有四十四个班组没有党员，空白班组占40%。郑州北机务段跑陇海东线共有三十一台机车，有八台没有一名党员，占25%；有二十三台机车没有建立党小组。由于生产一线党员少，生产班组中的党员也少。郑州北站一百零九名生产班组长中，只有二十名是党员，其余80%的都不是党员。北京市第三建筑公司在四百二十七个生产班组中，建立党小组的只占10.5%，仅有一两名党员的占43.4%，没有党员的占46.1%。生产一线的党员少，生产一线的青年工人党员则更少。南京无线电厂，粉碎"四人帮"后入厂的一千零二十三名生产工人中，只有九名党员，占同期入厂的青工的0.87%，在这九名党员中，还有四名是在部队入的党，可见六年来，真正在生产一线发展的青年党员很少。

生产一线党员过少带来的问题很多。过去二三十人的生产班组，有3—5名党员，建立一个党小组，党小组就成为班组思想政治工作的核心，现在由于党员少，形不成这种核心，使党的思想工作失去了一个重要的组织渠道。

生产第一线党员过少，并且继续流向管理部门，造成管理部门党员相对集中，而生产一线党员奇缺，越是艰苦的劳动岗位党员越少，这种极不正常的状况必须迅速加以改变。因为这不只是个党员分布合理与否的问题，而是实质上关系到我们党的阶级性质和党的群众基础的大问题。我们是工人阶级的政党，如果在社会经济生活中处于中心地位的生产工人中间党的力量十分薄弱，那就难以真正体现党的先进性和群众性。因此，当前如何从各个单位的实际情况出发，积极而慎重地接受大批合乎条件的生产工人入党（在工程技术人员中吸收党员当然要继续抓紧），必须提到议事日程上来。在这次调查过程中，许多企业党组织反映，上级党组织计划分配的发展党员数不能满足实际需要。例如，大连造船厂各基层党组织上报的1982年发展党员对象有一百三十名，而按照上级“近几年发展党员的数量要控制在职工总数的千分之三”的精神，1982年只能发展党员四十八名，有三分之二的积极分子要关在门外。这种矛盾，许多企业都存在，并且有越来越尖锐的趋势。有的基层党组织的同志说，有些积极分子经过多年考验，三中全会以来表现很好，群众中很有威信，已经具备了入党条件，但苦于比例限制太死，只好让他们等在门外。这种情况一定程度上挫伤了人们要去入党的积极性。我们认为，在大规模整党工作完成之前，“在坚持党员标准的原则下，适当发展”的方针，是正确的。但是，不分各企业、各单位的具体情况，一律规定“千分之三”的比例，则是不妥当的。在那些领导班子比较健全，党风党纪良好，思想政治工作和生产管理工作搞得较好的单位，可以突破“千分之三”的比例，大胆接受那些合乎条件的生产工人、工程技术人员、管理人员入党。党组织的状况与工人阶级的状况是息息相关的。大量新鲜血液注入我们党的肌体，必将使我们党的队伍更加青春焕发，同时也会促使整个工人阶级队伍的面貌焕然一新。

我们党从成立的时候起，就十分注意同人民群众建立密切的联系，“争取群众”是我们党和每一个党员最经常、最大量，也是最重要的工作，它是我们党一切工作的基础。密切联系群众，成了我们共产党区别于其他政党的标志之一。尽可能广泛地争取群众，争取中间分子，争取敌对营垒中的一些可以争取的人，在长期的革命斗争和革命战争中，一直是我们党的重要政策，历史证明，这个政策是正确的，它从一个方面保证了革命的胜利。这个政策至今仍然具有它的伟大生命力。我们共产党员在全体人民中永远是少数，我们必须永远争取更多的群众和党外人士团结在我们党的周围，接受我们党的领导。但是自从我们党成为执政党以来，在不少同志的心目中，似乎人民群众既已从根本上改变了自己的命运，成为国家的主人，就用不着我们去争取了。事实证明，这种认识是不对的。在今天的历史条件下，我们仍然需要争取群众，依靠群众。如果我们不去争取群众，以至离开了群众，失去了群众支持，那么就会一事无成。现在我们一部分党员脱离群众到了如此严重的地步，更有必要重新强调争取群众的重要性。作为共产党员，不应忘记我们是全心全意为人民服务的勤务员，而从一定的意义上说，争取群众也就是为人民服务。我们依靠什么去争取群众呢？当然是靠党的工人阶级先锋队的性质，党在我国人民革命中的历史地位，党在全国各族人民中的崇高威望，党提出的奋斗目标和方针政策的正确性等等，但是作为一个党员，还要靠自己的先锋模范作用，才能在争取群众的工作中有所作为。因此，如果我们不抛弃自己身上的种种缺点错误，是很难或者争取不到群众的。争取群众，保持党与群众的紧密联系，是我们每一个党员的神圣职责。只要我们永远不放弃这个职责，我们就能永远立于不败之地。

上述七个问题，是我们在这次调查中得到的初步的认识。此外，还有一些问题。例如，工程技术人员、管理人员在企业中的地位和作用以及他们的生活状况问题；工人阶级内部的团结问题，包括工程技术人员和生产工人之间的关系，由于实行子女顶替的办法带来的企业内部姻亲宗法关系的发展，由于全民办集体带来的“全民”和“集体”两部分工人之间的关系；工人的业余文化生活问题；企业中工会组织的地位和作用问题；以及参加这次调查的十一个部局提出的需要向中央反映的若干具有特殊性的政策规定问题，等等，限于篇幅，这个报告没有能够写入。

恩格斯曾经指出：“工人阶级的状况是当代一切社会运动的真正基础和出发点。”这个观点今天仍然适用。一九五七年，中央曾发出《关于研究有关工人阶级的几个重要问题的通知》。这个文件指出，各部委要指定一个主要负责同志，组织专门力量，对工人阶级当时发生的问题进行系统的调查研究，并将调查研究的结果报告中央。可惜这次调查后来很快被政治运动打断了。二十多年过去了，我国工人阶级队伍确实发生了很大的变化。因此，今后，各部门、各地方担负党的领导工作，特别是那些担负城市领导工作的同志，一定要亲自动手，组织专门力量，大力加强对工人阶级状况的系统而周密的调查和科学的研究，并且写出研究报告供中央参考。

中共中央书记处研究室
1982 年 6 月 22 日

第二次中国职工状况调查报告

（1986年）

关于当前我国职工队伍基本状况的调查报告

前　言

为了切实加强职工队伍的思想政治工作和精神文明建设，更好地为改革和建设服务，从今年3月初到5月中旬，我们组织全总各部门、各产业工会和29个省、自治区、直辖市总工会及一些基层工会的一万多名干部，围绕着改革以来职工队伍的思想观念、精神状态、生活方式发生的新的变化、特点及其规律，探讨如何进一步提高职工队伍素质，充分发挥工人阶级在两个文明建设中的主人翁精神和主力军作用这个主题，对全国职工队伍的状况进行了一次比较系统、全面的调查。调查点共519个，均按不同地区、不同产业、不同性质和发展水平的企事业的一定比例确定的；调查对象也是按不同年龄、不同职业、不同政治、经济、文化状况的比例确定的。各调查组按照统一的调查提纲和《征询问卷》调查上百万人，其中：参加征询问卷的77万人（收回有效卷64万），直接谈话和走访二万多人次，开各种座谈会一万多次，各调查组整理上报的调查报告、专题报告、谈话材料五千余份，千余万字，《征询问卷》经电子计算机处理，已取出几十万个数据。这些材料，既有科学的数据统计，又有真实生动的谈话材料；既有定性分析，又有定量分析；具有一定的代表性和科学性，它可以透视出全国职工队伍的基本状况。

恩格斯在《英国工人阶级状况》一文中指出："工人阶级的状况是当代一切社会运动的真正基础和出发点。"这个重要论断在社会主义时代仍不失其光辉的价值。

调查充分表明，在剥削阶级消灭以后，作为先进生产力和生产关系代表的中国工人阶级正在日益发展壮大，在国家的政治、经济和社会生活中起着越来越重要的主导作用。全国职工人数从1949年的八百万增加到1985年的一亿二千三百五十七万。其中，建国后参加工作的占98%，35岁以下的职工近70%。他们是和新中国一起成长起来的。知识分子队伍的发展壮大，更使职工队伍充满生机和活力。他们正在继承和发扬中国工人阶级的优秀品德和光荣传统，成为两个文明建设中的主体力量。

以全民所有制职工为主体的多种所有制形式的职工队伍并存发展。目前一亿二千多万职工中，全民所有制职工占73%，集体所有制职工占26%，随着改革、开放政策的深入发展，非全民所有制（个人承包、中外合资、外商独资等各种所有制形式）的职工人数呈现出明显的增长趋势，改变了职工队伍构成的单一模式。尤其是乡镇企业和小城镇建设发展战略的逐步实施，农村劳动力朝着乡镇企业转移，在相当长一个时期内将保持持续上升的趋势。工人阶级是最有远大前途的阶级。改革和商品经济的发展，非工人阶级的其他阶层必将发生新的变动和分化，而工人阶级则不同，经济和社会愈发展，工人阶级队伍就愈发展壮大。同时，与现代化、社会化大生产相联系的工人阶级在改造客观世界的同时，改造自己的主观世界，它完全能够把涌进工人队伍中的其他成员改造成工人阶级的合格分子。这对改变整个中华民族的思想道德素质和科学文化技术素质必然产生巨大而深远的影响。

但也应看到，由于职工队伍的发展和更新速度加快，由于资产阶级思想、小生产的习惯势力和封建残余思想的影响，加上改革过程中出现的利益分配，社会机遇不均造成职工的心理矛盾和冲突，必然使职工的思想状况表现出多层次、多元化的特征。

调查表明，职工的思想状况与他们所经历的社会环境，所处的政治经济地位，所受的文化教育、思想政治教育的状况有着十分密切的联系，并带有一定的规律性和时代特点。

45岁左右的职工跨越新旧两个社会，有强烈的翻身感，经历了五十年代、困难时期和十年动乱，受党的长期教育，有较高的爱国热情和政治觉悟，主人翁意识强，对党、对企业有深厚的感情。他们对十一届三中全会以来的各项政策，特别是对改革、开放、搞活的各项政策，拥护和支持的肯定指数都比中、青年职工要高。他们对待工作一丝不苟，严格按规章制度办，有较强的责任心。工人阶级艰苦奋斗的传统，严密的组织性、纪律性的传统，胸怀祖国、以人民利益为重的传统在他们大多数人身上有较为充分的体现。他们是工人阶级的宝贵财富，是企业的稳定因素和支柱。

35 岁左右的职工大多数于 1970 年前后参加工作。虽经十年动乱，部分人经历过上山下乡，但他们却受到新中国良好的政治和文化教育，对建国后正反两个方面的经验有鲜明的比较，遇事独立思考，生产技术和工作业务比较熟练和全面。他们中多数人对老年职工关心企业、吃苦耐劳、富于组织纪律性等优良品质能够以身效法。他们文化水平普遍高于老工人，接受新事物优于老年职工，又比较接近青年职工。他们是老职工信得过，青年职工也佩服的承前启后的一代。这部分当年曾被一些人看作是“垮掉的一代”，而今却成了企业里的骨干和中坚力量。目前企业里的班组长 50% 以上由他们承担着。尽管他们肩负着生产（工作）和家庭生活两副重担，但他们却任劳任怨，表现出一种很好的精神状态。

25 岁左右的职工大都是七十年代后期和八十年代初参加工作的，是工人阶级队伍中的新鲜血液。他们生长在动乱时期，工作在改革开放时期，是在物质和精神生活比较充裕的条件下成长起来的。他们富于时代进取精神，没有压抑感，自我意识强，寻求自我价值更为突出，敢于暴露思想。他们对改革表现出很高的政治热情，希望快节奏，求知欲很强，追求生活上的多色彩，寻求丰富多彩的物质精神生活，对建设新的文明健康科学生活方式具有较强愿望。即使他们中的一部分人，因受社会各种思潮的影响，对政治、人生理想淡漠，但他们正处于思想和技能的形成中，可塑性强，他们比中老年职工有许多新的积极因素和优势。经过实践的锻炼和系统的思想政治教育，他们一定能够成熟起来，承担起历史的重任。他们是大有希望的一代。

纵观当代中国工人阶级，是一支以中、老年职工为骨干，以青年职工为主体，积极进取，开拓前进，具有优良传统的队伍，是一支主流好，潜力大，充满前途和希望的队伍。历史将证明，工人阶级将通过改革创造一个崭新的时代，而时代也将通过改革塑造出崭新的富有朝气和活力的工人阶级新一代。

面对建设高度文明、高度民主的社会主义现代化强国的伟大使命和改革、开放、搞活的历史潮流，当前我国工人阶级的状况究竟如何呢？现将这次调查中我们着重探讨的带有方针、政策性的十个问题报告如下。

一、工人阶级是改革的主力，坚定地拥护和支持改革，对改革必胜充满信心

城市经济体制改革是一场空前广泛而深刻的社会变革。改革，是当今社会的大主题，现在围绕着改革的方向对不对，改革的前途如何，社会舆论众说纷纭。那么，工人阶级对改革的态度、前途是怎样评价和回答呢?

从调查中我们看到，广大职工的思想观念发生了很大的变化，对各项改革政策的心理承受能力有很大增强，对改革的认识层次比较高，是改革最热忱、最积极、最坚定的支持者。据问卷调查，他们从理论上和实践上认为“改革符合马列主义理论，是一条具有中国特色的社会主义道路”和“强国富民的必由之路”的占67%；从实践上认为改革是好的，但认识模糊，如认为“改革是社会主义原则，资本主义模式”和“经济效益好，但性质不清楚”的占28%，可以看出，坚定拥护和基本上拥护改革的共占95%。广大职工对改革的几项主要政策的评价也比较高。坚决拥护和基本上拥护开放政策的共占93%；认为扩大企业自主权“可以增强企业活力”，“有利于搞活经济”的占82%；认为改革企业的招工制度，实行合同制度是“有利于打破铁饭碗，促进技术进步”，“有利于加强企业管理，提高劳动生产率”的占77%；认为允许和鼓励一部分人先富起来的政策是“先富带后富，有利于社会进步，共同富裕”，“给勤劳守法致富提供了良好条件”的占60%；认为工资改革应当“贯彻按劳分配原则，纠正分配上的平均主义”，“赞成拉开档次，但不宜过大”的占68%。

改革的成败，最终取决于人民对它的认识和支持的程度。人民群众是历史的创造者。我国一亿二千万职工群众，对改革的坚定拥护和支持，是改革必胜的强大后盾和决定性的力量。历史又一次表明，我国工人阶级无愧于国家的领导阶级。

广大职工坚定拥护和支持改革首先是因为他们看到了党的政策使我国的政治、经济形势和社会生活充满生机和活力。广大职工面对七年来的现实，对建国三十年来在社会主义建设中“左”的错误造成的危害进行了反思，认识到党的工作重点转移到经济建设上来是英明正确的。职工们说：“几十年来的阶级斗争、政治运动把我们折腾苦了，早像现在这样一门心思抓建设，经济上得还要快。”“没想到改革这么灵，没想到经济发展这么快，没想到国家变化这么大，

没想到生活改善这么明显。”对比建国以来的变化，他们说：“解放初期是银子时代，‘文革’时期是破铜烂铁时代，现在是黄金时代。”调查中职工普遍认为形势好的标志：一是政治形势好。人民群众敢讲话了，过去压在心头上的“左”的石头掀掉了。现在是领导愿意听真话，群众敢讲真话，这是形势大好的重要标志。二是经济形势好。生产发展，市场繁荣，物质丰富，人民群众感到由衷的高兴。河南的职工说：“走进商场，百货服装，琳琅满目，耀眼闪光；来到农贸，鸡鸭欢叫，鱼虾跳跃，肉满架，蛋满筐，鲜菜堆得山一样。”据问卷调查，认为现在是“建国以来最好的形势”、“形势大好”的占 57%，认为“经济形势好，社会风气不好”的占 40%，认为形势总的是好的共占 97%。改革的成效使他们对形势作出了这样的评价。形势大好，又使他们更加坚定了对改革必行、改革必胜的信心。职工对改革的态度与对形势的认识是成正比的。

广大职工坚定地拥护支持改革，更直接的原因是改革给职工带来了实惠，生活得到了明显改善和提高。职工说，“两年前讲职工生活提高，还得算账对比，现在用不着算账对比了，生活提高得太明显了！”“别看有人端起饭碗吃肉，放下筷子骂娘，每个人心里都有一笔实惠账”。据问卷调查，认为自己家庭生活与 1979 年相比“提高很多”、“有所提高”的占 83%。从职工家庭人均收入来看，家庭人均月收入在 25 元以下的困难户由 1979 年的 37% 下降到现在的 9%；50 至 70 元的由 8% 上升到 29%；60 元以上的由 4% 上升到 21%。可以看出，职工家庭低收入的比例在大幅度下降，高收入的比例则是上升的趋势。从直接谈话、座谈和家访了解的情况看，职工实际生活水平提高的程度比书面调查还要高。调查表明，职工对改革的支持程度与改革后家庭中经济收入增长的程度成正比。城乡改革给职工生活带来的变化，极大地激发了职工群众对改革的热情，对党的深情，对实现四化的信心。在问卷调查中，认为到 2000 年工农业年总产值翻两番“能提前达到”和“有可能达到”的占 72%。

广大职工坚定地拥护和支持改革是本质和主流。同时，调查中我们也看到，部分职工对改革认识还存在模糊性和不确定性。它集中反映在对改革各项政策认识的不平衡上。如认为改革是“资本主义的模式”和“性质不清楚”的占 28%，还有 3% 的职工甚至认为“和资本主义差不多”；对价格体系改革持否定态度的达 56%；对允许和鼓励一部分人先富起来持否定态度的达 38%；对发展个体经济持否定态度的占 14%；对对外开放政策持否定态度的占 5%。

部分职工对改革认识的模糊性和不确定性，反映出改革的复杂性和艰巨性。改革涉及社会的政治、经济、文化各个领域，改革的进程充满新旧两种体制的矛盾和冲突，使社会的平衡不断被打破，又不断趋向新的平衡，并不断引起人们思想的波动和冲突。这种矛盾冲突必然反映到对改革的认识上来。特别是由于改革中利益分配、社会机遇不均等发生的心理矛盾，使改革过程充满了意识形态领域里的矛盾和冲突。

还有传统的小生产观念、封建意识和旧的模式对职工的消极影响。首先是小生产平均主义观念对改革的抵触。商品经济的发展，一部分人先富起来，打破了平均主义的社会分配模式。于是部分职工感到不公平、不平等，进而对改革质疑，认为允许一部分人先富起来的政策为“非法牟利者开了绿灯”、“可能导致两极分化”。有的说：“社会主义就得人人有饭吃，就得平均，按年长级。”一位企业干部说：“中国从洪秀全到孙中山都讲平均，共产主义也讲共同富裕，大锅饭总比没饭吃好。”其次是“左”的模式和传统心理的影响。长期以来，人们认为“一大二公”、“物价稳定”是社会主义的优越性，这与改革以来发展社会主义商品经济、物价改革产生尖锐的冲突。

部分职工对改革的认识呈现出模糊性和不确定性，还与职工对改革的思想理论准备不足有着密切的联系。建设具有中国特色的社会主义的理论特别是发展有计划的商品经济的理论，是科学社会主义理论的重大突破和发展，我国近几年城乡经济体制改革的实践有力地证明这些理论是正确的。但是广大职工对这些理论的认识和理解是很不够的，职工们说是“消化不良”。对改革的理论缺乏系统的学习，他们对改革政策的了解多数是通过大众传播媒介获得的，因此，往往是零星的，不系统、不全面的。许多职工甚至没有学过关于城市经济体制改革的决定，不知道改革的性质、目的、意义和改革的必要性，不知道怎么改革。有44%的职工参加改革是从改善生活多赚钱的愿望出发的，因此出现对改革期望过高的心理，达不到目的就怨天尤人。有的认为改革不能出一点差错和失误，否则就悲观失望；有的盼望改革很快成功，不然就心灰意懒。

改革是个过程，也是一个思想教育的系统工程。解决部分职工对改革的模糊认识，提高其自觉性，一方面，要靠改革的实践，使改革的政策和措施不断完善，使改革的成果对消除职工的思想疑虑和旧的观念具有雄辩的说服力。另一方面，要紧密结合改革的实践，对广大职工系统地进行关于建设具有中国特色社会主义的基本理论、基本政策的教育。把广大职工的思想和行为统一到建设有中国特色的社会主义理论和实践上来。这是使广大职工真正成为坚定地拥护和支持改革的不可缺少的一课。对于以前出台的改革项目，要作具体分析，要看还有哪些问题，哪部分职工没有弄明白，要分层次地、各有侧重地帮助他们补上这一课。今后，每一改革项目出台前，要把方针、政策提前交给群众，做到思想先行，使群众明白道理，懂得怎样做，在思想上作好准备，避免盲目性。这样，经过三至五年坚持不懈地努力，随着改革的进程，边学习、边实践、边教育，帮助广大职工群众把建设具有中国特色社会主义的理论掌握起来，使其成为中国工人阶级乃至整个中华民族的精神和灵魂，成为一种不可动摇的信仰。它的重要性绝不亚于我们要在同期取得的物质成果。这个教育要像青工政治轮训那样，有比较系统的内容和教材，采取多种形式（脱产、半脱产、不脱产、讲座等）培训。系统教育同日常思想政治工作各有各的功能，既不能互相代替，也不能互相排斥，应是互为条件，互为补充。系统教育一定要理论联系实际，紧密结合改革和职工的思想实际来进行，要有针对性，有说服力，防止空洞的说教和照本宣科。我们应该下这么一个决心，把建设有中国特色的社会主义的基本理论和政策的教育这个系统工程搞好。

二、发展商品经济的新形势，给职工思想政治工作提出的新课题

当前，我国已经开始步入大规模发展社会主义商品经济的历史新阶段。调查中深切地感到，商品经济的发展，正在有力地冲击着自然经济和产品经济基础上形成的传统观念和习惯势力，冲击着封建社会遗留下来的宗法、等级观念和专制、家长观念，冲击着几十年来旧的经济体制模式形成的传统知识经验、心理习惯。各种适应商品经济发展的新观念应运而生。正如马克思所指出的："过去那种地方的民族的自给自足和闭关自守状态，被各民族的各方面的互相往来和各方面的互相依赖所代替了。"

在调查中我们看到，一些开放比较早的沿海地区、商品经济比较发达的地区、产业和扩大了自主权的企业，职工的思想观念发生了深刻的变化。过去企业是封闭型的，供、产、销由国家包下来，过的是人财物"三不愁"的日子。重生产、轻经营，"皇帝的女儿不愁嫁"的观念在职工中根深蒂固。改革以后，

企业的指令性计划大大减少，有的企业几乎全靠自己“找米下锅”，迫使企业向市场机制转变，职工思想从产品经济观念向商品经济的观念转变。为了取得良好的经济效益和社会效益，企业不断地改进生产技术和工艺，提高产品质量和劳动生产率，职工的效益观念增强了。为了向社会提供品种齐全、花色新颖、品质优良的产品，在市场竞争中取胜，企业和职工的信息观念增强了。由于商品要在市场上直接接受广大消费者的评审和裁决，促使企业经营者和生产者努力提高科学文化水平，掌握先进的生产技术和现代化的管理办法，职工的知识观念、人才观念、竞争观念、时间观念增强了。社会主义商品经济的发展，使职工中“不患寡而患不均”的平均主义思想受到冲击，以等量劳动领取等量报酬的价值观念增强了。在这些新的观念影响下，激发了职工的积极进取精神、独创精神和自主趋向，更加注重了自我价值的追求和完善，社会责任感、主人翁意识和民主要求也得到了强化。

同时，调查中也看到，由于我国的社会主义商品经济还处于不发达阶段，几千年封建残余思想和自然经济形成的思想意识以及几十年大一统经济模式的影响，使相当一部分职工的思想观念还很不适应发展商品经济的要求。有些职工认为，“在我国发展商品经济，是社会主义的牌子，资本主义的路子”，“发展商品经济，就是发展资本主义”。把商品经济和资本主义等同起来。因此，他们对商品经济发展以后出现的如市场机制、价格体系改革、竞争、一部分人先富起来、企业破产、劳动用工制度改革等社会现象和经济行为感到突然、不好理解，心理上承受不了，不能作出正确的判断。有些职工把社会上一些人利用我们管理上的真空和漏洞，钻改革空子进行投机倒把，行贿诈骗，走私犯罪等活动，以及以权谋私，搞行业不正之风和“金钱至上”的行为和观念，不加分析地统统看作是发展商品经济造成的后果。

调查中我们发现，职工中对发展商品经济有两种截然不同的观点，一种观点把发展社会主义商品经济过程中出现的某些消极现象，估计得过于严重，担心失控、造成混乱、“有可能导致资本主义”；另一种观点，则是对商品经济同其他事物一样具有的两重性估计不足，有的甚至还把它理想化，认为讲“宏观控制”、“加强精神文明建设”，似乎都是不必要的了。显然，这两种观点都失之片面。社会主义商品经济是以公有制经济为主导的有计划的商品经济为其本质特征，它不同于资本主义经济。同时，它又具有一般商品经济的共同属性，如果搞得不好，某些消极的东西可能给我国社会生活带来一些不利的影响，但是，不能把这两者看成是必然的联系。我们既要高兴地看到社会主义商品经济的发展给社会和经济发展带来的积极变化，又不要低估它的消极影响。就目前而言，发展商品经济中出现的消极现象同它的积极作用相比，毕竟是次要的，是支流。只要我们保持清醒的头脑，采取积极的方针，兴利除弊，加强思想政治工作，就完全可能把这种副作用限制到最低限度。

社会主义商品经济的发展，要求思想政治工作为它的发展鸣锣开道。新时期的思想政治工作是在发展社会主义商品经济条件下的思想政治工作，要为发展社会主义商品经济服务，为创立具有生机和活力的新的经济体制服务，这是时代对思想政治工作提出的新课题。当前职工对企业思想政治工作评价不高，其中一个重要的原因，就是思想政治工作不能适应商品经济发展的新形势，没有把思想政治工作渗透到商品经济的生产、交换、分配、消费的各个环节中去，在促进职工的思想观念更新，克服商品经济对职工思想的消极影响方面发挥应有的作用。

在职工中强化发展社会主义商品经济的新观念，是思想政治工作为发展商品经济服务要做的十分重要的事情。一种适应社会进步和需要的新观念一旦形成，就会成为影响人们思想和行为的巨大力量。大量调查材料表明，这几年在职工中萌发和形成的新观念，正在对商品经济的发展起着促进作用。同样，商品经济的发展，加速了职工思想观念的更新，而且，这种更新要比平时单纯的思想教育更为有效，更为深刻。因此，思想政治工作部门（包括新闻、出版、报刊、广播、电视、文学艺术等部门）应当不失时机地对商品经济条件下已经形成的新观念在实践中加以强化，并逐步使它成为人们的自觉意识和行为规范；对刚刚萌发起来的新观念，要促其尽快形成稳定的东西；对不适应商品经济发展的传统旧观念，要采取正确的引导方法，使职工在潜移默化中逐步抛弃不合时宜的旧观念。

发展商品经济的形势，使职工更为关注物质利益。据问卷调查，认为“应以国家、社会、他人利益为重”的占 34%，主张三者利益“同时兼顾”的占 51%，有 15% 的职工则认为“视情况而定”或“应以个人利益为重”。在社会主义条件下，劳动毕竟还只能作为谋生手段，因此，我们的思想政治工作，既要坚持用共同理想和目标教育职工，又要正确地看待职工对物质利益需求的动机和行为，坚持贯彻物质利益的原则。如果忽视共同理想和目标，就会使职工对社会主义商品经济的理解陷入片面性，把注意力仅仅限于商品经济的发展，甚至仅仅限于对物质利益的追求，就不能抵制各种腐朽因素的侵蚀，甚至可能走上邪路。同样，如果忽视物质利益的原则，把远大理想同社会主义现阶段发展商品经济的政策混同起来，对立起来，或把对共产党员和少数积极分子的要求当作现行政策，就会束缚广大职工的积极性，阻碍商品经济的发展，也不利于我们实现理想和目标。在人们正确处理个人与集体、社会之间的关系以及人与人之间关系的同时，我们应当采取正确的引导方法，使职工树立正确的致富观，形成以劳动致富为荣，以懒惰和无偿占有别人劳动为耻的观念；划清多劳多得与平均主义、共同致富与同时富裕的界限；划清勤劳守法致富与投机取巧不劳也富的界限。

三、理想教育是造就工人阶级新一代的必修课

现在社会上，对青年职工的理想、人生观状况有各种评说，褒贬不一。调查表明，职工的理想追求，随职工的年龄呈规律性变化，青年职工尤其是25岁以下的青年职工，按照社会政治理想、道德理想、职业理想、个人生活理想四个理想层次来分析，比中老年职工的理想层次都要低，明显地呈现出一种以自我为轴心的倾向。25岁以下的职工中56%的人认为“钱可以调动人的积极性”，“向钱看，为钱干”；而46岁以上的职工持这种态度的占30%。他们的思想、意志和情感，对人生和命运的把握，对理想的追求，常处于一种确信与不信，追求与探索，自信与怀疑，上下波动的状态之中。因而带来他们对整个社会的“不同质”、“非本质”的认识，也常常是不确定的。实际生活中，他们也往往没有固定模式，而是随着客观条件的变化不断地改变自己的利益倾向和人生追求。青年职工在理想、道德、人生观方面与中老年职工有着明显的差距，这是客观事实，也有它的必然性。青年的思想、行为往往最能折射出时代的影子。目前青年职工的理想、人生观状况是特定的社会经济、政治和文化环境在他们身上的体现和反映。他们生长在动乱年代，缺乏良好的教育和社会环境的熏陶；“随大流”闯进了工人阶级的队伍，恰好赶上“拨乱反正”；目前又处于改革、开放、搞活、旧体制消亡和新体制形成的转换时期；还有国际上复杂的环境，经济竞争和新技术挑战；加之他们年轻，刚开始走向生活，缺乏政治、生活方

面的经验。这些都不能不引起青年职工的观念形态、思想和行为方式处于各种矛盾、冲突和摇摆不定的状态。十年动乱及党内出现的不正之风，使他们对被十年动乱扭曲了的社会主义产生反感，划不清真假社会主义的界线，从而表现出信念的动摇。四化建设，开放、搞活，他们接受现代观念的影响，对某些社会生活和理想的追求比老工人更为敏感、更为强烈。外来的文化和生活方式的影响又使一部分青年职工迷信外国，抑制了他们追求理想的热情。应该说，青年职工的这种理想、人生观状况，正是反映了他们从不成熟逐渐向成熟，从平庸向高尚，从个人实现转向社会实现的历史成长的必然过程。目前一些青年职工的理想、人生观存在的这样或那样的问题，表现出他们理想、人生观多元化的趋势，不足为奇，比较符合他们的实际。相反，如果说他们对最高理想和正确的人生观已经有了足够的认识，那倒是不符合客观实际的。但是，这次调查中我们高兴地看到，改革以来我国广大青年职工，表现了极高的政治热情和历史主动性。他们关心国家大事，思想活跃，不盲从，讲究实际；他们对新事物敏锐，敢于思考和做上一代人不敢想、不敢做的事情；他们注重人的价值，渴求知识，“自我完善”，并开始由注重自我转变为为社会多作贡献的价值观。他们正在探索中进步、成长。这种情况需要我们用积极眼光看待他们，循循善诱，帮助引导他们树立崇高的理想和正确的人生观，使他们的“自我表现”欲与党和国家的前途命运紧密地结合起来。

理想人生观教育对于每一个人都是必要的。老一代人的人生观，为适应当前经济、政治和文化改革的时代要求，也有一个不断更新、充实、完善和坚定的问题。人生观不可能是一次完成，一劳永逸的。但是，每一代人的人生观形成，都有一个青年时期集中受教育的问题，为其整个一生奠定坚实的基础。基于这样的道理，我们党在社会主义建设的各个时期，都坚持用共产主义理想指导人们进行人生、理想的追求和实践，例如五十年代学社会发展史，学黄继光、董存瑞；六十年代学雷锋、焦裕禄，“走雷锋成长的道路”等等，这些教育，对当时青年一代人生观、理想的形成产生了重大影响，至今还在起作用。这从当时受到较好教育的青年——今天的中老年职工的理想层次指数高，对人生的积极态度上可以得到雄辩的说明。

但是，我们必须认识到，人生观是一个历史的范畴，它具有鲜明的时代性，因此，每一代人的理想、人生观教育，都必须从头做起，这是青年成长的必修课。一代人的教育决不能代替另一代人的教育，五十年代人生观和理想教育的内容和形式适应不了八十年代形势和青年的需要。青年的理想、人生观问题本来应该在学校教育中得到较好的解决，但由于学校在十年动乱和拨乱反正后受偏重于考分、升学的影响，这一代青年实际上是在缺了人生观教育这一课的情况下走上社会的；新的形势又使这一代青年的理想、人生观处于挑战的环境。特别要看到，现在这一代青年，是实现党中央提出的今后几十年我国社会主义建设三步设想的跨世纪的一代建设者。面向未来，不仅要求他们能够掌握现代的最新文化技术成果，搞好建设，而且历史的进程决定，青年一代中还必须有一批坚定的马克思主义者，带领工人阶级完成历史赋予的神圣使命。可以想象，作为跨世纪的我国这一代青年职工，不知道国家对自己有什么寄托和希望，不明白自己生活的奋斗目标，那国家、民族的未来将是个什么样子？这确实是关系到工人阶级事业的连续性和后继有人的大问题。因此，我们在进行社会主义现代化建设的同时，必须注重人的现代化，抓好对青年职工的理想和人生观教育。青年职工的理想、人生观这一课是绝对不能缺的。

毛泽东同志说过，青年的成长，一条是实践，一条是学习马列主义。实践对于青年理想、人生观的形成具有重要的作用。通过实践，认识，再实践，再认识，职工的理想和人生观将逐步接近真理。但实践却不能代替对职工进行系统的远大理想和革命人生观的教育。工人运动不会自发地产生马列主义，必须系统地进行马列主义基本理论和人生观的教育。问卷调查表明，“您认为是否有必要进行理想、纪律教育”，有 86% 的职工认为“有必要”和“很有必要”，说明职工群众对理想教育有强烈的要求。问卷调查还表明，25 岁以下的职工不仅强烈要求进行人生观教育，而且他们自己正在积极地探索、追求，他们中大多数人把“思想修养和伦理道德”书籍作为第一位“最爱读的书”。事实上，青年职工自己都在考虑人生的问题，在复杂的社会问题面前，他们由于阅历和知识的局限，常常处于一种想明辨而难以明辨，想评判而难于评判的萌动状态，因而反映出对于评判事物的强烈“饥饿感”，由这种“饥饿感”而产生强烈的需求感。我们应该适应青年职工的这一要求，组织力量编写一套供青年职工学习理想、人生观的读物，充分发动青年职工自学，同时加强辅导和指导。这样，紧密结合建设具有中国特色社会主义的实践，从不同理想层次的青年职工的实际出发，用丰富的内容，生动的形式，系统地向青年职工进行一次集中的马列主义和人生观教育。这样，经过几年努力，用现阶段我国人民的共同理想和目标把他们武装起来，必然使充满希望的青年一代，如虎添翼，插上腾飞的翅膀，并将促进一代一代职工为工人阶级的崇高目标而奋斗。

四、贯彻按劳分配原则，调整好社会利益分配

改革，首先受到冲击的是传统体制中利益分配上的平均主义。打破“大锅饭”，实行按劳分配，是分配制度上的一大变革，是职工利益上的一次重新调整。调查表明，由于企业之间、社会成员之间的机会不均，工资改革中的不合理因素，部分职工搞“第二职业”取得的额外收入，社会上少数个体户收入的急剧增长等等，引起了部分职工的思想波动、不满和抵触，甚至影响了一些地方和单位的安定团结。所以，调整好社会利益分配关系，是使改革顺利进行，使社会安定的一项极为重要的政策。

长期以来，人们把平均主义“大锅饭”误认为社会主义的优越性。但是，经过几年的改革实践，平均主义思想受到很大的冲击，按劳分配的思想已经为越来越多的职工所接受。问卷调查表明，有 68% 的职工赞成工资改革“贯彻按劳分配原则，纠正分配上的平均主义”，“赞成拉开档次，但不宜过大”。这反映了广大职工对工资改革实行按劳分配，纠正平均主义的强烈愿望。但这并不意味是对近几年工资靠级、套改等做法的肯定。据问卷调查，1985 年与 1979 年相比，职工平均工资增长为 63%，家庭总收入增长了 53%，有 83% 的职工认为家庭生活水平“提高很多”和“有所提高”。几次工资调整，职工群众都承认“得了实惠”，但又都不满意。他们认为，这次工资套改没有体现按劳分配、多劳多得的原则，比“大锅饭”还“大锅饭”，“工资理顺，是越理越不顺”。职工评价这次理顺工资还是“一刀切”、平均主义，主要表现是“五个不分”：即不分技术高低，不分工龄长短，不分表现好坏，不分劳动强弱，不分贡献大小。具体地说：一是基本工资的调整未体现工作好坏和贡献大小，重新搞平均主义。一些实行留利分成的企业，1984 年开始按照体现奖勤罚懒，奖优罚劣，按劳分配原则，对部分贡献大的职工实行了浮动升级。这次工资套改，对过去的浮动工资一律不算数，不论工作好坏和贡献大小，一律实行等级工资。职工形象地比喻是“坟地改菜地——又拉平了”。二是生产第一线和第二线的职工，同等级工资标准一样，同年限不同工种的职工执行的是同一个工资标准。看大门的、

勤杂工、维修工和辅助工同劳动强度大，劳动条件差的生产第一线工人处于同一等级。职工们说："这样谁还愿在生产第一线吃苦。"四十岁以上的职工由于工资封顶，便想趁早离开生产第一线，造成了一线工人队伍的不稳定。三是同行业的企业留利和职工收入不均衡，影响了企业再生产能力和职工积极性。上海市某百货商店1985年在营业额、利润额、利润率、全员劳动效率、商品资金周转和费用水平等六大指标都超过或优于同期北京和广州的两家百货商店。但它的利润留成率却最低，1985年仅有10.3%，而北京和广州的两家商店同期留成却是18%和30%。这样效益好、利率高、贡献大的企业和职工，工资福利反倒低了。四是处于边远地区工作和从事艰苦劳动对国家经济建设贡献较大的行业，在分配上未得到较优惠的待遇。以煤矿地质为例，在十五个产业中，人均月工资煤矿地质居中，人均月奖金居第二，家庭人均收入殿后（仅高于农林），人均住房面积最少。

由于上述各种因素，在职工中出现了分配上的变态心理——攀比。攀比之风从何而来？有人说是职工平均主义思想作怪。工人们则说：工资套改方案是平均主义的，明显不合理，怎么能让人家不攀比呢？给中小学教师和掏大粪工人再长几级工资我们也没意见！一些职工还说：国家的钱没少花，招法没弄好，结果惹得人们不满意。企业干部反映也十分强烈："工资调来调去，几天一个花样，把职工积极性都调垮了。"应当看到，造成攀比的原因有工资套改中不合理成分，也不可否认部分职工受传统体制影响，吃惯了"大锅饭"，似乎按劳分配就是平均主义，共同富裕就是同时富裕，"要富大家都富，要穷大家都穷"，一遇到分配上的差距，利益上的冒尖，就有一种不适应感，这种"攀比"的情况是确实存在的。尽管按劳分配原则在现阶段来说，只能是形式上的平等掩盖着事实上的不平等，但是，按照改革的要求，工资改革要在现实条件允许的范围内尽最大可能来实行按劳分配原则，尽最大努力避免或防止对这个原则的偏离。

因此，在工资改革中，国家要在权衡价格差异、效益高低、税利多寡、贡献大小的条件下，兼顾好不同地区、行业、企业和工种之间利益关系，对那些边远地区、工作环境和条件艰苦、贡献又大的企业和个人，在工资和奖金上要实行特殊的鼓励政策。国家要从宏观上控制企业工资额和制定工资基本政策，工资改革的具体措施应放权给企业。企业应探索符合本企业的工资分配制度。

目前企业中一个普遍的问题是第一线工人不稳定，主要原因是待遇低，未体现一线和二线的差别。因此，在利益分配上应把提高一线工人待遇，稳定一线工人队伍放在首位。与此同时，兼顾不同岗位、不同技术、不同工龄和不同贡献者的利益，充分体现脑力劳动同体力劳动，熟练劳动同非熟练劳动，繁重劳动同非繁重劳动之间的差别。从而建立相应的各种工资形式，合理拉开档次。

实行按劳分配原则，一方面要在企业内部克服平均主义，承认差别，但又不能差别过大。另一方面，还要十分注意社会利益分配的合理调整。在目前社会成员中，收入较高的是个体户。职工普遍认为这几年个体经济的发展，活跃了市场，加强了竞争，促进了商品经济的发展，方便了群众，解决了部分待业青年的劳动就业。个体劳动者是在“大锅饭”被人们视为天经地义的社会环境中，经过辛勤劳作，承担某种风险而取得收入的。正如有的工人说：个体户起早贪黑，挣几个钱不容易，哪像我们死抱“铁饭碗”，过安稳日子。据问卷调查，84% 的职工对发展个体经济的政策持肯定态度。但是，他们对目前个体经济中少数不法商贩买空卖空，哄抬物价，以假充真，以劣充优，甚至欺行霸市，坑害顾客，牟取暴利，造成社会成员收入的极大悬殊，则强烈不满。有的工人说：“挣钱的不费劲，费劲的不挣钱。”因此，对于个体户、个人承包户，要由工商财税部门加强管理监督，准确掌握个体经济的销售和生产的收入额度，制订合理的收税标准。对于那些收入剧增的个体户，要实行征收累进个人所得税办法。对社会利益的分配和再分配，要使那些能够直接或者有效地促进社会财富增长的人和集团获得较高利益。不管是全民、集体，还是个体户，都应依据这个原则，参与社会分配。

随着改革和商品经济的发展，社会上先富起来的人越来越多，激发了广大职工求富的热情，启迪他们寻觅各种致富途径。据问卷调查，有 76% 的人赞成搞“第二职业”。目前，搞“第二职业”的人数一般占职工总数的 3% 左右，少数企业达 10% 左右。他们利用业余时间，主要是夜间，有的甚至通宵达旦地工作；有的擅自离职，无故旷工，一干就是几个月，直至辞职；有的利用家属或子弟的营业执照经商，甚至自己单起执照、弃工经商；有的利用自己的一技之长，对乡镇或街道企业进行技术服务；有的家住郊区的职工种植蔬菜、经济作物，利用天然资源发展家庭副业。

从发展商品经济的角度看，职工搞“第二职业”，甚至辞职、弃工经商或办实业，都是对职工承担风险态度的考验。在我国目前城市劳动力流动凝固性较大的情况下，搞“第二职业”对“铁饭碗”的惯性力是一种反作用力，无疑是有益的。当前社会（尤其是乡镇集体企业）生产中不仅缺乏知识，缺乏科学，而且缺乏技术，缺乏劳动技能。那些有丰富劳动经验和熟练技术的工人对乡镇企业的发展，有其特殊的重要性，应该充分发挥他们的作用。因此，应当允许退休工人从事各种有益的社会劳动，允许在职工人在搞好本职工作的前提下业余兼职，使他们的专业特长在社会生产中得到最合理、最充分的利用。而对于那些掌握企业购销渠道、原材料和车辆的职工，则应劝止他们业余兼职和无照经商。劳动人事制度要适应改革的发展要求，对职工搞“第二职业”定出明确的章法。对于那些政策允许搞“第二职业”的人，应经过本单位同意，办理完备的手续，对他们的个人收入和福利待遇，同样要兼顾好国家、集体、个人三者利益，掌握好恰当的比例。对于企业编余的人员，应鼓励劳动力流动，鼓励职工支援和扶助乡镇企业，改变在职待业的状况。调查表明，对于改革企业招工制度，实行合同制，有 77% 的职工表示赞成。职工中安于“铁饭碗”，维持“终身职业”的观念已开始淡化。但职工普遍认为，在实行劳动合同制的同时，必须实行干部聘任制。“不能对主人搞合同制，还让公仆端‘铁饭碗’。”为完善劳动人事制度的改革，劳动合同制和干部聘任制应同步进行。

随着社会主义商品经济的发展，客观进程需要社会向每一个职工开放诸如就业、致富、受教育和发挥专业特长的机会，职工在这些机会面前是平等的，个性之间只存在自主活动能力和努力程度的差别，而获得不同的机会。这种与竞争择优原则紧密相关的机会均等原则，要求职工重视个性素质的提高，并能依据社会劳动需求状况选择个性发展目标，从而使社会劳动得到最优配置和最节约、最充分的利用。为提高职工素质，在工人中评定技术职称是切实可行的办法。调查表明，有 90% 的职工认为在工人中评定技术职称是“提高工人素质的重要措施”，“有利于提高工人地位，稳定职工队伍”，主张评技术职称“要看贡献、实际水平”。但是，在工人中评定技术职称，不能重复其他评定职称中搞论资排辈，人人有份，再吃“大锅饭”的做法，要采取考评和聘任相结合的办法，使企业和职工互相制约，使职工的劳动贡献和利益协调统一起来，真正起到鼓励技术进步，奖励有贡献者的作用。

五、发展社会主义民主，尊重职工主人翁地位，保障职工的合法权益

我们的目标是要建设一个高度文明、高度民主的社会主义强国。建设高度民主，就是要在人类历史上创建最先进的，最充分的民主制度，以及保证这个民主制度贯彻实施的完善法制，以切实保证广大人民群众当家作主，行使管理国家、管理企业的民主权利。只有充分发扬社会主义民主，由广大职工真正行使参加管理和监督的权利，才能使他们的积极性得到充分的发挥，才能克服领导干部中的官僚主义及政治体制、经济体制的弊端，才能保证领导干部对人民负责，高效率地为人民服务，并进而保证我们的国家长治久安。

宪法总纲中明确规定："中华人民共和国的一切权力属于人民。"工人阶级是我们国家的领导阶级。它通过本阶级政党对国家政治生活的领导，通过党的方针、政策，来体现自己的主人地位和意志。党在社会主义建设时期对国家政治生活的领导，最本质的内容和要求就是组织、领导工人阶级以主人翁的身份参与管理政治、经济及其他事务，使其真正当家作主。在企业内部，职工群众的民主权利主要体现在对企业的民主管理上，即通过职代会的形式参与企业的生产、经营和分配的管理。

工人阶级的民主权利在原则上已是确定的。但在调查中，职工群众普遍反映"工人阶级地位降低了"。56% 的职工认为改革以后工人在企业中的主人翁地位没有提高，而且觉得自己"地位下降了"，"现在在企业和社会中的地位都不如以前了。"

为什么会发出如此感叹？把工人认为自己地位降低的种种反映概括起来：

（1）工人入党难，政治地位低。现在入党提干的重点是"有文凭的知识分子"，工人，尤其是一线工人入党困难。据山西省调查，占半数的生产班组没有党员。工人说："现在吸收入党的大部分是知识分子，舆论还呼吁知识分子入党难！没有谁给咱工人说说话。"

（2）"唯独工人没有特殊政策。"工人中普遍反映："知识分子有政策，干部有政策，农民有政策，起义人员、精简下放人员都有政策，就是对工人没有政策。""工人是被遗忘的角落。"

（3）"工人有地位是口头上"的，实际生活福利待遇差，经济地位低。在

工资待遇上，即使是八级技术工人，一百多元就到顶了。尤其是机关、团体和事业单位实行“工龄工资”，使工人在情绪上受挫伤。太钢工人说，“改革以后，我们工人收入都增多了，不在乎每年那五角钱的工龄工资。但是‘公仆’有，主人却没有，我们感到委屈，低人一等”。在住房问题上，许多企业实行计分制，工人就凭个工龄，干上一辈子打不了几十分，而有职务的，有职称的，有文凭的都可以加分，结果是口头上说工人是主人，分房却没工人的份。“既不合理，也不平等。”

（4）滥施扣罚，工人受压。在调查中，许多工人都反映现在企业的一切章法都与扣罚挂起了钩。生产任务完不成，质量不合格，迟到早退，不参加业务学习，不参加大会，不出黑板报，不投稿……都要扣罚。“这么多规章制度，哪一条不是对着我们工人的？哪有主人总被仆人惩罚的？”

（5）生产、分配不民主，工人没有发言权。职工反映，工厂、车间大事，如生产任务的安排，车间管理，奖金分配，对职工的扣罚等，都是少数人说了算，根本不让我们工人知道。

工人，是工人阶级的主体，是国家的主人，是企业的主人，但却认为自己没有地位，或地位下降了。他们的这些反映虽有偏颇的地方，但它强烈地反映出生产工人一种地位下降的压抑情绪和冷落感，不能不引起我们的高度重视。通过调查分析，其原因主要是新的民主要求与这种要求得不到满足产生的心理矛盾。五十年代，职工的民主要求是比较朴素的。企业领导同工人一起干活、一块吃饭，倾听他们的意见，这使他们感到自己的权利得到了尊重，工人有地位。那时企业的生产、经营、销售等，都是由国家统一计划、管理、分配，利益分配差别不大，因此，职工的民主要求和参与管理愿望并不那么强烈。现在，工人不仅要求有主人翁的地位，而且要求有与之相适应的民主权利，并且，对民主权利的要求也与过去不同了，不仅要求民主评议选举干部、罢免干部，还把这种民主要求同物质利益直接联系起来，要求直接参与企业的生产、经营，尤其要求参与奖金分配、调资晋级、住房分配等。凡涉及职工切身利益的重大问题，都要求有发言权。但是，目前相当部分的企业领导受旧的管理体制及封建等级观念的影响，对职工中产生的新的民主要求与愿望熟视无睹，不习惯民主管理，而习惯于少数人说了算，搞家长制、一言堂，有的错误地认为厂长负责制就是厂长个人说了算，对职工可以滥施惩罚，因而，使职工感到受压抑，地位下降。其次是职工对所处时代及环境的变化不适应。五十年代，作为先进生产力代表的工人阶级还只是一小部分，刚从长期专制独裁统治下解放出来，由被压迫阶级上升为领导阶级，这种变化使当时的工人有一种明显的自豪感，当时对资产阶级的斗争和对知识分子的改造，也使一些工人感到自己地位的优越。三十多年过去了，作为敌对阶级的剥削阶级已经消失，知识分子是工人阶级的一部分。而且，随着社会主义建设的发展，科学技术的重要性越来越明显，崇尚知识和人才开始蔚成风气。目前一些缺乏民主传统和习惯的工人在认识和感情上还没转过来，加上政治上、经济上民主权利得不到应有的尊重，这样，五十年代工人的优越感与改革后部分职工中的冷落感便产生了强烈的感情冲突。第三，近年来一些企业放松了思想政治工作，有的单位“一切用钱管”，而且罚扣已经完全超出维持厂规厂纪的界线，滥罚乱扣，蛮不讲理，有的甚至带剥夺的性质，致使工人的主人翁自豪感或自尊心受到伤害。第四，这几年宣传舆论工作对工人，特别是对生产第一线工人的宣传有所忽视。相比之下，对企业领导，对知识分子，对个体户、“万元户”等，宣传多了一些，这也使工人觉得受冷落，不如五十年代地位高。“还是五十年代好，那时工人有地位，说话也好使，身穿工作服，走在大街上感到自豪，现在矮人一等，抬不起头来。”调查充分表明，八十年代职工对民主要求比五十年代迫切得多，也高得多，职工已将自己的利益、前途与本企业的利益、前途结合在一起了。“厂兴我荣，厂衰我耻”，“厂兴我富，厂衰我穷”，已成为广大职工的自觉意识，对企业的兴衰表现出一种高度的主人翁责任感和积极性。这种可贵的积极性，应该受到尊重。企业的领导，应该懂得职工民主意识的加强是企业的宝贵财富，是厂长智慧的源泉和治厂的强大支柱。

企业民主管理是社会主义民主的重要内容，是逐步建设高度民主的社会主义制度的重要组成部分和基础，而职代会则是目前职工参与企业民主管理，行使民主权利，审议企业重大决策，评议监督干部的最基本的形式和途径。但是，目前职工对职代会的现状却不满意。问卷调查表明，45% 的职工明确表示职代会“无作用，是走形式的工具”；24% 的职工认为职代会“有时有作用”，“有时无作用”。总体评价很低，趋于否定。一些职工认为职代会“像演戏”，是“聋子的耳朵——摆设”、“丫环拿钥匙——当家不做主”。从调查情况看，相当部分的企业职代会只是在开会时才有声音，平时没有什么活动。更多的情况是，

“职代会变成了企业领导的工具，需要发动职工搞会战，突击生产任务，打翻身仗时，职代会开得轰轰烈烈”。主要原因是一些企业领导对职代会，对职工行使民主权利缺乏正确认识，以为既然实行厂长负责制，厂长就有权决定一切，强调民主管理，会影响厂长的行政指挥，束缚厂长手脚，是自找麻烦。因而有的厂长和行政对重大问题不经职代会讨论，有的甚至随意否定职代会的议案和决定。他们不了解，没有充分的民主，就不可能有正确的决策。即使是好的决策，没有充分的民主也不会得到职工群众强有力的支持。

要使职工的主人翁地位和行使管理企业的民主权利得到保障，必须健全职代会制度，与厂长负责制有机结合，同步发展。这既能体现现代化大生产的要求，又能给厂长负责制以有力支持和民主监督。要加强职代会的建设，发挥职代会作用，首先必须使十二届三中全会赋予职代会的“三项权力”得到真正的落实，并使其具有法律的效能。调查中，广大职工对民主评议、选举、罢免干部的权利呼声很高。目前一些企业虽已建立了群众评议干部的制度，但多数单位评议结果对干部却不发生任何影响，体现不出监督、制约的作用。现在企业厂长由上级领导任命、委派，职工满意不满意都得接受，干好干坏群众既不能褒，也不能贬，他们说：“工人只尽主人翁义务，没有主人翁权利，主人担风险（企业办不好，领不到工资），公仆有保险（企业办垮了照样当官或调走了事）。”他们要求选用那些自己信得过，能够同他们一起共命运、担风险的人掌管企业。工人说：“现在的干部怕组织部长，他们的升迁攥在组织部长手里。眼里就没有我们工人，给我们选举权、建议罢免权，对端正党风肯定有好处！”应该看到，这是一种不可逆转的趋势，是发展社会主义民主的好势头，我们应当努力顺应这种形势，逐步实行企业领导干部的民主选举制，现在对班组长、车间主任一层实行民主选举，条件是成熟的。

职代会的代表必须民主选举产生，而且，青年职工，第一线工人应占一定比例。调查发现，许多企业的职工代表不是由职工选举产生，而是由领导指定或推荐的。有的职工代表说：“我都不知道怎么当的代表，是车间领导通知我的。”这样产生的职工代表没有群众基础，群众不信任，职工代表自己也感到缺乏合法性而信心不足，责任感不强。许多企业职代会的代表，青年职工和第一线工人占的比例很小，而这两部分人又正处在生产第一线，他们是企业生产的主要力量，最有发言权。职代会的常设机构——主席团亦应有一定比例的青年职工及生产第一线的工人代表。同时，要进一步建立与健全职代会的民主程序和工作程序，并应具有法律效能。职代会召开前，应将会议中心议题通知职工代表，将提交职工代表讨论审议的报告、计划、方案等印成书面材料发给职工代表，并保证讨论、征集意见和提案的时间。职代会闭幕后，应将会议结果告诉每个职工。

随着改革的深入，职工个人利益同企业的利益和命运联系得越来越紧密，职工的民主要求也势必日趋增强。尊重职工的民主权利，发展、健全社会主义民主和法制，是时代赋予我们的政治任务和要求。我们应当充分尊重职工的民主要求，通过职代会组织职工行使管理企业的民主权利，进一步提高他们的民主意识和主人翁意识，来实现我们建设高度民主的目标。

六、正确处理工人阶级内部矛盾建立社会主义的新型人际关系

党的十一届三中全会以来，经过拨乱反正，清除“左”的思想影响，团结、和谐、互相信赖、生动活泼的政治局面和新型人际关系，正在一些企事业单位形成和发展。但是，职工队伍内部各类人员中，工人之间、工人与知识分子之间、工人与干部之间都还有一些不够融洽、协调的问题，存在着一定的矛盾。因此，使得他们都感到有一本“难念的经”，觉得“气不顺”，甚至有一股“无名火”。既影响职工们的情绪稳定和劳动积极性的发挥，也是一种不安定的因素。

对经济体制改革以后，工人之间的关系问题，据问卷调查，有 30% 的职工认为比以前好，40% 的职工认为与改革前相比没有变化，23% 的职工认为不如以前。我们同职工谈话中了解到，工人之间的种种矛盾，有不同所有制之间、不同行业之间工人的矛盾；有同一企业里，生产一线工人与二线工人的矛盾，不同工种之间的矛盾；有新老工人之间的矛盾，还有在职工人与退休工人的矛盾；等等。其中新老工人的矛盾较为突出。在改革、开放、搞活的新形势下，新老工人在思维方式、价值观念、兴趣爱好、生活方式等方面呈现出明显的差异。一部分老工人习惯用传统的观念和行为规范对一些青年人评头品足，论长道短，认为青年人的行为方式有伤风化，甚至对未来有一种“杞人忧天”之感；而一些青年工人则自恃自己的行为方式是冲破旧传统观念，符合现代潮流，埋怨老工人落后、保守。新老工人之间关系不协调还表现在有些单位在工资、

奖金、住房等物质利益分配上，没有统筹兼顾好新老工人的利益，或受某些条件的限制，有些不尽合理的因素，使新老工人互相攀比，互不服气，造成感情上的一定隔阂。

对工人和知识分子之间关系的问题，有27%的职工认为比改革以前好，有45%的职工认为没变化，有20%的职工认为不如改革前。随着现代化事业的发展，大多数工人认为，落实党的知识分子政策，提高知识分子的政治地位和生活待遇是应该的。“没有科学技术，就没有现代化。”他们对那些有真才实学，确有贡献的知识分子非常尊敬，多给他们一些优厚待遇，工人们举双手赞成。对那些实际水平与文凭不符，工作不认真负责，没有实际贡献，又不尊重工人的知识分子，尤其是那些用不正当手段弄“假文凭”的人，也享受党对知识分子的各种待遇，工人们心里不服气，有反感。他们说：“打破了工人的大锅饭，又让知识分子吃起了大锅饭。”“不管实际水平高低，只要有中专、大专文凭，都享受知识分子待遇，这种政策是尊重知识、尊重知识分子吗?”甚至有的单位不管是否需要，给知识分子每人发“眼镜费”，有的企业规定，内部招工考试，给工程师子女加分，不仅工人反感，知识分子也反感。所谓工人和知识分子之间的矛盾，实质上是工人对落实知识分子政策搞“一刀切”有意见。而知识分子中一些没有真本事，没有大作为的人，听到工人们的议论，不舒服，认为“知识分子就是凭文凭，对知识分子只能是一个政策”。有的知识分子认为“工人看到长期受压抑的知识分子翻了身，得了‘红眼病’，是对知识分子的偏见”。

在职工队伍内部的各种矛盾中，从目前来看，工人和干部的矛盾最突出，关系比较紧张。据问卷调查，有三分之一的职工认为干群关系不如改革以前好，三分之一的职工认为与改革前相比没有变化，从个别谈话和座谈中反映的问题看，干群关系紧张主要在三个方面。

一是一些领导干部与民争利，以权谋私。比较普遍的反映是3%的工资晋级问题。一些企业没有体现奖励有特殊贡献职工的政策，在晋升工资时搞神秘化，不经职代会审议，由少数领导者擅自做主，领导干部升级面过大，工人升级面很小。奖金分配也不合理。一些企业领导干部多拿多占，奖金高于工人几倍、十几倍甚至几十倍。有的不仅给自己晋级加奖金，而且还为亲属子女晋级加奖金。工人说：“干活挣的钱，都让当官的拿去了。现在官是官，民是民，搞不到一起了。”在住房方面，据问卷调查，工人和干部住房差距悬殊，工人人均住房在 2.9 平方米以下的占 17%，干部只占 10%；工人人均住房在 5 平方米以上的占 38%，干部却占 51%。目前工人的住房虽然比过去有些缓解，但在一些企业仍然十分紧张。就在这种情况下，一些领导干部还利用职权多占房，占好房，假借各种名义为子女亲属要房，有的甚至为自己建造超标准化的“安乐窝”。在为子女开后门方面，一些领导干部已由过去想方设法让子女进厂，分配好工种，发展到让子女转干、提干，谋求出国进修、深造的机会。不少单位的职工反映，领导干部的子女几乎没有在艰苦的生产第一线工作的，调走的、转干的、上大学的，“全是有门路的人”。

二是对工人滥施经济惩罚。工人们认为，“建立必要的规章制度，采用一定的经济手段，加强企业管理，严明纪律，是必要的”，“这是拨乱反正，使企业重新振兴的一项重大改革成果”。但是，现在一些企业却把经济扣罚的作用绝对化了，动辄惩罚工人。扣罚名目繁多，次数过多，范围过大，金额过高，有的还搞重复扣罚，层层加码，远远超出了厂规厂纪的范围。据调查，有个企业 1984 年和 1985 年共罚款 2962 次，人均 4.2 次。仅 1985 年一年，罚款金额就达 23171 元，人均 30 多元。工人气愤地说：“过去工人给资本家干活，不干活不拿工资。现在给共产党干活，一天的活照干，无故扣罚，不但拿不到工资，还要倒扣工人的钱，比资本家还厉害。”甚至有的企业给干部规定抓工人违章的指标，完不成指标就扣干部的奖金。于是，有的干部竟不择手段，给工人设置障碍，以完成罚款指标。这种罚款往往对干部从轻从宽，或者不管不罚，而对工人却是从严从重。调查中，听到工人们议论，现在刚刚改革，滥施惩罚就这么蛮横无理，随心所欲，一旦实行合同制，当官的权更大了，有权开除工人了，那将会闹到什么地步啊！从一些企业目前的某些极端做法来看，工人们的这种议论或担心，不是没有根据的。

三是强制工人无休止地加班加点，侵犯工人的合法权益。调查中工人反映，“遇到急、难、新的任务，加班加点，搞搞突击没说的”，现在的问题是，一些企业不管劳动效率如何，不管工人的健康状况和承受能力如何，随意让工人加班加点，有的甚至把加班加点标榜为“领导有权威”、“队伍过得硬”、“工人有干劲”。调查中我们看到，在一些企业里，许多工人发扬共产主义精神，不计工时，不计报酬，忘我劳动，为企业作贡献的生动事例很感人。但是，对一些企业加班时间过长，工人每天工作十几个小时，节、假日也得不到休息，有的企业连续加班时间达三四个月，有的一年之中加班达半年之多，工人很反感。青年职工得不到正常的休息，学习、娱乐时间也挤没了。一些通勤职工，连吃饭和八小时睡眠都很难得到保障，长年累月处于紧张状态，有的造成家庭不和，孩子上学得不到照顾，职工身体素质下降。一些企业的加班加点过多，多是由于干部管理不善造成的。加之，有的干部不能与群众同甘共苦，造成苦乐不均，从而加深了干群之间的矛盾。

毛泽东同志指出："矛盾存在于一切事物的发展过程中"，"每一事物的发展过程中存在着自始至终的矛盾运动。"经济体制改革是一场深刻的变革，它必然要引起人们之间利益关系的矛盾和思想观念的冲突。由于干部中官僚主义、以权谋私等现象存在，党风和社会风气没有根本好转，职工中还存在着某些陈旧观念、落后思想意识和某些过高过急的要求，因此，职工队伍内部各类人员之间的矛盾是必然要产生的。当然这些矛盾属于人民内部矛盾，是工人阶级根本利益一致基础上的矛盾。但是，这些矛盾如果处理不及时或处理不当，也会使矛盾激化，甚至发展为对抗的形式，直接影响到安定团结的政治局面，对改革和建设事业极为不利。今年各地发生的职工罢工、怠工、上访、游行等事件，多是由于有些矛盾处理不当引起的，因此，必须引起高度的重视。

从调查中看，工人之间、工人和知识分子之间虽有各种各样的矛盾，但却是一种缓和的趋势。他们之间比较珍重团结，交往中，相互尊重，讲究友谊，谁家遇到困难，解囊相助，注重感情联系。我们应当保护和倡导这种积极因素，促进新老工人之间、工人和知识分子之间的互相了解，互相尊重，互相信任。老工人要不断地更新观念，不要对青年人多加干涉，不要把传统的观念和行为强加给青年人；青年人则应当尊重老工人，继承老工人的优良传统和中华民族的传统美德。工人要尊重知识，尊重人才，承认简单劳动与复杂劳动、体力劳动与脑力劳动在创造价值方面存在着差别，树立科学技术是生产力，工人和知识分子共同创造财富的观点。知识分子应当到工人中去，向工人学习，向实践学习。有关部门在制订有关政策时，不能搞"一刀切"，不仅要看文凭，还要看实际水平、工作能力及其贡献。对工人中自学成才者在待遇上、使用上要一视同仁，统筹兼顾好生产工人的利益。这样，他们之间的矛盾是不难解决的。

工人和干部之间的矛盾，从目前来看并没有呈缓和的趋势，有的地方和单位干群关系还相当紧张。工人和干部之间的矛盾，主要方面在干部。社会主义企业的管理干部，具有双重身份，作为经营者，他们获得与其贡献相应的高于一般工人的报酬是正当的；作为领导者，特别是党员领导干部，忘记全心全意地为人民服务的宗旨，谋取规定以外的好处，不顾职工的切身利益，滥施惩罚，无休止地让工人加班加点，实际上侵犯了工人的合法权益，则是社会主义原则所不允许的。这种状况如果不切实加以改变，势必使干部严重地脱离群众，损害党在职工群众中的形象，失去群众的信赖。

干群关系在很大程度上是党群关系，而干群关系紧张或党群关系紧张主要在于党风没有得到根本的好转。据问卷调查，职工对党风评价不高，认为整党以来党风有明显好转的仅占 7%，有所好转的占 45%，没有变化的占 37%，不如以前的占 10%。问卷分析还表明，职工对党风的评价与对身边党员模范作用的评价极为相关，说明职工看党风在很大程度上是看身边的党员。半数以上的职工认为身边党员“不能起模范带头作用”，“还不如普通群众”。为了实现党风的根本好转，中央决定从中央党政军机关做起，抓大案要案，完全正确，深受广大职工拥护。但是，还要看到，职工更关心的是自己企事业单位党风状况的根本好转。工人要求“从严治厂，首先要从严治党”。他们说，“我们工人还得靠共产党，党风不好，党不光彩，我们工人脸上也无光”。这说明，虽然职工群众对党风不正深恶痛绝，但却是关心、爱护我们的党，对党寄予很大希望。因此，我们一定要下大决心，使党风和社会风气得到根本好转。

工会是工人阶级的群众组织，是职工利益的直接代表者，是党联系群众的纽带。在调节和处理企业领导与职工群众矛盾方面，具有其他组织不能代替的独特作用。在处理矛盾时，工会要敢于支持职工群众的正确意见、合理要求和建议，敢于向有关部门反映，提出建议。对于企业领导侵犯工人利益，要站在维护职工合法权益的立场上，帮助和督促企业领导纠正不正之风，严重者要建议上级作出处理。对于职工中一些虽然合理，但一时没条件办到的意见和要求，或根本不合理的意见和要求，工会组织同样要敢于坚持党的正确的原则、立场，耐心地向职工做说服、解释工作，批评错误的东西。处理矛盾，应当本着疏导、和解的原则，采用民主，协商的方法，说服教育的方法。正确处理各种矛盾的主要标志应当是：看其是否有利于改革和生产力的发展；有利于调动职工的积极性、创造性，维护职工的合法权益；有利于坚持四项基本原则，巩固和发展安定团结的形势。随着工人阶级内部矛盾的不断解决，社会主义新型的人际关系将逐步建立起来，将为改革和四化创造宽松、平等、民主、协商的社会环境，这是改革必胜、四化必成的重要条件。

七、树立具有时代特色的工人阶级形象激励职工的积极性，发挥群体优势

社会主义事业是千百万群众自觉的事业，它的发展和成功，取决于劳动者的智慧能力、积极性和创造性的充分发挥。调查中我们看到，我国工人阶级从来没有像现在这种精神振奋，锐意进取；从来没有像现在这样心情舒畅，朝气蓬勃；从来没有像现在这样注重自己能力的培养和积极性、创造性的充分发挥。即使一些被人们认为是“落后”者的人，尽管他们感到社会对他们的看法不公平，有一种压抑感，但他们还是能够坚持干满、干好八小时的工作，完成自己的任务，尽到一个工人的责任。但在问卷调查中，职工认为自己的劳动积极性发挥得“充分”和“比较充分”的仅占50%；认为发挥得“一般化”的占39%；认为发挥得“不充分”和“很不充分”的占11%。这说明，职工中的潜力还很大，他们要求充分发挥积极性的愿望十分强烈。那么，影响职工积极性充分发挥的因素是什么呢？从问卷调查妨碍职工积极性发挥的十四种因素中，可以看到主要是：劳保福利、工资待遇、领导作风。毫无疑问，按劳分配，民主权力和党风这三个问题，是当前影响和妨碍职工积极性充分发挥的主要因素。对此，前面已作了专题分析。

但是，调查中我们还发现，对如何评价一个人是先进还是后进？什么样的先进人物才能够真正代表八十年代工人阶级的形象？新老工人之间、干群之间，在观念上、标准上却存在着很大差异。这同样是目前广大职工普遍关注的一个问题。它对于职工积极性的影响，并不小于前面说的那三个问题。一些青年工人说：“不用科学的态度评价一个人，不树立表现时代特征的工人阶级形象，即使有积极性，也不知往哪里使劲。弄不好反倒招惹是非。”可见，这是关系到广大职工的积极性能否得到充分发挥，工人阶级先进思想能否占主导地位；工人阶级形象能否表现时代特征，对广大职工具有吸引力、凝聚力、使之形成群体优势的大问题。广大职工特别是青年职工比较推崇那些有知识，懂管理，注重实际，秉公办事，开拓进取，立于改革之潮头，奋勇搏击的人物；推崇那些迎着新技术革命的挑战，勇于探索创新，有见地、有创建、有贡献的革新能手和

专家。用青年工人的话说，就是“当今中国，一个人的价值大小，要看他是否具有改革创新的精神，对社会和人民的贡献如何”。无疑地，他们的这种价值观和评价是非的标准是富有时代特色的，是积极的，符合社会历史发展的要求。

现在许多企业都很注重评选先进人物，而且典型树得很多，一大批先进人物脱颖而出，各具风格地表现出工人阶级的不同特色。但有些先进典型却缺乏号召力，引不起震动。领导埋怨群众落后，不想学先进，不愿当先进。事情果真是这样吗？问卷调查得到的答案恰恰相反，职工中“有争当先进生产（工作）者愿望”的占75%。工人告诉我们，他们很想八十年代能有孟泰、王铁人那样名扬中外的典型，作为工人阶级的旗帜，而埋怨领导落后形势，八十年代还热衷于树五十年代“老黄牛”式的人物。那么，是不是工人认为“老黄牛式过时了”？经过同青年工人探讨，他们认为，老黄牛精神是可敬的，老黄牛式的人可称为好工人、好干部，但却不能作为先进典型让别人学。这种看法显然有一定的片面性。“老黄牛”式的先进典型在当时历史条件下起过重要作用，就是在当前大力发展商品经济的条件下，我们仍然需要提倡“老黄牛”式的那种诚实苦干的劳动态度和献身精神。但是，仅仅这样是不够的。时代变了，广大职工的价值观念也变了。我们应当顺应时代的要求，站在改革的高度去发现、扶植和树立先进模范人物。时势造英雄，每一个时代的英雄模范人物，都是时代的产物。在恢复国民经济和国民经济遇到暂时困难的年代，涌现了以孟泰、“王铁人”为代表的一大批先进模范人物，成为当时中国工人阶级的旗帜和楷模，极大地鼓舞了和激励了千百万职工的积极性和创造性，表现了我国工人阶级的群体优势和形象。今天，我国已进入改革创新的伟大时代，它一定能够创造出具有八十年代特色的一大批先进模范人物来。应当说，现在这样的先进人物举不胜举，问题是我们宣传的不得力，重点不突出，缺乏连续性，给人们的印象不深，这应当加以改进。

先进与后进相比较而存在。有先进，就有后进。什么是“后进”？现在有些人忽视我国社会历史条件的变化，还用五十年代的标准来衡量八十年代职工的思想意识和行为方式，他们把那些喜欢议论国家大事，对企业和车间的生产经营管理工作爱提意见、好发表自己看法的青年，看成是“翘尾巴、发牢骚”和“刺头”，有的甚至把他们当作“调皮捣蛋”的“后进”青年；把那些刻苦学习文化技术业务知识的青年视为“不务正业”，说他们“动机不纯”，想“跳槽”；把那些注意美化自己生活，注意穿着打扮，追求丰富多彩的业余文化生活（如跳舞、社交等）的青年，说成是追求“资产阶级生活方式”，也列入后进之列。这样一些青年究竟是不是后进？人们的看法不尽一致。而这些青年本身却感到社会对他们“不理解，不公平”，精神上受压抑，有些甚至信起天命来了。问卷调查“您对天命、命运的看法”，认为“谋事在人成事在命运”、“不可全信、不可不信”的占49%。我们知道，任何原则、规范都是在一定的社会历史条件下制定和形成的，而人们判断事物的标准也是随着社会历史条件变化的，不会永远停留在一个水平上。社会历史条件的变化，必然引起与现实原则、规范不一致，在这种情况下，传统的原则和规范一定要适应新的现实。八十年代职工的视野已不局限于自己岗位上，停留在五十年代职工那种爱厂如家的朴素感情上，而是站得更高，看得更远了。他们关心政治，关心国家大事，关心企业的前途和命运，敢于讲真话，讲实话。他们追求美化自己的生活，向往和谐、团结、互助的新型人际关系。他们强烈地感受到时代的压力，现代化信息社会，高知识、高技术的人类文明新天地，是老一辈工人未曾经历过的。一些青年渴求知识，对现实生活具有广泛的兴趣，“求知、求美、求乐”，表现出自己的个性。指责他们是不公平的。当然，在现实生活中，确有少数青年职工，不顾现实和可能，过高地追求享受，有的甚至追求低格调的文化生活，寻求刺激，甚至走上犯罪的道路。这同当代青年的本质和主流并无必然的联系，它是一种历史的遗迹。对他们应当加强教育，使他们摒弃那些落后、愚昧、腐朽的资产阶级思想和行为。

任何一个群体，总有一批先进者，也有少数后进者。在工人阶级中虽然也存在着先进与后进的差异，但工人阶级可以依靠自己的力量，使先进者更先进，后进者变成先进。显示工人阶级这种力量的有效形式之一，就是把工人阶级组织到社会主义劳动竞赛中来。社会主义劳动竞赛比思想、比技术、比贡献、比风格。开始是以少数比较先进的职工达到的技术指标、生产定额和行为准则作为竞赛的条件。随后，就是愈来愈多的人赶上了他们的指标定额和标准。接着，又有更多的先进者在新的发展水平上创造出更加先进的水平，又影响和带动更多的人加入先进者的行列。这样，一个以建设高度文明、高度民主的社会主义现代化强国的劳动竞赛，一浪高一浪地向前发展，必将在工人阶级中形成更加自觉的阶级意义，塑造出八十年代工人阶级的群体形象；必将在中国的大地上形成一种巨大的精神力量和浩然正气，抵制封建主义和资本主义的腐朽思想，成为社会主义精神文明建设的重要标志之一。

在改革如此广泛深入的今天，我们应当把社会主义劳动竞赛组织得更好，发挥它特有的优势。但是，我们在调查中看到，目前一些地方和企业的劳动竞赛开展得并不那么理想，有的同志认为企业实行经济责任制后劳动竞赛没有必要再搞了，也有的人把经济责任制当成是劳动竞赛。这种“无用”、“等同”的观点，在一定程度上影响了劳动竞赛的开展。应当认识到，企业实行的经济责任制是调动职工积极性、主动性，推动生产力发展的企业管理制度，它的基本原则是责、权、利相结合，国家、集体、个人利益相统一，职工劳动所得同劳动成果相联系。而劳动竞赛则是职工群众以主人翁态度在生产劳动中发挥积极性创造性的一项活动，其实质是通过把少数先进生产者创造的先进经验推广开来，为更多的群众所掌握，从而变成全社会的生产水平，推动生产力的发展。两者目的相同，性质和方法有别；两者可以互相促进，但不能互相代替。许多调查材料表明，经济责任制给竞赛提供了参考标准和评比依据，从制度上巩固了竞赛的成果，而劳动竞赛的开展创造出先进定额和水平，又充实了经济责任制的内容。两者是相辅相成的。因此，必须把劳动竞赛与经济责任制结合起来，以利于更好地激励和组织广大职工的劳动积极性和创造性，使职工的积极性充分发挥出来。

还有的同志把竞赛和竞争两者的关系搞模糊了。有的人则认为发展商品经济后，竞赛被竞争代替了。这是一种误解。在社会主义条件下，竞赛和竞争同时存在而且发挥着各自不同的作用，共同促进商品经济的发展。但是，这两者又不是等同的。第一，社会主义劳动竞赛是摆脱了被剥削被压迫地位后的工人阶级在生产中发挥积极性创造性的一种表现形式。竞争则不同，它是存在于商品生产和商品交换的社会中的共同现象，是商品经济的产物。第二，竞赛是人们自觉自愿组织起来，为了完成一定的任务而开展的群众性的生产实践活动。竞争则是商品经济赖以运行的客观法则，是不以人的意志为转移的客观规律，因而两者的性质是不同的。第三，竞赛的原则是互相学习，互相帮助，取长补短，共同提高，它本身不具有客观的强制性。社会主义条件下的竞争既有竞争的一面，又有合作的一面，竞争的各方是一种互相依存、互相制约、相互合作的关系，但是，竞争的结果可能是双方都有提高，也可能是优胜劣汰，它直接关系到企业的生存和发展。因此竞赛和竞争是有区别的，两者不能相互代替。在发展社会主义有计划的商品经济条件下，开展社会主义劳动竞赛有其特殊的意义。它有利于增进地区、行业、企业之间和同志之间形成一种互相支持、互相协作、团结合作的关系，有利于打破地区、行业、企业之间的技术封锁，推广和交流先进技术，有利于商品生产者树立共产主义的劳动态度。因此，在发展商品经济中，开展社会主义劳动竞赛，可以使竞赛和竞争两者相互补充，相互促进，相得益彰。

我们完全可以预料，通过社会主义劳动竞赛的组织和激励的作用，我国广大职工的劳动积极性和创造性必将更充分地发挥出来，并显示出工人阶级的力量和优势，必将涌现出更多的，具有时代特色的先进模范人物，塑造出八十年代中国工人阶级的光辉形象，成为人们学习的楷模和效法的榜样，从而更加有力地推动我国的社会主义建设事业蓬蓬勃勃地向前发展。

八、提高职工科学文化素质是两个文明建设的一项重要任务

面对世界性新技术革命挑战的形势，作为两个文明建设的主力军，我国工人阶级的科学文化技术素质如何，不仅直接影响着改革的进程，而且关系到两个文明建设的成败。先进的现代科学技术作用于劳动者身上，便可以大大提高劳动生产率，加速现代化建设，这已被越来越多的职工所认识，宁波燎原食品厂重视智力投资，去年底“双补”合格率达 95%，青工政治轮训合格率达 96%。职工素质的提高，有力地促进了生产的发展，1985 年产值同 1978 年相比，翻了两番多，产值、利润、创省优、部优、创汇均名列全省同行业前茅。实践证明，提高职工的科学文化技术素质，实质上是一种劳动力再生产，这种经过再培训、再提高的智能化劳动力，能够创造出巨大的经济价值。

职工科学文化技术素质的提高，不仅有力地推动了社会主义物质文明建设，而且是精神文明建设的重要组成部分。调查表明，最高理想为“实现共产主义”、“实现四个现代化”和“使国家强大”的，在大专以上文化者中占 78%；大专以下文化者中占 56%。相反，把个人名利、舒适作为最高理想的大专以上文化者中仅占 8%，而大专以下文化者中占 23%。认为改革“符合马列主义理论，是一条具有中国特色的社会主义道路”的，在大专以上文化者中占 41%，大专以下文化者中占 34%。可见，提高职工的科学文化素质是提高职工政治素

质的基础和条件。因此，必须把提高职工的科学文化技术素质作为社会主义精神文明建设的重要目标，并采取切实有力的措施加以实现。

调查表明，八十年代我国职工队伍的科学文化技术水平，与五十年代相比确实有了显著提高。随同新中国一起成长的工人阶级新一代，不同程度地受到了良好的学校正规教育，他们进入工厂加速了职工队伍的知识化进程。近年来，一些企业党、政、工都比较重视职工教育工作。“六五”期间，职工教育基本上完成了青壮年职工的文化、技术“双补”任务；有计划地培训企业领导干部，组织科技人员学习、更新知识，开展职工读书自学和兴趣爱好活动，在“智力投资”上花了一定的“本钱”，开创了全员培训的新局面。据问卷调查，职工中具有初、高中以上文化的占88%，小学和识字不多的仅占12%，这是十分喜人的变化。但是，从整体来看，职工队伍的科学文化水平还是偏低的。以大学生在总人口中的比例衡量，64万职工中具有大专以上文化水平的仅占10%。而日本受过高等教育的国民在25岁以上人口总数中所占的比例，1980年就达到14%；美国1979年已达到31%。而且，部分职工的实际技术水平低于技术工资等级，实际文化水平与学历证书不符。高中、中专学历者中有5%的人参加过中学文化学习。近年来，有些单位补办过去业大、培训班文凭，使一些职工的实际水平与学历高低悬殊的问题更加突出。据新疆第四建筑工程公司调查，在389名有职称的人员中，属于补办文凭的有106人，他们大都是过去在军队中参加过半年到一年的学习班，就补办了中专文凭，其中50人不合格。20人只有小学文化程度。实际技术水平低于技术工资等级的情况也较为明显，据吉林化学公司化肥厂抽样调查，目前工人实际技术水平平均低于技术工资等级1.5级。这些虚假现象不仅不能适应四化建设迅速发展的需要，而且造成了职工群众同这些名实不符的人员之间的矛盾，也不利于党的知识分子政策的落实。特别是由于受社会上乱发、乱补“文凭”的影响，部分35岁以下职工有偏重于文化学习，忽视业务技术学习和岗位练兵的倾向。一些青年职工认为“岗位练兵可有可无，工作凭经验应付就行了，“只有文凭顶用”。他们把文凭当成是立足社会的“楼梯扶手”，提资升级的“固定资产”，巩固地位的“定期存折”。有的青工拼命奔“文凭”是为了“跳槽”，拿了“本子”就可以不当工人了。还有，职工的文化技术素质结构也不合理。在全民所有制工业企业中，管理人员所占比重偏大，存在着“一线紧，二线肿”的问题。有的企业二线人员占三分之二，一线人员仅占三分之一。在城镇集体所有制工业企业中，管理人员又严重不足。如无锡市乡镇工业比较发达的地区，经营管理人员所占比例也不足1%。工业企业中工程技术人员所占比重偏小，在全民所有制职工中只占4%，在集体所有制职工中还不到1%。这种比例是适应不了我国现代化建设需要的。特别是在专门人才中，学非所用、专业不对口的现象相当突出，用职工的话说，这是“文戏武唱，武戏文唱，最大浪费”。据兵器工业部调查，专业不对口的比重约为14%，有的地区甚至高达42%。由此可见，提高职工的科学文化技术素质，调整文化技术结构，充分发挥职工的群体素质功能，是现代化建设向我们提出的一项刻不容缓的战略任务。

特别应当看到，由于世界性新技术革命的影响，改革以来商品经济的发展，广大职工强烈地意识到时代的要求，有一种学习的紧迫感。许多职工既看到了现实利益，更看到了长远利益，认识到“不学习就跟不上时代潮流，不仅生产上难以有所作为，而且个人工资福利也上不去，今后更没有前途”。一位厂长说：“在以品种求发展，以质量求生存的今天，不尽快提高科学技术素质，没有人才，就意味着垮台和破产。”竞争的压力变成了职工学习的动力。据常州市工会在2284名职工中征询调查表明，因竞争需要而刻苦钻研业务的占44%，感到必须掌握一技之长，再不钻研业务就过不了关的占46%。广大职工普遍感到社会“尊重知识，尊重人才”，做一个有文化有知识的工人是势在必行了。因此，职工的学习热情空前高涨。据问卷调查，目前正参加各种文化学习的占45%，参加各种专业技术学习的占42%，还有33%的职工想参加学习而苦于无人组织。当前，职工的文化技术学习正朝着专业化、高层次、一专多能的方向发展，学习形式多样化，读书自学的比重越来越大。

然而，我们职工教育的组织领导工作却不能适应广大职工的迫切学习要求，亟待改善和加强。

第一，职工教育必须有效地为经济建设和精神文明建设服务的指导思想不明确，存在偏重学历教育，忽视岗位职业培训的现象。应当说，近几年来职工的学历教育是有成绩的，今后还应坚持。但是有条件接受大专以上学历教育的毕竟是少数，职工教育的根本途径应是岗位、职业技术培训和组织职工自学成才。在实际工作中，既要看职工的学历，更要重视职工的实际工作能力。要坚持职工教育为两个文明建设服务以及面向现代化、面向世界、面向未来的指导方针，调整职工文化技术素质的不合理结构，结合全面提高生产技术、经营管理水平的需要，把职工教育的任务落实到企业，落实到基层。

第二，工学矛盾处理不当。调查中，一些工人批评企业领导："光抓我们搞生产，从不关心我们文化技术水平的提高"，"只使用，不培养，不是长远之计"。领导干部反映："我们是工厂，不是学校，都想去学习谁来干活?!"工学矛盾实质上是学习内容与岗位要求脱离的矛盾和学习时间与生产、工作时间冲突的矛盾。目前，对职工业余学习没有统一的政策，各企事业单位的做法五花八门，有的报销学费，有的不报；有的给时间，有的不给时间；甚至有个别单位领导对职工业余学习横加干涉，设置障碍，激化了工学矛盾，使职工学习、生产两方面的积极性都受到影响。应把职工教育同企业生产结合起来，把学习同职工切身利益结合起来，从而调动企业办学、职工求学的两个积极性。当前要把班组长、生产骨干和关键岗位的技术工人作为培训的重点，要大力开展中级技工培训，并有计划地开展高级技工和技师的培训工作。职务培训要采取多渠道、多层次、多形式的办法，以适应不同类型职工的不同需求。岗位培训合格的职工也还有继续提高的任务。应制定鼓励职工参加岗位、职务培训的政策，结合劳动人事制度的改革，逐步建立岗位、职务证书制度，评定工人技师制度，并采取相应的考核、使用办法，引导职工努力成为精通本行业务、忠于职守的优秀工作者和劳动者，从年轻一代职工中培养出大批中、高级技术工人和技术人员。同时，对那些确有特长和兴趣爱好者，在不影响本职工作的前提下，对他们自己选择的专业学习也要给予积极扶植，使其个性得到发展。要鼓励一专多能，为社会和企业多培养一些全面发展的人才。

第三，为职工自学创造条件不够。随着改革和四化建设的进展，职工的学习要求与日俱增，现有的各级各类职工学校无法满足，因而职工读书自学活动应运而生。但由于自学较之课堂学习难度大，困难多，职工中要求工会为自学者创造条件的呼声也就越来越强烈。工会要为职工自学提供学习资料，加强对自学的组织与引导，举办各种自学辅导班，等等。同时，还要协同政府有关部门制定鼓励职工自学成才的各项政策，研究并做好对学有所成的自学者的考核、认定、职称评定、使用、待遇等工作，逐步摸索出一套切实可行的办法。

工会是职工学经济，学管理，学习共产主义的学校。提高职工的两个素质，是职工的根本利益要求，是增强企业活力的源泉，是新时期工会工作的重要职责，我们要不辜负时代和广大职工的希望，切实把这项工作抓紧，做好。

九、引导职工逐步建立文明健康科学的生活方式

随着改革和商品经济的发展，职工生活水平的提高和改善，职工的消费观念和生活方式也随之发生了深刻的变化，需求结构由单一低层次向多样高层次转化；消费结构由温饱型向小康型、由限制型向舒展型转化；闲暇时间要求更加丰富多彩的文化、娱乐生活，对家务劳动社会化抱有强烈的期望；人际关系更加注重感情联系，向着宽松、和谐、融洽的方向发展。问卷调查表明，职工月人均收入 50 元以下的从 1979 年的 57% 降为 1985 年的 16%，月人均收入 50 元以上的由 43% 上升到 84%，这为改变职工的消费结构、消费观念提供了物质条件。职工消费结构中吃的比重下降，享受投资和智力投资明显增加。据武汉 3506 厂 88 名职工随机抽样调查，职工工资中用于吃的比重由过去的 75% 下降到 58%，而享受资料和发展智力的投资则上升到 40% 以上。以往那种生活上只求维持温饱，储币应急的消费观念已为“吃讲营养，穿讲漂亮，用讲高档，住讲宽敞”的消费方式所代替，各种消费结构和消费方式都在转化之中。过去人们家庭追求的高档用品“三转一响”（自行车、手表、缝纫机、收音机）已向“四机一箱”（电视机、收录机、洗衣机、照相机、电冰箱）转化。部分职工还提出了更高的标准：“电视要带彩的，录音机要双卡的，洗衣机要双缸的，电冰箱要双开门的。”人们的衣、食、住、行、用等各种消费结构和消费方式正在向着多元化、高层次、小康型转化之中。这一切，使广大职工对社会主义制度的优越性增强了信任感，发自内心地认为“还是共产党好”。

生产为消费创造了物质条件，消费刺激生产向着深度和广度发展，构成生产和消费的良性循环。“没有消费就没有生产。”社会主义生产的目的也只有通过消费才能实现。与中国式的社会主义现代化相适应的现代生活方式，将使人们的消费结构和消费方式日趋合理化。但是，我们又要清醒地看到，消费水平受生产水平的制约，超越现阶段生产发展水平的消费超前的要求，是不利于扩大再生产和推动社会经济发展的。调查表明，尽管在传统的消费结构中形成的精打细算、勤俭节约、安贫、积攒等习惯心理，至今还被一些中、老年职工恪守着；还有 30% 的职工家庭人均收入在 35 元以下，尚处于维持温饱的状态，他们的消费欲望还不那么高。但是，广大职工“求富心切”，消费早熟，追求高

消费的心理却是相当普遍的，尤其不能忽视的是在部分青年职工中出现的热衷于“能挣会花”，“拼命地干，尽情地玩”的倾向，以及消费期望值超前的心理。对此，我们必须采取正确的态度和方针。目前一部分人确实先富起来了，提前进入了高消费领域。这是一种必然的趋势，限制它是不可能的，对它采取批判的态度是无益的，但脱离我国现实，鼓吹高消费也是有害的。我们既要倡导职工勤劳致富，又要善于引导职工克服“急于求成”、“消费值超前”的有害心理，正确处理生产与消费的关系，在大力发展生产的基础上，不断改善职工的物质生活。

职工在解决温饱问题以后，对精神文化生活的追求愈来愈强烈。其主要表现在对闲暇时间的处理上，尤其是在闲暇时间里的文化活动上，这是职工生活方式的重要组成部分。在闲暇时间里，职工既可以得到愉快的娱乐和休息，又可以学习各种科学文化知识和各种自己爱好的技能，发展丰富多样的兴趣，还可以自由地进行社会交往。对于个人来说，闲暇时间既是文化消费时间，又是文化创造时间。对于社会来说，人在闲暇时间中得到“补偿”和发展，将对经济和文化的发展起着积极的作用。实质上，这既是劳动力的恢复，又是劳动力的增值。据问卷调查，职工主要业余时间用于看书学习，看报纸、电视，参加体育锻炼和文艺活动的占45%。

职工的精神需求呈上升的趋势，要求文化生活富于知识性、趣味性和娱乐性。40%的职工业余时间参加读书学习、各类知识竞赛、智力测验和讲演活动。除了知识性以外，职工还注重趣味性和娱乐性。当前职工生活节奏大大加快，他们生活的目的性、计划性和时间观念加强，工作劳动量大幅度增加，一天劳动之后，需要娱乐、愉快、松弛。大连造船厂仅参加各种体育代表队的人数就占职工总数的14%。武汉锅炉厂参加各种兴趣小组活动的职工达到职工总数的三分之一。事实充分表明：通过精神文化生活的陶冶，使他们强烈地感受到生活的乐趣和愉快，精神境界得以升华，从而消除疲劳，焕发精神，这实质是劳动力的再生产过程，它对物质文明的建设起着推动作用。但是调查表明，目前职工的精神需求层次还是较低的，一些职工的生活目标还不太明确。从职工业余时间安排可以看出，还有26%的职工“无固定安排”，26%的人搞家务。加强对职工闲暇时间合理利用和闲暇文化活动的指导是十分必要的。闲暇时间的利用，从内容上看，主要是满足精神文化的享受和发展的需要，从形式上看，则是完全由个人自由支配时间，这种支配的“自主性”无论对个人还是社会都是极为重要的。从整个社会来讲，多数人愿意选择某种活动或者不愿意选择某种活动，必然受特定历史条件的价值观念和社会思潮的影响，因此，我们有责任通过各种途径去影响职工，帮助他们建立起正确的价值观念，审美观念，在闲暇时间里的文化生活中创造一种宽松、和谐的文化娱乐环境。对于交际舞、音乐舞会等交往形式要积极引导，而不是简单地限制。文化改革也应同经济改革一样，从封闭型向开放型转化。同时，社会和企业还要为职工的精神文化生活创造相应的设施和条件。要发展第三产业，使职工尤其是女职工从繁重的家务劳动中解放出来。要加强科学管理，提高工作效率，可试行弹性工作制、就近上班、减少加班等，为实现劳动力的休养生息和再生产创造条件。

交往方式也是生活方式的重要组成部分。随着有计划商品经济的发展，职工对社会信息的需求增强，联络人与人之间的感情、广泛交友越来越成为人际关系中的主要表现形式之一。职工的群体意识日益加强，出现了各种各样以不同内聚力结合的社会非正式群体。主要形式有：一是事业交往型。如青岛市橡胶厂职工以班组为核心，经常在一起讨论班组中心工作、学习和生活。二是兴趣爱好交往型。如各种兴趣小组，由于爱好一致，兴趣相同，经常交流思想和技艺。三是互助交往型。如武汉造纸厂有位职工家发生火灾，全厂捐款 1000 多元，粮票 200 多斤，数百名职工自动义务为他修建新房。职工之间的经常往来、宴请答谢、馈赠礼物则更为经常。这充分说明，职工群众追求的是高尚、健康、文明的交往方式，而反对、厌恶、鄙视“文革”遗留的那种帮派体系和资本主义社会的尔虞我诈、互相利用、赤裸裸的金钱关系，及封建宗派的江湖义气、家族门第观念。但是，应当看到人际交往中也存在许多不健康的因素，例如干群关系比较紧张，后进违法青工的低级趣味和低格调的生活方式，以及封建迷信、享乐主义的滋长，等等。因此，我们应当坚持扶正祛邪，抑恶扬善，正确地引导职工建立文明、健康的交往方式和新型的人际关系。

引导职工形成文明健康科学的生活方式，对于更好地坚持社会主义生产目的，正确地处理生产和消费的关系，使职工把对物质生活的追求和培养高尚的道德情操有机地结合起来，树立正确的劳动观、价值观和幸福观，对于职工思想情趣的陶冶，智力的发展和创造性才能的发挥，都有着十分重要的意义。职工闲暇时间的活动，是精神文明建设的重要领域。目前，这个领域的工作还很薄弱，尤其是有些企业的领导对此未予以重视。这不仅严重脱离群众，更不利于精神文明建设。我们必须努力探索中国式的社会主义生活方式。正如人类社会不是偶然现象的堆积，而是人们自觉或不自觉地依据客观必然性有意识、有目的地创造历史一样，中国式的社会主义现代生活方式也不会自发、盲目、随心所欲地产生和发展起来，而是需要人们自觉地遵循我国国情，在实践中探索符合我国社会性质、生产力水平、资源条件和民族特点的生活方式。这种生活方式的总体特征应该是：为中国特色的社会主义奋斗的生活目的；积极进取、勇于开拓的时代精神；国家、集体和个人三者利益协调一致的行为方式；新型人际关系的社会主义人道主义原则；健康、明朗、乐观向上的生活情趣。只有这样，才能正确地指导职工形成正确的生活观念和行为方式。

十、要正视职工对工会工作的评价和要求

工会是工人阶级的群众组织，是职工群众利益的直接代表者和维护者。党的十一届三中全会特别是经济体制改革以来，工会组织为团结广大职工群众，实现党的中心任务，发展社会生产力，在推动企业民主管理、参政议政、动员职工群众为四化建功立业、维护职工的合法权益和切身利益、加强工会组织的自身建设等方面做了大量工作。工会在职工群众中的威信日趋提高，许多优秀工会工作者深受职工群众喜爱。广大基层工会干部与职工群众有着密切的联系，有较深厚的感情。

但是，我们也应清醒地看到，工会工作面临城市改革的形势，还有许多不适应的地方。问卷调查表明，职工群众对工会工作总体评价是不高的，对工会工作不够满意。职工群众对工会工作评价不高的因素很多，主要是工会在指导思想、工作重点、工作作风和工作方法上还不能适应发展变化了的新形势及职工队伍的特点。继续下去，确有脱离职工群众的危险。现在，我们既然通过调查发现了这些问题，就应对此进行认真的研究和探讨。调查是为了解决问题。认识世界的目的在于能动地改造世界。

进一步端正工会工作的指导思想，为发展社会生产力服务，忠实代表大多数职工的根本利益，是这次调查中职工提出的主要要求。工会作为工人阶级的群众组织，理所当然地要为发展生产力鸣锣开道。生产力发展了，职工生活就会得到改善和提高。这样，才能从根本上代表大多数职工的利益。

为发展社会生产力服务，首先要动员广大职工站在改革前列，激发职工在企业中参与管理、参政议政的热情。长期以来，工会比较重视老工人的工作，这无疑是正确的。老年职工过去曾经是社会生产力构成的主力，进入新时期以后，还应该继续重视发挥他们的传帮带作用。但是，目前，企业中45岁以下的中青年职工已占职工总数的83%，生产一线的中青年职工占95%以上，是生产力的主要构成部分，而全国解放前参加工作的老年职工只占2%。可是，我们工会却忽视了中青年职工的利益和要求，工作重点没有放在他们身上。他们生产忙，任务重，家庭负担大，相对来说困难多一些，工会为他们说话办事很不够。一些青年职工不了解工会在干什么，对工会评价最低。所以，工会工作的重点对象应转到中青年职工身上来。二是要重视知识分子的工作。党的十一届三中全会以后，各级工会开始重视知识分子的工作，取得了一定的成绩，但还未取得突破性的进展。工会维护知识分子利益，为他们说话办事还远远不够，甚至有的工会干部对知识分子、工程技术人员还存有偏见。问卷调查中，工程技术人员对工会工作评价也不高。54%的技术人员对工会持否定评价，认为工会可以称为“职工之家”、“职工之友”的只占14%，大大低于干部和工人。我们应当改变这种状况，自觉地把知识分子当作工人阶级的一部分，当作工会工作的重点对象。三是要在改革中善于发现工人阶级的先进分子，目前，工会对具有时代特征的先进工人缺乏敏感性，在方法上还存有“终身制”的痕迹。先进职工随着时代的发展是层出不穷的。有的过去是先进分子，可能后来又落后了；有的虽然不落后，可能又有新人超过他们。因此，劳动模范的发现和培养应以客观现实为标准，谁先进就选谁，不断评选出一批又一批新人，使工人阶级的排头兵永远是先进分子，而不总是集中在少数几个人身上。只有这样，工会在培养模范先进人物，促进生产力的发展上才能永远具有活力。

维护职工利益是由工会的性质所决定的，是工会的神圣职责。广大职工评价工会工作，不仅仅看工会工作的指导思想是否端正，常常要看工会维护广大职工利益的客观效果如何。应该说，工会在维护职工利益方面做了大量的工作。但是，改革以后，职工的工作、学习和生活诸方面出现了许多新情况。许多工会没有抓住职工群众所关心的重大问题，理直气壮地为职工说话办事。调查表明，当前，职工特别是中青年职工普遍关心、要求维护的切身利益在四个方面。一是维护职工的物质利益。在“您认为基层工会应当主要抓什么工作”的问卷中显示，要求维护职工的生活福利居第一位，这主要是在住房、工资、奖金分配方面要求工会抵制不正之风，维护职工的切身利益。要求通过职代会制订晋级、住房、奖金分配方案和细则，使职工的利益得到保证，使不正之风无隙可乘。同时，还要求应当出面干涉和制止对职工滥扣乱罚、无休止地加班加点，维护职工的合法权益。二是维护职工的学习权益。目前，有33%的职工想学习却苦于无人组织。职工认为，工会有阵地，有经费，完全有条件组织职工搞好文化技术学习，忽视或放松这项工作，就会脱离一大批职工群众。三是维护职工的民主权利。通过改革，职工的民主意识大大增强，而民主地位尚未得到有效的保证。中央实行简政放权，扩大企业自主权，其实质是让人民群众当家做主，而不是某个人说了算。政治文化体制改革的深入，科学化、民主化的决策体系要求建立相应的政策反馈和监督机制。因此，工会在这方面面临着全新的课题和大量的工作。改革，已使工会行使参政议政的职能由可能成为现实。工会应该在建设我国社会主义民主和企业管理中发挥更大作用。为健全政治民主体制，确保职工群众的主人翁地位，要建立、健全企业民主管理制度（包括职代会的民主程序），这种程序应赋予法律的效力。四是维护职工具有个人兴趣爱好参加文化娱乐体育活动的权益。当代职工的一个显著特点就是兴趣广泛，爱好很多。参加各种兴趣活动和文娱体育活动是职工精神生活的重要组成部分，也是精神文明建设的重要内容。可是，有的企业轻视职工的精神文化生活，对文娱体育积极分子支持不够，有的把文娱活动阵地如球场、俱乐部、图书室改为仓库、煤场、临时车间，长期占用。有的还不适当地干预职工正当的文艺娱乐活动，如禁止举办舞会等。工会应通过职代会和上级工会及行政领导部门对这些涉及职工精神文化生活方面的问题，作出决定或据理力争，维护职工的利益。

工会的工作作风和工作方法不够群众化，也是职工对工会评价不高的重要原因。我国工会在历史上有着密切联系群众的优良传统。可是，这次调查表明：占调查总数17%的职工认为工会“不像群众组织，像政府机关”、“很少倾听职工的意见和呼声”，反映出工会工作作风不深入，工会干部未能与群众打成一片，与职工群众缺乏感情上的联系，特别是对35岁以下的青年职工缺少了解。职工们说：“上面热热闹闹，下面感觉不到。”因此，工会要密切联系群众，广泛开展交朋友活动，每个工会干部都应交若干知心朋友，成为他们的良师益友；

要培养大批参加各项活动的积极分子和骨干，充分发挥工会各种宣传教育阵地的优势，最大限度地吸引职工参加各项政治、生产、文化活动，增强吸引力，讲究实效。为此，必须提高工会干部的素质。调查表明，工会干部不仅年龄偏大，文化偏低，有的地区和单位还把退居二线的党政干部放到工会。更主要的是部分工会干部思想跟不上形势，某些“左”的观念和小生产习惯心理还比较严重，对政治体制改革给工会提出的新任务、高标准缺乏认识。因此，加强工会干部的思想教育和培训势在必行。各级工会干校都要开设社会主义经济理论和民主理论课，密切联系实际，提高工会干部对建设具有中国特色的社会主义的认识。同时，要充实一批年龄轻，文化程度较高，有实践经验的同志到各级工会。使工会真正成为密切联系群众，富有时代特色，站在改革前列的群众组织。

结束语

上述十个问题，概括了改革以来我国职工队伍的基本状况。它们之间既有独立性又有内在联系。它将为我们建设“有理想、有道德、有文化、有纪律”的新型职工队伍，充分发挥工人阶级在两个文明建设中的主人翁精神和主力军作用，提供哪些启示呢？

（一）*改革是社会主义制度的自我完善和发展。*我国工人阶级顺应改革和社会主义商品经济发展的历史潮流，站在改革的前列，发挥着主力军的作用，他们在改造客观世界的同时，也改造着自身，思想观念和行为方式正在发生着历史性的变化。但是，改革毕竟是社会的大变革，社会主义在实践中，新旧体制、新旧观念的矛盾和冲突是会经常发生的。我们必须大力加强改革和社会主义商品经济条件下的思想政治工作，以“有理想、有道理、有文化、有纪律”为目标，对广大职工系统地进行建设有中国特色的社会主义基本理论和基本政策的教育。青年职工是跨世纪的一代建设者，系统地对他们进行理想、人生观教育，更加具有特殊的意义。系统教育要同日常的思想政治工作结合起来。要从改革、发展社会主义商品经济和职工的思想实际出发，把远大理想与现实奋斗目标、岗位责任、职业道德、职业纪律以及个人理想、人生追求联系起来，有针对性地、生动活泼地和富有说服力地进行理想、马克思主义世界观的教育，使广大职工认识到建设有中国特色的社会主义是我国各族人民现阶段共同的理想和目标，是振兴中华的唯一正确的光辉道路，也是人生应当选择的正确道路。

（二）在社会主义条件下，劳动还只能是谋生的手段。要正确地看待职工群众的劳动动机和需求，鼓励他们诚实地劳动，维护他们的劳动权益和从劳动中获取相应的生活资料的权利。要坚定不移地、严格地实行按劳分配，克服平均主义，既要承认分配上的合理差别，拉开档次，又不要过于悬殊；同时要在共同富裕的目标下鼓励一部分人先富起来；用各种法律手段、经济手段和行政手段对社会利益分配和再分配进行控制和调节，正确处理生产与分配，国家、集体、个人以及社会成员之间的利益关系。社会主义的理想、道德决不否定物质利益原则，决不否定按劳分配和社会利益的合理分配，决不能把平均主义当作社会道德准则。

（三）社会主义事业的胜利取决于劳动者的积极性、智慧和创造力的充分发挥。由于目前社会利益分配不均，职工的主人翁地位和民主权利没有得到切实保障，加上官僚主义、以权谋私等现象的影响，严重地阻碍了职工积极性和创造性才能的发挥，抑制了职工参与民主管理和决策的政治热情。我们必须高度重视社会主义民主和法制建设，使党的十二届三中全会决定中提出的“劳动者的主人翁地位在企业的各项制度中得到切实的保障。他们的劳动又与自身的物质利益紧密联系……”“企业领导者的权威同劳动者的主人翁地位是统一的”指导原则，真正落到实处，造成平等、民主、和谐、融洽的政治环境，只有这样，才能真正使广大职工的积极性和创造性充分有效地发挥出来，形成工人阶级的群体优势。

（四）社会主义商品经济的发展不仅促进了商品竞争，而且使职工更加注重自身的价值，注重个性的全面发展，自我实现开始向社会实现转化。这使职工意识到提高科学文化技术素质，既是时代的要求，也是自我完善、实现切身利益的基本条件。我们必须从战略的高度，为大力提高职工队伍的科学文化素质，满足职工学习科学文化技术、自我提高、自我完善的需求，为现代化建设培养合格人才。

（五）生活方式是一个非常广阔的领域，它是人们业余物质、文化生活的消费方式及交往方式的总和。这个领域充满各种思想矛盾和生活样式，只有用社会主义的思想、道德、文化占领它，建设它，才能成为社会主义精神文明建设的重要领域，对社会生产和社会生活产生积极的作用。但是，现在一些地方和部门的领导对这个领域的重要性认识不足，重视不够，工作很薄弱；有的只是消极的防范、限制。生活方式是随着生产方式的发展变化而发展变化的，并有一定的历史继承性。因此，我们必须顺应现代生活方式变化的历史潮流，继承和吸收人类历史上和现代的一切优秀的思想文化成果，抛弃那些愚昧、落后和腐朽的思想文化，引导职工群众善于合理地进行消费，积极创造条件，满足职工群众对于交往和精神文化的正当需求，逐步建立起平等、团结、友爱、互助的社会主义新型人际关系和文明健康科学的生活方式。

中华全国总工会

1986 年 9 月

第三次中国职工状况调查报告

（1992 年）

向社会主义市场经济转变过程中的中国工人阶级

——关于全国工人阶级队伍状况的调查报告

为了进一步贯彻落实党的全心全意依靠工人阶级的根本方针，引导好、保护好、发挥好职工群众投身改革和建设的积极性，全国总工会根据中央书记处的指示精神，于1992年6月至11月，对我国工人阶级队伍状况进行了一次较大规模的调查。这是继1982年和1986年两次调查之后，关于中国工人阶级队伍总体状况的又一次全国性调查。

本次调查采取“典型调查和问卷调查相结合”的方法，在广东、湖北、云南、四川、上海、江苏、山东、北京、内蒙古、陕西、甘肃、辽宁等12个省、自治区、直辖市及其他省份的10个大中型企事业单位中进行。各省、区、市总工会按照全国总工会的统一部署，对包括各主要行业的200家全民所有制企事业单位、股份制和城镇集体所有制企事业单位以及三资企业、乡镇企业进行了典型调查，接受访谈和参加各种座谈会、调查会的职工130000多人次；问卷调查委托国家统计局城市社会经济调查总队，按照随机抽样方法，在102个市县、38个主要行业的企事业单位和机关团体的50000名在职职工中进行，回收有效问卷48532份，有效问卷回收率97.1%。与此同时，我们还从党政有关部门和社会科学研究部门收集了部分有关宏观经济状况、退休职工及乡镇企业职工状况的数据资料。据此，本报告重点反映全民、城镇集体和三资企业在职职工的状况，对有关乡镇企业职工和退休职工的状况，在必要时做补充说明。

在本次调查的全过程中，全国总工会和各调查地区、典型调查单位，吸收了部分经济学、社会学、统计学、哲学和国际共运等专业的高级研究人员及部分党政机关工作人员，参加调查或进行专题研究；在本报告的起草和论证阶段，认真听取并吸收了专家学者和各方面的意见。

第一部分　改革开放以来我国工人阶级队伍的基本状况及主要变化

在邓小平同志建设有中国特色社会主义理论和党的基本路线指导下，我国改革开放和现代化建设事业蓬勃发展。随着产业结构、所有制结构和社会分配关系的调整，国有企业转换企业经营机制和各项改革的深化，从计划经济体制向社会主义市场经济体制转变的步伐加快，当代工人阶级队伍也发生了一系列新的深刻变化。

（一）工人阶级队伍迅速发展壮大，形成了一支以中年职工为骨干、青年职工为主体的新一代工人阶级队伍

工人阶级队伍总人数迅速增长。截至 1992 年底，全国城镇职工总数已达 14790 万人。加上大约 2000 万以上已经基本上工人阶级化的乡镇企业职工——以货币工资为主要生活来源、基本脱离传统农业生产劳动、主要劳动时间集中在企业、从事具有一定规模的生产生活的乡镇企业职工，2570 万离退休职工和其他工薪劳动者，我国工人阶级队伍的总人数已达 2 亿人左右，比 1978 年增长 1 倍以上。

职工队伍进一步年轻化。调查期全国城镇职工平均年龄 35.6 岁，比 1978 年的 39 岁年轻了 3.4 岁。在他们当中，党的十一届三中全会以后参加工作的职工近 50%，年龄一般在 35 岁以下。这部分职工文化水平较高，思想比较活跃，接受新观念较快，多数在生产、工作第一线。“文化大革命”中参加工作的职工占 35%，年龄一般在 40 岁左右。这部分职工政治上比较坚定，社会阅历比较丰富，技术业务有专长，多数人已是生产和工作骨干。1949 年至 1965 年参加工作的职工占 16%，年龄大部分在 50 岁以上。这部分职工对党和社会主义制度的感情比较深，事业心和责任心强，许多人已是领导干部。1949 年以前参加工作的职工，基本上已不在职。

职工队伍的所有制类型结构向多元化发展。目前，在国有企事业、机关团体和城镇集体企事业单位，依然聚集着我国职工队伍的主要部分。其中，国有企事业和机关团体职工，约占全国职工总数的 62%；城镇集体企事业职工约占全国职工总数的 21%。基本上工人阶级化的乡镇企业职工，约占全国职工总数

的13%。三资企业和私营企业职工占4%左右。改革开放步伐较大、市场作用发挥比较充分的东部地区，乡镇企业和私营企业发展最快，这一地区的乡镇和私营企业职工人数约占全国同类企业职工总数的一半。

职工队伍的产业分布开始发生明显变化。按三个产业分类，第三产业职工增长幅度逐步提升，第一产业和第二产业职工增长幅度相对下降。1992年，城镇职工中从事第一产业的为5.7%，从事第二产业的为52.2%，第一、二产业职工所占比重分别比1978年下降了3.6和0.4个百分点；第三产业职工则由1978年的38.1%上升到42.1%，提高了4个百分点。

职工队伍的文化水平提高幅度较大。调查期我国职工队伍中具有大专和大专以上文化程度的职工达20.1%，具有高中、中技、中专文化程度的职工达40.1%，具有初中文化程度的职工达33.7%，小学和小学文化程度以下的为6%。与1982年和1986年调查时相比，大专和大专以上文化程度的职工所占比重分别提高了15.3和10.4个百分点；小学和小学以下文化程度的职工所占比重则分别下降了17.4和8.1个百分点。按单位分类，企业职工中，大专和大专以上文化程度的占11%，小学和小学以下文化程度的占7%；事业单位职工中，大专和大专以上文化程度的占42.3%，小学和小学以下文化程度的占3.1%；机关团体职工中，大专和大专以上文化程度的占55.7%，小学和小学以下文化程度的占1.5%。

职工队伍的技术素质有较大提高。其主要表现是，从事脑力劳动或脑体劳动结合的劳动者比例有了较多的增长。调查期技术工人和工人技师分别占职工总人数的31.4%和2.7%；具有初级、中级和高级专业技术职称的职工，分别占职工总数的20.1%、9.4%和2.1%。职工中认为自身文化技术素质同本职工作相适应的占88.2%，感到很不适应或不大适应本职工作的只占11.8%。

部分调查地区和典型调查单位认为，职工对自身文化技术素质的主观评价偏高。不论从我国未来发展的需要看，还是从正在进行的经济体制改革的现实要求看，职工队伍的总体文化技术素质都有不相适应的方面。不适应的主要原因，一是缺乏激励职工学习文化技术的机制。本次调查中有22%的职工表示对学习文化技术的积极性较低或没有兴趣。二是用于职工教育的经费投入严重不足。国家公共教育经费短缺，企业职工人均（年）教育经费不足50元，培训条件差，培训手段落后，职工参加学习困难重重。三是劳动组织不合理，不能人尽其才，本职工作与本人专业特长、爱好不对口。四是相当一部分职工自身文化技术水平和实际工作能力难以适应市场经济竞争和科学技术更新的要求。许多职工虽有较高学历、较高技术等级和较高专业技术职称，但实际能力大大低于名义文化技术水平。

（二）职工生活总体水平明显提高，多数职工家庭生活有较大改善，但仍有一部分职工生活相当困难

职工实际收入大幅度增加，多数职工家庭生活明显改善。调查期职工每月人均从本单位得到的全部收入为234.18元，职工家庭每月人均收入148.51元。剔除价格因素，职工月平均收入比1979年增长了1.89倍。

职工住房条件普遍有所改善，“住房难”的问题有所缓解。据问卷调查统计，职工家庭人均住房使用面积已达11.03平方米。被调查职工中，人均住房使用面积在20平方米以上的为6.9%，在14—20平方米之间的为15.6%，在8—14平方米之间的为39.4%，在5—8平方米之间的为22.3%。不足5平方米的住房困难户占总户数的12.7%。其中，人均住房使用面积不足3平方米的住房特困户，已由过去的15%下降为3.4%（职工住房情况在不同地区之间存在着明显差距。住房困难户和特困户以上海、北京为最多。人均住房使用面积3—5平方米的，上海占30.7%，北京占23.5%；人均住房使用面积3平方米以下的上海占6.1%，北京占7.3%。均高于其他地区）。调查中，56%的职工对其住房状况表示满意或基本满意。

不同地区、行业、所有制和不同经济效益的企事业单位之间及职工个人之间的收入差距逐渐拉大。本次调查的12个省份之间比较，沿海地区明显高于内地。收入最高的是广东省，调查期全省职工人均月收入达376.04元；其次是上海市，人均343.31元。在年收入6000元以上的高收入段职工中，广东省约占70%—80%。职工收入最低的是陕西省，调查期全省职工人均月收入为173.58元；其次是内蒙古自治区，人均187.72元。处于低收入段的职工也大多集中在这些省份。广东省职工年收入相当于陕西省职工年收入的2.2倍。另据统计，改革开放以来，东南沿海地区职工人均工资平均每年递增11.2%，年递增幅度高出西北内陆地区3个百分点。行业之间比较，第三产业职工平均月收入高于第一、二产业。收入最高的是旅游业，调查期职工人均月收入达342.29元；收入最低的是印刷造纸业，调查期职工人均月收入只有172.54元。旅游业职工年

收入相当于印刷造纸业的 1.93 倍。从不同所有制企业看，三资企业最高，职工人均月收入为 376 元；全民企业职工人均月收入为 238.87 元；集体企业最低，为 195.16 元。此外，一部分企业承包租赁者和在单位之外兼职的专业技术人员以及从事第二职业职工的收入，明显高于其他职工。

随着职工收入差距的拉大，尤其是社会上迅速富裕起来的人以及发达国家、发达地区消费方式的影响与传播，相当一部分职工的消费期望值过高，大部分职工对个人收入和家庭经济生活现状的主观评价明显偏低。12% 的职工认为自己的家庭经济生活“入不敷出”；65% 的职工认为个人收入处于“低收入”和“中等偏下”水平；认为个人收入属“中等偏上”或“高收入”水平的只有 3.7% 。

从本次调查的情况看，目前我国还有 5% 的职工家庭实际生活水平过低，处于贫困状态。贫困职工家庭的人均生活费收入为 48.52 元，仅相当于被调查职工人均生活费收入的 32.6% ，已经难于维持基本生活（照此推算，我国尚有贫困职工 700 多万人，如果加上赡养人口，则贫困职工家庭的总人口数约为 2000 万左右）。这部分职工陷于贫困状态的原因主要是：企业经济效益差，职工收入过低或收入无保障；职工与居住贫困地区的家属长期两地分居，生活负担过重；职工“上有老、下有小”，赡养人口过多；职工本人或家属长期患病，医药费开支过大等。目前，贫困职工主要分布在经济相对不发达地区和受国家经济政策及产业结构调整影响较大的行业当中。如农林（贫困职工比例达 16.6% ，为最高）、轻工、纺织、机械、煤炭和军工行业等。在这些行业中，停产停工和亏损企业比例高，有的已经全行业亏损。职工收入无保障，部分企业职工连续几年只能拿到每月几十元的生活费，有的企业连基本生活费都发不出。据对全国已经建立工会组织的 376000 多家企业的统计，1992 年共有 83000 家全民和集体企业发生亏损，其中已经停发和减发职工工资的企业 29672 家，涉及职工 414 万多人。本次调查的典型单位新疆生产建设兵团北疆 5 个师的职工家庭中，近一半家庭人均生活费不足 50 元，其中不足 35 元的特困户占 13% 。相当一部分退休职工，受地方财力和企业经济效益的影响，“老有所养”失去保障，晚年生活陷入困境。据不完全统计，1992 年因企业亏损，全国约有 53 万名退休职工被停发或减发了退休金，其中，被停发退休金的退休职工约 24 万人。在这类企业，退休职工“看病难”、“医药费报销难”，成为普遍难以解决的问题。许多企业已经连续数月甚至数年发不出退休金，报销不了退休职工的医药费。经济不发达地区和困难企业经济实力差，大都无力按政策规定向职工和退休职工发放救济或困难补助费。一些人不得不靠借贷度日，有的甚至沿街讨饭，还出现了个别人因生活困难而自杀的现象。

部分调查地区和典型调查单位认为，无论是就整个社会而言，还是就工人阶级队伍内部而言，不合理的贫富差距已经产生。一方面，一些人靠合法或非法手段“暴富”起来；另一方面，相当一部分在职职工、退休职工和他们的家属难以维持最低水平的生活。这种状况，对从事辛勤劳动的绝大多数职工群众，特别是对生活困难职工的政治思想状况和劳动积极性影响极大。

（三）职工群众的政治地位和公民权利有法律保障，基层民主管理工作有所改进，但职工对自己民主权利的实现程度评价较低

参加政治组织并在其中积极活动和工作，是职工政治地位的重要标志。调查期职工中参加中国共产党和共青团的比例，将近职工总数的一半。中共党员占职工总数的比例，由1986年的21.1%增加到25%。在企业中，党员占职工总数的比例达15%左右。

全民和集体企事业单位依据现行法律、法规逐步建立的职工代表大会，在审议基层单位的重大决策、监督行政领导、维护职工合法权益等方面发挥了一定作用。在调查所涉及的企业中，已经建立或正在建立职工代表大会制度的单位占80%左右，职工对职工代表大会行使职权情况的肯定性评价有所提高。1986年，群众中认为改革开放以来职工在基层单位“主人翁”地位有提高的为43%，1992年则达到46.3%。

工会在维护和保障劳动者权益方面的作用有所增强。调查中，对工会工作给以肯定性评价的职工达53.4%，比1986年的39.3%有较大提高。全国各级工会组织，引导和支持职工群众参加各种社会政治经济的监督活动，工会领导人在各级人大、政协和有关决策机构中任职，代表职工参与事关职工切身利益重大问题的研究决策，也反映了职工群众对国家和社会事务管理工作参与的情况。

调查中，职工普遍认为宪法和法律规定的人民民主权利有了更多的现实意义。群众敢于对国家大事和政策问题发表自己的看法，民主气氛较前改善。多数职工认为自己在行使公民权利方面有法律保障。对于社会主义民主政治建设，

广大职工表现出相当高的积极性。90% 以上的职工要求加强民主与法制建设，推进国家政治和社会生活民主化进程。职工群众希望：政治要民主，制度要透明，法律要严明。

但是，当前职工群众对自身政治权利实现程度的主观评价普遍不高。主要表现是：多数职工认为公民的政治权利虽有法律保障，但在实际行使上存在着障碍与困难。对于法定公民言论自由、游行示威自由、人格尊严不受侵犯等三项政治自由权利，分别有 20.6%、24.6% 和 34% 的职工认为实行起来困难和障碍比较多。

相当一部分职工对现行人民代表选举的具体制度不满意。我国各省、自治区、直辖市过去的公民选举投票率一般都在 90% 左右，但这次抽样调查的职工中，1992 年参加投票的只有 70.3%。在不参加投票的职工中，34.7% 因为“不了解候选人”，25.3% 认为“投票选举是走形式”。在对人大代表选举制度不甚满意的职工中，以青年和知识分子最为突出。部分调查地区和典型调查单位职工反映，人民代表的产生办法，人民代表与选民之间的沟通，都存在着必须改进的问题；对于全国人大代表中工人比例逐渐下降的趋势（从五届人大的 26.7% 下降到八届人大的 11.5%）表示难以理解。

相当一部分职工认为不能通过正常渠道行使自己的民主监督权利。问卷调查数据显示，当官僚主义和腐败现象侵害群众利益时，认为应当通过正常渠道提出批评意见或检举的职工只占 31%。而主张采取“发牢骚或跟周围同志议论”、“保持沉默”、“消极怠工”和“集会或游行示威”等非正常手段的职工达 65% 以上。其中，主张“集会和游行示威”的职工为 0.9%，主张“消极怠工”的职工为 1.6%，主张“发牢骚或跟周围同志议论”的职工为 28.9%，主张“保持沉默”者最多，占职工总数的 33.7%。“保持沉默”者当中，除去少数人“不知道如何行使监督权利”等主观认识上的原因以外，主要原因包括：不少地方和单位实际上并不存在真正的民主监督权利或这种监督根本没有实际效果；一些领导部门和领导干部对勇于同腐败现象作斗争的职工进行迫害和打击报复；在不少地方和单位，腐败现象屡禁不止，相当一部分职工对惩治腐败失去信心。这种“沉默”，可能使不满情绪积聚，成为突发事件的内因。这不能不说是一种潜伏的危险。

职工对职工代表大会行使职权情况的评价仍然不高。问卷调查表明，职工对职代会五项职权执行情况的肯定性评价一项比一项低。对“听取和审议行政负责人工作报告或有关重要问题的报告”评价“较好”的职工为32%；对“审查同意或否决工资、奖金分配方案及重要规章制度”评价“较好”的职工为20.8%；对“审议决定有关职工福利的重大事项”评价“较好”的职工为20.3%；对“评议监督各级领导干部，提出奖惩或任免建议”、“选举或推荐行政领导人职务”评价“较好”的职工，分别为16.6%和16.2%。与上述情况相反，职工对职代会五项职权执行情况的否定性评价，依次为13%、24%、29.2%、33.5%和32.4%。由于职工群众的民主管理权利不落实，许多职工对空谈“主人翁”和“全心全意依靠工人阶级”表示反感。一些职工认为，说工人是“主人”，是“给工人戴高帽子”。“现在实际上是‘老板’说了算，企业的真正主人是‘老板’。”有的职工说：“‘全心全意依靠工人阶级’只是个口号，是纸糊的灯笼——看起来亮堂，实际里边是空的。”职工群众要求真正落实职代会各项职权，让职工“参政有场所，说话有人听，对了有人办，好坏有结果”。

相当多的职工对工会工作的目前状况不甚满意。调查表明，占总数46.5%的职工认为工会组织“发挥不了多大作用”或“看不到工会的作用”。肯定工会在维护职工切身利益和民主权利、反映职工群众呼声方面能够或者基本能够发挥作用的职工，只有40%左右。有的职工说：“我们和企业打交道没有靠山，工会也是代表行政的，我们对工会没有信任感。”部分调查地区和典型调查单位工会提出，在社会主义市场经济条件下，工会也面临着一个加快自身改革的问题，否则将难以适应职工群众对工会组织提出的新的、更高的要求。

（四）职工的基本政治态度是积极的，但对一些改革的具体措施有疑虑，对腐败现象表示强烈不满

坚持有中国特色的社会主义道路，这是当前绝大多数职工对国家前途问题的基本态度。调查中，职工群众对于邓小平同志去年初视察南方时的重要谈话表示了鲜明的支持态度。绝大多数职工对社会主义的认识，已经开始了从旧的传统模式逐步转到建设有中国特色社会主义理论上来。当前，广大职工群众拥护的是能够推动社会生产力高速发展、不断提高人民生活水平的社会主义，即党的十一届三中全会以后我们党领导人民建设的有中国特色的社会主义。对于贫困落后的“社会主义”已经厌弃。

职工群众对于建设有中国特色社会主义的积极态度，集中体现在对我国改革开放基本国策的普遍拥护上。问卷调查数据显示，90% 以上的职工对我国十几年改革开放的成果作出了“很好”和“比较好”的评价。其中，认为十几年来改革开放“很好”的占 21.1%，认为“比较好”的占 69.5%。对目前实行的一系列改革开放的政策措施表示了较大程度的认同。对于进一步加大改革力度，扩大对外开放，使国民经济再上一个新台阶的战略思想，85% 以上的职工表示赞成或比较赞成。各地典型调查和问卷调查都表明，我国大多数职工已经提高了对于改革的适应度和心理承受能力，能够从大局出发，承担改革大潮可能给个人带来的暂时经济损失。特别是一些亏损企业和停产半停产企业职工，承受新旧体制交替过程造成的后果，付出了很大代价。即使如此，职工群众仍然表现出了识大体、顾大局的可贵精神。调查中，职工在回答“如果一些改革措施触及个人既得利益你采取什么态度”这一问题时，43.2% 的职工表示“只要对改革大局有利就支持”；32.7% 的职工表示“只要经济上能承受就支持”。他们相信，坚持改革开放，一定会给职工群众带来更大的利益。

中国的改革开放和社会主义建设事业必须有共产党的领导，这是当前大多数职工的共识。调查中，许多职工谈到，在世界性改革大潮中和风云变幻的国际环境当中，中国共产党独树一帜，创立了建设有中国特色社会主义理论，领导全国人民取得了改革开放和经济建设的举世瞩目的伟大成绩。实践证明，坚持中国共产党的领导，是中国工人阶级的唯一选择。基于建国以来的一系列重大历史事件的教训和群众自身的实践经验，大多数职工无论对哪一级领导，都不再是只听言辞和口号，而是着重看其行为，从实际观察中，作出自己的判断。接受本次调查的绝大多数职工敢于评价党的路线、方针、政策和各项改革措施的成败与功过，说明“坚持中国共产党的领导”是新一代工人阶级队伍在更高层次上的理性选择，是工人阶级更加成熟的表现。

但是由于改革开放过程中呈现的复杂矛盾和曲折，部分职工对于建设有中国特色社会主义道路的前景感到困惑，对于一些具体政策措施存有疑虑。例如，对向外商长期出租土地，许多职工提出了不同意见。他们说，出租土地不是不能搞，但国家要有规划，先试点后推行。像现在这样让各地竞相出租，非搞乱不可。调查中，近 30% 的职工认为，“让一部分人先富起来”，现在实际上是“官商官倒”、“假冒伪劣”和“偷税漏税”的人先富起来了，真正靠合法经营和勤奋劳动富起来的人为数不多。有的职工认为，工人靠勤奋劳动是永远也富不起来的。少数职工由于种种原因，以为企业的“各项改革都是针对工人的”，三项制度改革“把社会主义优越性改掉了”。有的职工错误地认为，现在中国走的道路，实际上是一条“在共产党的领导下，打着社会主义的旗号，向资本主义过渡的道路”。有的职工甚至认为，“与其贫穷、落后，官僚主义、腐败现象日盛，还不如搞资本主义试一试”。

调查期间，职工群众在表达自己对中国共产党的基本态度的同时，还非常中肯地向党和政府提出了一些值得重视的意见。主要是；第一，党内和政府一部分工作人员中存在的腐败现象屡禁不止，且有愈演愈烈之势。职工群众认为，腐败现象的集中表现是“以权谋私”和“权钱交易”。部分职工担心目前的腐败现象会使中国共产党和中国的社会主义制度不攻自破。开滦矿务局一些职工说，历史上，一个政党被外部力量打倒的很少，大多是自身腐败导致灭亡。现在有些党员干部以权谋私、以权换钱、行贿受贿、贪污腐化，老百姓很痛心。这样下去，党有自我毁灭的危险。国营长海机械厂被调查的300名职工对党提出411条意见和希望，其中主要内容是希望惩治腐败，保持全心全意为人民服务的宗旨和艰苦创业的优良传统。第二，官僚主义和形式主义现象严重存在。职工反映，现在不少党员领导干部高高在上，脱离群众，不清楚老百姓在干什么，想什么，甚至言行不一。江苏省一些职工说：“没有理想的讲理想，谁信？嘴上呱呱叫，背后搞一套，谁听？闪光的东西看不到，不正之风随身飘，谁服？”第三，职工对基层党组织和身边共产党员的总体评价不高。问卷调查表明，认为所在单位党组织“很有作用”、身边“大部分共产党员能起先锋模范作用”的职工都不足三分之一。许多职工说；“过去讲党员干部吃苦在前享受在后，现在整个倒过来了。”基于职工群众对上述问题反映的普遍性与强烈程度，部分调查地区和典型调查单位认为，相当一部分党的组织和党员脱离群众？使党在群众中的威信下降。各地职工群众普遍要求党中央采取有力措施，有效地惩治腐败，端正党风，克服“官僚化”倾向，进一步密切党与本阶级群众的联系。

（五）职工价值观念发生巨大变化，正在逐步适应社会主义市场经济的发展趋势，同时职工价值观念中消极因素在增长

新一代工人阶级注重国家、社会和公众利益，崇尚爱国主义和集体主义，

继承并发扬了我国工人阶级顾全大局、艰苦奋斗等优良传统。调查数据表明，在如何对待国家、社会、集体和个人利益之间的关系问题上，28.9%的职工表示应“以国家、社会、集体利益为重”，52.5%的职工希望“四者利益兼顾”，17%的职工提出“看具体情况而定”。只有1.9%的人明确表示要“以个人利益为重”。在如何对待某种危及国家、社会和公众利益的天灾人祸的问题上，有将近90%的职工表示可以尽自己的努力参与救助。当工作岗位急需付出超额劳动而不增加荣誉和报酬时，90%以上的职工表示可以从大局出发，服从工作需要，其中，近40%的职工表示“只要工作需要，不考虑个人利益”。

向社会主义市场经济转化的实践及外来文化的影响和冲击，使我国职工的价值观念发生许多新的变化。主要表现是：

绝大多数职工的平等竞争意识初步形成。调查中，92.7%的职工对“平等竞争，优胜劣汰”的观点表示了赞成或基本赞成的态度；一些文化技术素质比较高的中青年职工明确表达了竞争上岗和竞选就职的强烈愿望。适应市场经济的要求，自觉增强生存、发展和参与竞争的能力，已经成为职工群众的一种崭新的价值观。

职工的经济利益价值取向明显增强。调查中，60%以上的职工表示，自己参加工作和从事劳动的主要目的是“干活挣钱”、“主观为自己，客观为社会”。许多调查单位反映，现在，绝大多数职工愈来愈看重经济方面的利益。有些职工说，国家是以经济建设为中心，企业是以经济效益为中心，我们工人是以经济收入为中心。部分职工政治意识淡化，“无私奉献”精神的影响力减弱。一些职工开始信奉“我不占公家便宜，公家也别想让我吃亏；我不占别人便宜，别人也别想让我吃亏”之类的观点；职工选择“最高理想”时，占第一位的是“建立幸福的家庭”（为27.3%），占第二位的是“国家繁荣富强”（为25.6%）。

职工的自我意识和追求自我实现的观念趋于强化。以市场为取向的改革，使职工的自我意识逐步增强。调查中，许多职工表达了自己对职业、岗位的自主选择意识和对个人成就的追求。不少职工把自我价值的实现和个人致富直接联系起来，感到“真正依靠自己的能力、本领去追求富足的时代已经来临”。

各调查地区和典型调查单位普遍认为，马克思主义承认物质利益原则，承认个人的价值和人的全面发展，并且认为这是社会发展的内在动力。职工群众追求经济利益和要求实现自我价值有它的积极意义。但是，对这种追求必须加以正确引导，使之与社会和国家的利益统一起来，以利于促进我国新经济体制的建立和社会主义民主政治的发展。

由于我国正处于社会主义初级阶段，又由于市场经济消极作用的影响，我国工人阶级队伍也受到了来自各方面腐朽价值观念的侵袭。当前突出表现为：一些职工思想上的拜金主义膨胀，有的人公开表示“我们既不信社，也不信资，只信钱”；少数职工极端个人主义思想有所滋长，有的不择手段地追求个人利益；个别职工沾染赌博等恶习，有的甚至贩毒吸毒、卖淫嫖娼。

（六）劳动关系发生深刻变化，劳动纠纷增加，突发性事件时有发生

向社会主义市场经济体制转变，使我国的劳动用工制度、劳动工资制度和劳动保险制度等三项制度改革不断深化，用工和收入分配正由国家行为转变为企业行为。

用工制度改革，打破了我国劳动用工的单一固定制度，劳动就业市场逐步建立，企业自主用工、双向选择的格局正在逐步形成。本次调查数据显示，调查期合同制职工已占职工总数的 16.6%。其中，在全民所有制企业，合同制职工占 15.8%；在城镇集体企业，合同制职工占 14.8%；在三资企业，合同制职工占 47.9%。

收入分配制度改革，使沿袭多年的“低工资、多补贴、大福利”的分配模式受到冲击。企业有了一定的分配自主权，职工的工资收入随本企业经济效益的变化，有增有减。

保险福利制度改革，推动职工养老保险、失业保险、医疗保险和部分职工集体福利事业的社会化进程。企业职工住房制度改革也逐步向商品化推进。

随着劳动关系逐步向“企业化”和“市场化”方向发展，职工与企业之间的关系在多种所有制、多种分配制度和多种经营方式并存的条件下，趋于复杂，劳动纠纷有所增加。引起劳动纠纷的直接原因主要是：劳动报酬问题，生产工作任务分配问题，保险福利问题，对职工的处罚问题，劳动保护问题等。其中因劳动报酬和保险福利问题而导致的劳动纠纷为最多。据对 44000 多家全民、城镇集体和三资企业的统计，1992 年共发生劳动纠纷 84286 起，其中，因劳动报酬和保险福利问题引发的为 28286 起，占 33．6%。三资企业和私营企业的劳资关系问题日渐突出，纷争有所加剧。1992 年，三资企业因侵犯职工人身自由、无理惩处职工和劳动报酬问题所导致的劳动纠纷事件分别占纠纷件数的

24.2% 和 18%。

据对部分省、自治区、直辖市总工会报送全总的“基层单位突发性事件情况报告”的综合分析，1992 年各地发生的 155 起职工群众集体参加的罢工、怠工、集会、游行等突发性事件，其中因侵害在职职工合法经济利益问题引发的，占 25% 左右；因亏损企业、停产半停产企业职工生活困难、拖欠退休职工的退休金和保险福利待遇引发的，占 27%。三资企业职工在职工总数中的比重不足 2%，而在 155 起事件中发生于三资企业的占 10%，主要是资方随意处罚和辞退工人，降低和克扣职工工资，减少甚至取消职工保险福利待遇，延长劳动工时和劳动环境恶劣等问题引发的。

（七）我国工人阶级队伍内部各部分成员之间，在权利、利益上存在着差异和矛盾。领导者和被领导者之间的矛盾比较突出

本次调查获取的有关工人阶级内部关系的大量资料表明，我国工人阶级队伍客观上由几个各具明显社会经济特征的部分所组成。各个部分的形成是由社会分工引起的。工人阶级内部的几个不同部分各自发挥着应有的社会功能。各个部分之间在根本利益一致的基础上，存在着权利和利益上的差别。特别是在改革开放过程中，不可避免地涉及各方面权利和利益的调整，反映到工人阶级内部，出现一些新的问题。

工人部分。由各类企事业单位和机关团体中的直接生产工人、辅助生产工人及从事服务性工作的体力劳动者组成，是社会物质财富的直接生产者和主要创造者。调查期工人约占全国职工总人数的 58% 左右，仍是我国工人阶级队伍的主体部分。工人的平均年龄 33.5 岁，人均受教育程度为 10 年。在各类职工中，工人的平均文化程度相对最低，大专和大专以上文化程度的只占 2.7%，初中至高中（含中专、中技）文化程度的占 88.1%，小学和小学以下文化程度的占 9.2%。调查期工人从本单位取得的货币收入、家庭人均收入、人均住房使用面积，都低于总体均值。贫困职工和生活特殊困难职工、住房困难户和住房特困户、文盲和识字不多者，主要集中在这一部分。工人对自身职业的满意度低，只有 28.3% 左右的工人对自己目前从事的职业表示满意和比较满意。调查结果表明，由于相当多的企事业单位内部权力过多地集中在领导者手中，工人无法实行有效的监督，使工人的实际地位相对下降。相当一部分工人产生了比较强的“失落感”。调查中，许多工人反映，在工人阶级队伍内部，工人实

际上“收入最少、住房最紧、干活最累、权利最小、地位最低”，“工人是真正意义上的仆人”。

专业技术人员部分。由各级各类部门中的科技人员、专业工作人员及其他中低层管理人员组成，是工人阶级队伍中掌握科学文化知识较多、主要从事专业技术性活动和一般管理性活动的脑力劳动者部分。调查期专业技术人员约占全国职工总人数的40%左右。专业技术人员当中，在企业工作的约占41.9%；在文化、教育、卫生、科研等事业单位工作的约占53%；在机关团体工作的约占5.2%。专业技术人员的人均受教育程度为13.14年。调查期专业技术人员从本单位得到的货币收入和人均住房使用面积，略高于总体均值。由于掌握专业技能的优势，他们中从事“第二职业”的人员比较多，从本单位之外取得的收入也高于其他职工。专业技术人员对各项改革开放措施和自身文化技术素质的评价较高，但相当一部分人对当前我国政治生活的满意度低，对自身劳动积极性和生活状况的评价也低于其他职工。调查中不少从事教学、科研和工程技术工作的知识分子反映，中央一再强调重视知识、尊重知识分子，但从本系统角度似乎没有感到。许多地区和单位的专业技术人员收入过低、住房过挤的问题长期得不到解决。据对天津南开大学的典型调查，在教学一线工作的教授，教学任务逐年加重，但实际收入却呈下降趋势。按某些主要生活资料的实际购买力推算，1992年南开大学教授的月收入仅相当于1933年天津大学教授月收入的11.6%。部分专业技术人员认为，多年来，知识分子的好日子不多，政治上得不到应有的尊重，缺乏宽松的自由的政治环境，这既不利于科学文化的繁荣，又有碍人才的成长。

管理者部分。由企事业单位中的高级负责人员组成，是企事业经济活动和其他行为的组织者、指挥者，其人数不足全国职工总数的2%。这一部分人员掌握着企事业单位的经营决策权和生产指挥权，社会政治地位较高。随着市场经济体制逐步建立，他们的地位和作用越来越突出。管理者的平均受教育程度为13.8年，高于其他各部门职工。从问卷调查取得的数据看，管理者部分从本单位取得的货币收入同工人、专业技术人员的收入差距不大；但从典型调查中职工群众反映的大量意见和有关部门提供的资料看，由于管理者收入的隐蔽性较强，“灰色收入”偏多，他们当中一部分人的实际收入已经达到职工平均收入的5倍以上。管理者中有些人凭借手中权力获取大量额外收入甚至非法收入，更难以数计。问卷调查数据显示的管理者人均住房使用面积也比总体均值高；如果把群众反映比较强烈的少数管理者多占住房或占用多处住房的因素考虑进去，则管理者部分的实际住房面积，更明显高于前两部分职工。问卷调查表明，管理者部分对当前我国政治生活的满意度和对自身劳动态度、生活状况及文化技术素质等的评价，都高于其他职工。

各级党政机关的领导干部，代表工人阶级领导和管理国家，处理重大的政治、经济、文化等国家和社会事务，也是工人阶级的重要成员，在全社会和工人阶级队伍内部占有突出地位。由于本次调查获取的有关党政机关领导干部的数据资料不多，并且在党政领导机关中没有开展典型调查，因此，本报告对党政机关领导干部不能专门论及。

由社会分工带来的经济收入和社会地位的差异，决定了工人阶级内部各部分成员之间，存在着多方面矛盾。其中，领导者同被领导者之间，主要是企事业单位管理者同工人、专业技术人员之间的矛盾，在诸多矛盾当中占有突出位置。在领导者与被领导者之间的矛盾中，领导者负有重要责任。

问卷调查资料表明，群众中认为企事业单位内部工人、专业技术人员和管理者之间关系融洽和比较融洽的只有 29%；将近 50% 的职工认为关系“一般”，20. 8% 的职工认为关系不太融洽甚至关系紧张。在分析关系不融洽的原因时，74. 1% 的职工把发生问题的根源归结为领导者方面；一是“领导者民主意识和民主作风差”。少数领导干部不能正确使用手中的权力，以权代法、以权压人，职工的民主权利虽有法律规定，但在很多地方根本得不到落实。二是“领导者搞特权，以权谋私”。三是“领导者管理水平低”。特别是许多经济效益不太好的企事业单位职工，都把本单位领导班子的软弱涣散和领导者的“无能”，视为效益差的一项重要原因。

相当一部分职工认为，这些年来，领导者和被领导者的“心理距离越来越大，对立情绪越来越严重，干群矛盾越来越突出”。领导者与被领导者的关系不融洽，使有的职工产生了较强的逆反心理。在一些企业，少数职工通过消极怠工、故意破坏机器设备甚至公开威胁领导干部等行为发泄自己的不满。

部分调查地区和典型调查单位认为，由于领导者大部分是党员，领导者和被领导者之间的矛盾，在一定意义上反映了党组织和本阶级群众的关系。对其发展变化趋势，必须予以高度重视和深入研究。

纵观我国改革开放历程和工人阶级在改革开放中所发挥的作用，结合我国工人阶级队伍的上述基本变化，我们认为可以对新一代工人阶级作出如下评价：

工人阶级依然是中国社会中力量最集中、觉悟和组织程度最高、掌握现代化科学文化知识较多的阶级，是中国共产党、各级人民政府和各类企事业单位最可靠的阶级基础。在他们身上，既继承了工人阶级的优良传统，又注入了新的品格，体现着鲜明的时代特征。这种变化，从总体上看，是与改革开放潮流相适应的，充满着蓬勃的时代气息和社会进步意义。可以相信，工人阶级在党的领导下，完全能够担起历史赋予的重任，完成新时期的历史使命。

工人阶级在社会主义现代化建设中发挥了主力军作用，为经济发展和社会进步作出了重大贡献。经过十几年艰苦奋斗，我国的经济建设取得了举世公认的成就。在国民生产总值中，70%是由职工队伍创造的；国家财政收入的绝大部分由非农部门提供，其中工人阶级的贡献显而易见。我国工业总产值在14年间按可比价格翻了两番多，平均每年增长12.8%。我国的科学技术事业取得了显著成就。文化教育事业也有了较大发展。新一代工人阶级不愧是我国社会主义现代化建设的主力军。

工人阶级是改革开放的坚定支持者和积极参加者。改革开放是新时期最鲜明的特征，是国家走向富强，人民走向富裕的必由之路。工人阶级对改革开放表现出极大的热情和认同感，坚决支持改革，积极参加改革，适应并推动着社会主义市场经济体制的建立和社会主义民主政治的建设，这是新一代工人最鲜明的特点，是阶级觉悟和阶级品格最集中的体现。

工人阶级经受了利益调整和政治风波的考验，是维护社会政治稳定的坚强砥柱。我国经济建设和改革开放所以能在稳定的社会政治局面下高速发展，在很大程度上得益于工人阶级特别是产业工人所发挥的中流砥柱作用。改革开放作为一场新的革命，要对原有利益格局进行新的调整，工人阶级从改革中得到了实惠，同时也承受了改革所带来的经济上、心理上的压力，付出了一定代价。广大职工在1989年的政治风波中经受住了严峻考验，他们反对和抵制动乱，坚守生产岗位，是稳定大局的强大社会力量。

在充分肯定新一代工人阶级队伍的同时，必须高度重视存在的问题。在由计划经济向社会主义市场经济的转变过程中，始终会存在新旧两种体制、两种观念的碰撞与冲突，存在着各种利益关系的调整与摩擦。陈旧的观念、消极腐朽的思想还会束缚和腐蚀工人阶级队伍中的一些人。对这些消极因素必须有清醒的认识。但我们相信，有党的坚强领导，有优越的社会主义制度和扎实的思想政治工作，新一代工人阶级在改造客观世界的同时，其自身也一定会得到改造。作为与现代化大生产相联系的我国工人阶级，由社会化大生产锻造出来的优秀的阶级品格必将代代相传。新一代工人阶级仍然是先进生产力和先进生产关系的代表，是我们国家的领导阶级。

第二部分　向社会主义市场经济转变中工人阶级面临的新问题及对策建议

随着向社会主义市场经济的转变，我国工人阶级队伍在未来 10 年中还将发生新的、更为深刻的变化，面临一系列新的问题。

国民经济的高速增长，工业化进程的发展，使我国工人阶级队伍不断扩大，预计进入下一世纪时，总人数将达到 3 亿左右。

所有制结构的变革，将使公有制企业职工人数所占比重有所下降，非公有制企业职工人数所占比重上升。在公有制内部，全民所有制单位职工比重下降，各种集体所有制单位职工比重上升。预计 10 年以后，全民和集体所有制职工数之比将为1∶1，三资、私营等单位职工将占职工总人数的 25% 左右。到本世纪末，基本工人阶级化的乡镇企业职工将达到 4200 万以上。

调整和优化产业结构，大力发展第三产业，将使第三产业职工人数迅速增长。预计今后的 10 年中，第三产业就业人数年均增长幅度将达 9% 左右，10 年后第三产业职工比重有可能超过职工总数的一半。

高新科学技术的发展及其在生产中的广泛应用和市场竞争的强化，对职工的文化技术素质提出更高的要求，促使工人阶级知识化进程进一步加快。管理者、专业技术人员所占比重逐步上升，作用日益突出，越来越多的生产工人从以体力劳动为主的生产岗位转为脑体结合或以脑力劳动为主的生产岗位。

市场经济的发展、对外开放的扩大和职工文化程度的提高，将使职工的民主意识、参与意识和平等观念进一步增强，追求物质利益和个人价值的趋向还会进一步发展。在物质生活基本得到满足的同时，人们将追求更高层次的精神文化生活。

向市场经济的转变，劳动关系问题将成为社会矛盾中的突出问题。在市场经济条件下，劳动纠纷会呈上升趋势，停工、罢工等突发事件也会增多。

在激烈的市场竞争中，一些企业不可避免地会关停并转甚至破产，部分职工将随之失去工作岗位；改善经营管理，调整劳动组织，为数不少的富余人员将从企业中分离出来；大批城镇新成长的劳动力需要就业；农村剩余劳动力还将更多地向城镇流动。所有这些，将使劳动就业的压力难以缓和，就业形势在相当长的时期内将是严峻的。

鉴于我国工人阶级队伍改革开放以来变化的情况和向市场经济转变中面临的问题，党和政府需要从政策上采取相应措施，妥善处理社会矛盾，充分发挥工人阶级的主力军作用，保证社会主义市场经济的健康发展和现代化建设的顺利进行。现就这次调查反映出来的几个突出问题提出如下建议：

（一）发展社会主义市场经济，必须坚持全心全意依靠工人阶级的根本方针

全心全意依靠工人阶级是我们党一贯方针。党的十三届四中全会重申了这一根本方针，各级党组织为此做了不少工作，但在不少地方和单位并没有真正落实，还存在不同的认识。

全心全意依靠工人阶级不是权宜之计，而是由我们党和国家的性质所决定的根本方针，是建设有中国特色社会主义的内在要求。我国正在建立的社会主义市场经济体制是同社会主义基本制度紧密联系在一起的，在其发展和完善的过程中，必须毫不动摇地坚持全心全意依靠工人阶级的根本方针。新体制的逐步建立使依靠工人阶级的问题更有迫切的现实意义。在国有企业和集体企业，劳动关系日益成为企业必须精心处理的经常的重大问题，职工群众的群体意识在增强，企业管理者如果不解决好依靠职工群众的问题，管理者与职工群众之间的矛盾就有可能激化。在三资企业和私营企业，劳资矛盾更是不可避免的。由于非公有制经济还会进一步发展，必将引起我国阶级关系的新变化，依靠谁的问题会显得越来越重要。因此，在发展社会主义市场经济中如何贯彻落实党的全心全意依靠工人阶级的根本方针，始终是党和国家乃至全社会都应该认真研究和解决的问题。为此提出如下建议：

1. 要对党的干部进行再教育，提高全党对全心全意依靠工人阶级重要性

的认识。

全心全意依靠工人阶级，从全社会来说，党和政府必须全心全意依靠本阶级的群众，绝不可能疏远，更不能脱离自己的阶级基础；从企事业单位来说，无论何种所有制性质，工人都是国家的主人，尤其在公有制企业事业中，基层党组织和管理者要依靠职工群众办好社会主义企业、事业。因此，落实这一方针，需要全党的共识，靠全党的努力，特别是党和政府的各级领导干部负有重大责任。鉴于领导干部中不少同志是新走上领导岗位的，对党的群众工作、群众路线不够熟悉、不够了解，各级党组织需要对党的干部特别是对年轻领导干部，进行依靠工人阶级和党的群众路线的再教育。在党校、行政干校和干部培训教学中，应按《中共中央关于加强和改善党对工会、共青团、妇联工作领导的通知》（中共中央〔1989〕12 号文件，以下简称“中央 12 号文件”）的要求增设有关工人阶级、工人运动和党的群众工作课程，使广大干部学习马克思主义关于工人阶级的理论，学习党的工运路线、方针、政策，充分认识在建立和发展社会主义市场经济的条件下全心全意依靠工人阶级的重要性，为保证这一根本方针的贯彻落实打下良好的思想基础。

2. 党和政府在制定各项改革政策时应注意听取职工群众的意见，在政策中体现全心全意依靠工人阶级的要求。

全心全意依靠工人阶级，不是一句空泛的口号，中央 12 号文件已明确规定了它的实在内容和具体要求，这就是：“充分尊重他们的国家主人翁地位，保护他们的合法权益，调动他们的积极性和创造性，扩大他们对党和政府工作的监督，提高他们的思想政治素质和科学文化水平。”这几个方面做到了，全心全意依靠工人阶级的根本方针也就真正落实了。党和政府在制定各项改革的政策、措施时，应该考虑这些要求，使这几方面内容在各项政策中得到体现。在涉及职工群众切身利益的一些政策、措施出台前，应该通过适当的方式，充分听取广大职工的意见；在各级人大、政协组织中，应适当增加产业工人代表的名额，使工人的意见和要求能直接反映上去，以便在党和政府的有关政策中更好地体现职工群众的意愿，照顾到职工群众的利益。

3. 依靠工人阶级整体，处理好内部矛盾，加强内部团结。

生产工人、专业技术人员、管理者都是工人阶级的组成部分，全心全意依靠工人阶级，是依靠包括这三部分的工人阶级整体，而不是只依靠某一部分。

为此，必须调动领导者和被领导者的两个积极性，搞好脑力劳动者和体力劳动者的结合。在工人阶级内部，生产工人、专业技术人员和管理者之间的根本利益是一致的，同时又存在权利和利益上的差别和矛盾。发展社会主义市场经济，使工人阶级内部的矛盾因素增多。对此，党和政府要在政策中加以正确引导和处理，以减少摩擦，兼顾各方，增强工人阶级内部团结。当前，应该特别重视处理好领导者与被领导者的矛盾。主要是我们社会主义企事业单位的经营者、管理者，在改革开放和发展社会主义市场经济的全过程中，都必须坚持全心全意为人民服务的根本宗旨，牢固树立马克思主义的唯物史观，坚持“一切依靠人民群众，一切为了人民群众”的群众观点，坚持“从群众中来，到群众中去”的群众路线，坚持正确处理人民内部矛盾的方针，改变相当一部分企事业单位中干群关系、党群关系紧张的局面，充分调动广大职工的积极性，办好社会主义企事业。在深化改革中扩大企业管理者权力的同时，要相应加强职工群众民主管理和民主监督的权利。要坚定不移地搞好反腐败斗争，充分发挥工会等群众组织和广大职工的民主监督作用，坚决支持和保护职工群众揭发举报，以反腐倡廉的实际成效取信于民，密切党群关系和干群关系。

4. 加强舆论宣传，在全社会树立全心全意依靠工人阶级的思想。

电视、广播、报刊等新闻舆论工具，都应该认真宣传全心全意依靠工人阶级的根本方针，宣传工人阶级在社会主义国家的地位、作用及其在改革开放和现代化建设中作出的重大贡献，宣传工人阶级中先进模范人物的优秀品格、先进事迹，经常反映工人阶级群众的劳动、工作和生活，表达他们的意见、愿望和要求。建议在电视、广播中开辟宣传工人阶级先进模范人物的专门栏目。理论工作者应该注意研究中国工人阶级的理论。所有这些，都需要党和政府的主管部门加以组织和引导，使党的全心全意依靠工人阶级的根本方针在全社会深入人心，得到社会各界的认同和支持。

（二）健全企事业民主管理和职工参与制度，保障职工主人翁地位和劳动者的合法权益

职工参与管理国家和社会事务，管理经济和文化事业，参与基层单位的民主管理，是宪法赋予的基本权利，也是社会主义制度的本质要求。保障职工主人翁地位和维护劳动者的合法权益，是全心全意依靠工人阶级的核心内容。从目前情况看，在这方面存在的问题还比较多，主要是法律上的主人翁地位和权

利与现实生活中的地位和权利差距较大，《宪法》《企业法》《工会法》《城镇集体所有制企业条例》等法律、法规明确规定的权利很多并没有落实。在改革开放和发展社会主义市场经济的过程中，一些同志以种种理由对职工的主人翁地位和权利提出质疑，在一些地方和单位，民主管理受到冲击。在一些法律和经济政策的制定中，也时有忽视职工主人翁地位和民主管理权利的现象。这是值得重视的问题。我们认为，在社会主义市场经济条件下，职工群众事实上具有双重身份，一是国家主人和社会主义企业的主人，一是按市场契约（合同）从事劳动的劳动者。前者是根本的不可改变的社会和政治地位。这种两重性和双重身份，必须有相应的权利来加以体现和保障。法律赋予职工对企业重要决策的审议权、对重要规章制度的审查同意或否决权、对生活福利问题的决定权、对干部的评议监督权、根据政府部门的决定对厂长的选举权等，是职工作为社会主义企业主人翁地位的重要体现。职工就劳动关系方面的问题与企业协商、谈判以至实行共决，则是职工作为劳动者权利的实现。制定各项法律法规和政策时，应遵守宪法的基本精神，坚持以建设有中国特色的社会主义理论为指导。市场经济的发展，确实给企业民主管理带来很多新问题，在不同所有制、不同经营方式的企业，职工民主权利的实现程度和形式会有所不同，需要在实践中探索。但是，应当明确，民主管理是社会主义企事业的基本特征和优势，在国有和集体所有制企业，不论是实行承包制、股份制、发展企业集团等哪种企业组织形式和产权形式，只要公有制仍占主导地位，只要企业的社会主义性质不变，就不能没有职工民主管理。即使在非公有制企业，也要有职工的民主参与，保障劳动者的合法权益。

1. 全民所有制企业要全面落实《企业法》规定的职代会各项职权。

党中央决定的国有企业领导体制的原则是：“充分发挥党组织的政治核心作用，坚持和完善厂长负责制，全心全意依靠工人阶级。”在全民所有制企业转换经营机制中，这三句话还要全面坚持，做到三统一，三加强，职代会的各项职权应该全面落实。企业内部劳动人事、工资分配、劳动保险等重大改革方案和实施细则，要提交职代会审查同意；改革方案实施过程中，要组织职工代表搞好民主监督；上级委任或招标选聘的企业承包人，须征求职代会的意见；所有企业都应开展民主评议干部工作，评议结果应作为考核、聘用、任免、奖惩干部的重要依据；在目前民主选举厂长难以推行的情况下，可以先由职工选举车间主任和班组长。为了保证职代会各项职权能够落实，有关部门应及早制定《企业法》实施细则，修订企业领导制度的三个《条例》，对违犯《企业法》和三个《条例》的规定、侵犯职代会权益的行为要有办法进行处理。随着劳动关系企业化，有必要在企业建立劳动协商制度，由工会代表职工与企业协商解决有关劳动、工资、福利等问题，并用集体合同的形式规定下来。

2. 城镇集体企业的职工（代表）大会要真正成为权力机构。

《宪法》和集体企业《条例》规定，职工（代表）大会是集体企业的权力机构，由其选举和罢免企业管理人员，决定经营管理的重大问题。现在一些地方不按《条例》办事，任意侵犯职工（代表）大会职权的现象比较突出。集体企业真正实行民主选举企业领导人的只是少数，大多数还是由上级主管部门任免。近来已发生多起因政府主管部门不经职工（代表）大会同意，随意任免集体企业厂长（经理），引起职工不满、发生纠纷的事件。为此，需要在法律程序、法律责任上作出具体规定，使职工（代表）大会在民主管理权受到侵犯时投诉有门，纠正目前严重存在的有法不依、以“长官意志”办事的不正常状况。

3. 以公有制为主体的责任公司和股份公司，要保障职工民主管理企业的权利。

以公有制为主体的责任公司和股份公司，企业的社会主义性质没有改变，职工在企业的主体地位没有改变，职工民主管理企业的权利应该得到保障。正在制定的《中华人民共和国公司法》应有专门章节或条款，对保障职工民主权利和合法权益作出明确的规定。在这些企业，股东大会、董事会与职工代表大会的性质、职能不同，不能用股东大会取代职工代表大会，凡取消职代会的，应该纠正过来。职代会与股东大会、董事会的关系，要在实践中探索，不断总结经验，逐步理顺。应由工会和职工代表大会推选一定数量的职工代表参加董事会和监事会。特别是有关劳动关系的问题应实行企业与职工代表大会共决（即同意或否决），坚持职代会评议监督干部的制度。

4. 非公有制企业、事业单位要建立职工参与管理的制度。

在三资企业、私营企业和非公有制的事业单位，为了保障劳动者的合法权益，应该建立劳资协商制度或集体谈判制度，对关系职工切身利益的劳动用工、工资福利、劳动保险、劳动保护等问题，由工会代表职工与厂方进行集体谈判，取得一致意见后，用劳动合同或谈判协议的形式确定下来，不能只由厂方单方面决定。

5. 公有制事业单位和乡镇集体企业也要建立职工民主管理制度。

教育、卫生、科研、文化、体育等事业单位，是知识分子集中的地方，职工对民主管理、民主监督的要求更高，也要建立健全民主管理制度，保障职工的民主权利。乡镇集体企业职工民主管理的权利现在无法可依，存在问题较多，可参照城镇集体企业《条例》，尽快制定《乡镇集体所有制企业条例》，使乡镇集体企业的民主管理走上制度化、法制化的轨道。

（三）逐步解决社会分配中的突出问题，兼顾效率与公平

分配问题关系到职工的切身利益，是影响职工积极性的重要因素。解决好社会分配中的问题，既要克服平均主义，又要防止两极分化，真正做到效率与公平的统一。这不仅关系到社会的团结稳定，也关系到能否发挥社会主义优越性。从这次调查情况看，当前在这方面要着重解决好以下几个问题。

1. 调节过高收入，取缔非法收入。

社会分配不公，地区间、行业间、各部分成员间的收入过分悬殊，是当前职工反映强烈的问题。国家的政策是“保护合法收入，调节过高收入，取缔非法收入”，实际情况是，过高收入没有调节好，非法收入也没有取缔了，政府对这些应管住的没有管住，而对企业职工的收入则又管得太死。现在一些地方出现的百万元户、千万元户以至亿元户已经不少，对职工思想产生很大冲击，不少职工担心产生新的两极分化。应通过健全法制，健全税收制度，严格执法，严格税收，保证社会公平。建议尽快建立社会利益调节机制，增加个人收入的透明度，对过高收入者用超额累进税进行调节，对以非法手段谋得巨额财富的，坚持依法没收。对社会上出现的暴富者和食利者今后的发展趋势，及其对我国阶级关系和政治生活产生的影响，应该注意研究，趋利避害。当前要特别防止他们用金钱收买干部，收买执法机关，使之变成保护他们的非法活动、为他们服务的工具。

2. 保障贫困职工的基本生活。

我国城镇贫困职工加上家属共有 2000 万人以上，这是个很大的社会问题。当前急需采取一些应急措施进行救济。在各项改革中，要对贫困职工，特别是在经济体制和经营机制转换过程中受到影响的停产半停产企业的贫困职工，实

行一些特殊保护政策，在医疗、住房等改革中给以优惠，使他们能够维持最基本的生活。对六十、七十年代离退休的老职工要给以照顾，随着社会经济的发展和在职职工工资收入的增长，相应提高他们的养老金，使他们也能分享改革开放和社会发展的成果。

3. 改革和完善社会保险制度。

为了顺利推进社会主义市场经济体制的建立和发展，必须改革、完善职工养老、待业、医疗等社会保险制度，建立社会保障体系。除工伤保险以外，各项保险制度实行国家、企业、个人三方合理负担的政策是必要的。但在具体实施中，要充分考虑职工的综合承受能力，保证大多数职工实际消费水平不降低，并争取有一定改善和提高。各项保险制度的改革应同工资制度改革配套进行，使职工负担的支出能在工资中得到补偿。为了保证退休职工不因物价上涨降低生活水平，退休金应与物价挂钩。应适当提高待业保险救济标准，使之略高于城镇社会救济标准。政府部门、工会组织和社会各界可以开办多种职业培训班、职业介绍所，发展劳务市场，帮助待业人员尽快就业。逐步建立社会医疗保险制度，由企业和职工个人各按工资额的一定比例向社会保险机构交纳医疗保险金。在目前社会医疗保险制度尚未建立的情况下，可以先按地区或行业实行大病医疗统筹，职工个人负担部分应按职工年收入的一定比例规定最高限额。

4. 建立最低工资制度和正常的工资增长机制。

随着多种经济成分的发展和企业自主决定工资分配，国家应制定最低工资制度作为保障职工合理经济收入、干预企业分配的重要手段。最低工资的标准应包括维持生存和劳动力再生产所必需的吃、穿、住、行、用、教育、医疗、保险等费用，据测算大致相当于职工平均工资的55%左右。原来定的职工最低生活标准由于物价上涨，已显得过低，应根据各地不同情况适当提高。建立正常的工资增长机制，一是职工工资要随着国民收入和社会劳动生产率的提高而增长，再是正确处理工资与物价的关系，有步骤地实行工资随物价或生活费指数进行调整。现在一些地方搞模糊工资，这种做法在公有制企业是不可取的，应该坚持分配公开、透明。

（四）加快劳动立法，将劳动关系纳入法制轨道

市场经济是法制经济，国家、企业和个人的行为，都要用法律加以规范。

加强法制建设，是保证社会主义市场经济健康发展的必要条件。在劳动关系由国家行为变为企业行为和市场行为以后，劳动立法显得更加迫切。我国劳动法规不健全，已不能适应向社会主义市场经济转变中劳动关系日益复杂的新情况，当前亟须加快劳动立法，使劳动关系的处理有法可依。

在劳动立法中，有两点是应该注意的：一是由政府、企业和工会共同维持稳定的劳动关系。稳定的劳动关系是社会稳定的基础，也是经济迅速发展的条件，我们不可能在劳动关系紧张和动荡的条件下实现经济的迅速发展。二是保护劳动者的合法权益。劳动立法要做到国家、企业和职工三者利益兼顾和劳资两利，靠牺牲任何一方的利益都不会维持稳定的劳动关系。职工的权利特别需要得到法律的保护，劳动立法应该是保护劳动者的法律。

我们建议：（1）对过去颁布的有关劳动者权利和劳动关系的法规进行清理，按照市场经济的要求，参照国际惯例，结合我国的实际情况进行修改、补充、完善；（2）对尚未制定的法律尽快制定，主要是《劳动法》《劳动合同法》《最低工资法》《劳动保护法》《社会保障法》等；（3）作为国家的法律、法规应适用于我国境内的所有企业，使不同所有制、不同经营方式的企业及其劳动者，享有同等的权利，负有同样的义务，能够在市场上进行平等竞争，对不同企业的特殊情况需要作出特别规定的，可在法律条文中加以说明；（4）建立健全有权威的劳动执法、司法机构，严格依法办事，实行违法必究，维护法律的严肃性。

目前，停工、罢工性的突发事件基本处于法律不予调整的状态，这对社会稳定是不利的，在适当的时候，应该作为劳动法的组成部分，通过法律予以调整。

（五）加强社会主义精神文明建设，提高职工队伍的思想道德素质和文化技术素质

社会主义市场经济的发展，科学技术的进步，对职工队伍的素质提出了越来越高的要求。职工的素质如何，不仅关系企业的命运和个人的前途，也决定着我国现代化建设的进程。从目前职工队伍的整体素质看，与市场竞争和现代化建设发展的要求还有很大差距，如不采取有力措施，它将成为现代化建设的制约因素。在这个问题上，也要有危机感和紧迫感，把提高职工队伍的素质作为重要的战略任务来抓。提高职工队伍素质，最根本的是用邓小平同志建设有

中国特色的社会主义理论武装广大职工，建设“有理想、有道德、有文化、有纪律”的职工队伍，当前要特别注意改进思想政治工作，抓好以下几方面的工作。

1. 把职业道德、敬业精神、社会公德的教育作为思想教育工作的重点抓实抓好。

当前，在物质、金钱和某些外来文化的诱发下，社会精神文明出现不少问题，而很多行业不正之风和职业道德很差的问题又是发生在职工队伍之中。面对这种情况，应把爱国主义、集体主义、社会主义教育与职工的思想实际紧密结合起来，使广大职工既有明确的奋斗目标，又有具体的行为准则。要把职业道德、敬业精神和社会公德的教育作为思想教育工作的重点来抓，净化社会风气。要在社会上树立起良好的职业道德和社会公德，使人们感受到人与人之间的温馨、友爱和社会大家庭中的方便与安全，认识到自身的社会责任和社会义务。

2. 帮助职工树立新的正确的价值观念。

从计划经济转变为市场经济带来职工队伍价值观念的变化，这是不以人的主观意志为转移的必然趋势。对这种变化要作认真的细致的分析，分清哪些是应该肯定的；哪些是应该加以引导的；哪些是应该进行教育的，帮助职工树立正确的价值观念。这种价值观念，应当是既继承优良传统，又适应社会主义市场经济的要求；既扎根于现实，从大多数职工的思想实际出发，又能引导职工追求更高层次的理想；既尊重人们对物质利益和个人价值的正当追求，又防止拜金主义、享乐主义、极端个人主义统治人们的头脑。总之，它应当是既适应当前生产力的要求，又能推动生产力进一步发展和社会全面进步的一种新的价值观念。

要大力整顿文化市场，对受外来腐朽思想的影响，对拜金主义、享乐主义、极端个人主义的蔓延，对盲目攀比高消费等消极现象，要发动职工坚决抵制。

3. 努力提高职工的文化技术素质。

提高职工的文化技术素质，需要国家、社会、企事业和职工多方面共同努力。一是国家要通过制定和实施《职业培训法》，把职工培训作为劳动者的权利和义务从法律上确定下来，实行强制培训。职工就业前必须接受职业教育，经考试合格者才能就业、上岗；就业之后，要定期参加脱产轮训，更新知识，掌握新的技能，以适应生产发展的要求。二是国家要增加对职工教育的投资，企事业要增加职工培训的投入，并发动和鼓励社会力量办成人教育，开办多种形式的职业高中、职业中专、职工技校和职工培训中心，为职工学习文化技术创造必要的条件。要把选送劳动模范、先进工作者和优秀职工进大学深造作为教育改革的重要内容，形成制度，并坚持从他们之中选拔干部，充实到各级领导岗位上去。三是建立一套有效的激励机制和动力机制，实行择优就业、竞争上岗、打破企业工人与干部的界线，使职工的收入同本人的文化技术水平、劳动岗位和作出的贡献挂起钩来，调动职工学习文化技术的积极性，继续开展职工读书活动，鼓励职工自学成才，开展岗位练兵、技术比赛等群众活动，对自学取得优异成绩并作出突出贡献的职工实行奖励。

（六）加强和改善党对工会的领导，充分发挥工会在改革开放和现代化建设中的作用

当前正在加快建立社会主义市场经济体制的步伐，这一改革的深入，将使政府、企业、职工三者利益关系更加清晰起来，客观上要求工会在代表职工利益、参与协调社会矛盾、处理劳动关系等方面发挥更大的作用。现在职工群众对工会的评价还不高，对工会工作不大满意，这个问题值得引起重视。这就要求进一步加强和改善党对工会的领导，密切工会同职工群众的联系，更好地发挥工会组织的作用。

1. 继续学习、宣传、贯彻、落实《工会法》。

《工会法》颁布之后，各级党委对学习、宣传、贯彻、落实的工作十分重视。但有些领导干部对《工会法》还不甚了解或没有看过《工会法》。要继续学习、宣传《工会法》，尤其要使各级党政主要领导和分管领导了解《工会法》，以便依法领导工会工作。应制定《工会法》实施细则，使工会权利、义务、任务具体化，规定可操作实施的程序，明确执法监督机构和司法机构，保证《工会法》真正贯彻落实。现在一些地方和单位，把工会组织撤销、合并或归属于其他工作部门，不经工会同意随意调动撤换工会主要负责人，拒绝拨缴工会经费，等等，都是违反《工会法》和中央 12 号文件的，应当予以纠正。

2. 把工会工作进一步摆上各级党委的重要议事日程。

为了加强党委对同级工会的领导，各级地方党委应当按照中央 12 号文件的规定，建立健全必要的工作制度，及时听取工会的汇报，研究工会提请党委讨

论的问题；党委专门研究工会工作，每年应不少于两次；党委的有关会议，应吸收工会的主要负责人参加或列席，以使工会了解全面情况，做好工作。

3. 重视并加强工会领导班子的建设。

各级党委应更加重视工会领导班子的建设，按照四化标准选好工会领导成员，把年富力强的优秀干部推荐到工会的主要领导岗位上来；帮助工会进一步完善工会干部的民主选举和管理办法，对工会领导人的提名、考察、选举、审批、管理、调动等做出具体规定。

4. 帮助工会进一步疏通参政议政的渠道。

现在工会参政议政的渠道不够畅通，希望各级党委进一步协调好本地区工会和政府的关系，帮助工会建立和疏通参政议政的渠道，为发挥工会的民主参与和民主监督作用创造更好的条件。《工会法》和中央 12 号文件中规定，政府研究制定经济和社会发展计划，研究制定劳动、工资、物价、住房、安全生产、劳动保险、社会保障等涉及职工切身利益的法律、法规和重大政策、措施、要吸收工会的代表参加，听取工会的意见；政府设立的有关职工切身利益各项改革的专门机构，要有工会代表参加工作；政府和工会之间要通过座谈会或联席会议等形式，通报政府的重大工作部署和与工会工作有关的行政措施，研究解决工会反映的职工群众的意见和要求。对此，应制定具体实施办法，使之制度化、规范化。

5. 加快三资企业、私营企业和乡镇企业组建工会的步伐。

在三资企业、私营企业和乡镇企业，侵犯职工合法权益、危害职工身体健康的问题比较多，而这些企业中很多还没有建立工会组织，使职工的合法权益难以得到有效维护，影响建立协调良好的劳动关系，迫切需要尽快把工会组织建立起来。三资企业和私营企业，都应该按照《工会法》和有关法规的规定建立工会组织。乡镇企业具备条件的，即已经依法登记取得法人资格，生产经营活动正常开展，达到了一定的社会化生产水平，有一支相对稳定并以工资收入为主要生活来源的骨干职工队伍，在这样的乡镇企业，也要加快组建工会的步伐。这项工作工会要积极主动去做，同时要得到地方党委的重视和领导，得到政府的支持和帮助。

6. 加强工会自身建设。

邓小平同志代表中央和国务院在工会九大的致词中指出，工会要为工人的民主权利奋斗，要努力保障工人的福利，要密切联系群众，使广大工人都感到工会确实是工人自己的组织，是工人信得过的、能替工人说话和办事的组织。中共中央书记处 1983 年 3 月 14 日对工会工作的重要指示也指出，工会的性质和任务应当是在党的领导下，代表工人阶级利益、为工人阶级办事的群众组织，工会要真正成为“职工之家”、“职工之友”。党中央的这个要求至今没有很好落实，脱离群众仍然是工会工作中的一个突出问题。改变这种情况，一方面需要工会自己的努力，加强工会自身建设，全面履行维护、建设、参与、教育各项社会职能，努力转变作风，密切联系群众，在维护全国人民总体利益的同时，更好地维护职工群众的合法权益，赢得职工群众的信赖；另一方面也需要各级党政领导的支持，为工会工作创造更好的条件。在工会代表和维护职工群众合法权益这个问题上，尤其需要得到各级党政领导的理解和支持。

工会是工人阶级的群众组织，职工是为了保护自己的利益参加工会的，工会应当代表参加工会组织的会员的利益。但是在这些会员中，工会需要重点代表和维护普通劳动者这部分会员，也就是生产工人和专业技术工作者这两部分普通职工群众。这两部分会员占全体会员 90% 以上，在企事业单位和社会上都处于被领导的地位，当他们与企事业行政和政府部门打交道时，一般总是弱者，特别需要工会为他们讲话，保护他们的合法权益。随着发展社会主义市场经济，政府转变职能，企业成为自主经营的商品生产者、市场竞争的主体，客观上将会逐步形成政府、企业、职工三方的格局。职工群众一方需要工会组织代表自己与政府和企业打交道，解决劳动关系中的问题。如果党领导的工会不能代表他们，就可能出现自发的工人组织，这是国际工运中值得重视的经验教训。因此，建议进一步明确工会在政府和企业面前代表职工的身份和地位。各级工会领导机关要代表职工群众参加国家和社会事务的管理，重点是参与制定涉及职工劳动权利、经济利益和社会保障的各项制度和政策，并监督其实施，从总体上维护职工权益。基层工会则应组织职工参加民主管理，代表和帮助职工与企业签订劳动合同，参加劳动争议的处理。在处理劳动关系问题时，工会与企业进行协商，政府对双方经过协商不能解决的问题，依据法律进行调解和仲裁。明确工会代表职工群众的身份和地位，有利于政府、企业和工会共同维护良好的企业劳动关系，有助于工会参与协调社会矛盾，以保持企业和社会的稳定。工会工作中应积极、全面、正确地坚持党的“一个中心，两个基本点”的基本路线，做到以经济建设为中心和“两个维护”相统一，把职工群众对工会的要求与党和政府对工会的要求创造性地结合起来，以不断增强对职工的吸引力和凝聚力，使工会成为党联系群众的坚强纽带，成为政府的重要社会支柱，把广大职工团结在党的周围，为实现党提出的建设有中国特色社会主义的宏伟目标努力奋斗。

执笔：贾志明　刘学璋

中华全国总工会工人阶级队伍状况调查办公室
1993 年

第四次中国职工状况调查报告

（1997 年）

迈向二十一世纪的中国工人阶级

——1997 年全国职工队伍状况调查综合报告

前　言

本世纪最后二十年的中国发生了翻天覆地的变化。中国工人阶级在中国共产党的领导下，与全国人民一起，对原有的束缚生产力发展的经济体制进行了一场新的革命，成功地走出了一条建设有中国特色社会主义的新道路，社会主义在中国重新显示了蓬勃的生机和活力，再次为全世界所瞩目。为了研究我国职工队伍在改革开放中尤其是 1992 年党的十四大明确提出建立社会主义市场经济体制以来发生的深刻变化和面临的新情况、新问题，把握职工队伍发展的方向，维护职工群众的经济和政治权益，以及为中国工会第十三次全国代表大会的召开做好必要的理论政策准备，全国总工会于 1997 年 9—10 月进行了本世纪最后一次较大规模的全国职工队伍状况调查。

这次调查的样本抽样工作是在国家统计局有关专家的指导下进行的。调查范围覆盖了全国建有基层工会组织的 11321 万职工。调查实施选取了代表东部、中部和西部三个经济区域的 15 个省份，涉及了各种经济成分和 15 个国民经济门类，从 81 个市县的 2335 个单位的 343 万职工中，随机抽取了 54000 名不同性别、年龄、职业身份的职工（其中包括离退休职工 3000 人）进行问卷调查，回收有效问卷 53561 份。与此同时，还对所抽样的 23335 个单位进行了专项调查，回收有效调查表 2284 份。对 150 个不同经济类型、不同行业的单位进行了典型调查。对 900 个单位的党政工领导分别进行了专题调查。对 300 名代表不同群体的职工进行了个案访谈。对 15 个省份之外的六个大型单位进行了重点调查。另外还组织对农民工问题进行了专题调查。这些调查获得了丰富的数据资料和文字资料，在此基础上，形成了一系列专题研究成果，为反映改革开放尤其是1992年以来中国工人阶级成长壮大的历史提供了重要的依据。

第一部分　改革开放以来尤其是近五年来我国职工队伍发生的深刻变化

在改革开放这场社会大变革中，我国职工队伍发挥了其重要的历史作用，同时职工队伍自身在数量、组成成分、文化技术和思想观念，及其对国家经济、政治、社会生活的影响程度等方面都发生了积极而重大的变化，尤其是1992年以后，职工队伍有了进一步发展，其经济地位、政治地位和社会作用得到了较大提高。

一、职工队伍在推进改革开放和现代化建设中建立了历史功绩

改革开放二十年来，广大职工以高度的主人翁责任感和艰苦创业精神，忘我劳动，无私奉献，创造了巨大的物质财富，推动了国民经济持续、快速、健康发展。据国家统计局有关数据，我国国内生产总值从1978年的3624.1亿元，增长为1997年的74772.4亿元，按可比价格计算，增加了4.92倍，平均每年增长9.8%。国内生产总值中以农业为主的第一产业与第二、三产业所占比重发生了重大变化。1978年时第一产业所占比重为28.1%，第二产业为48.2%，第三产业为23.7%；到1997年时，第一产业所占比重减少为18.7%，第二产业为49.2%，第三产业增加为32.1%。第一产业创造的产值增加了1.54倍，第二产业增加了7.42倍，第三产业增加了5.81倍。第一产业的平均发展速度为5%，第二产业为11.9%，第三产业为10.6%。

职工队伍对社会主义民主政治建设的促进作用明显加大，在基层和社会层次的民主参与活动日渐增多。改革开放二十年来，广大职工群众通过职代会及其他民主管理形式，参与基层单位的民主管理、民主监督和民主评议，在扩大基层民主中发挥了积极的作用。尤其是在公有制为主体、多种所有制经济共同发展、公有制实现形式多样化和企业产权制度改革的新形势下，职工群众创造了许多民主管理企业的新形式。职工群众还通过工会参与立法，与政府召开联席会议等多种途径和形式，参与管理国家和社会事务，在社会层次也发挥了积极的作用。

职工队伍承受了经济体制改革带来的阵痛和压力，为改革，发展和稳定作出了重大贡献。改革开放二十年来，职工群众从改革和经济发展中获取了较大的物质利益，同时也经受了对在计划体制下形成的利益格局的猛烈冲击。广大职工群众识大体、顾大局，勇于承担牺牲，坚定而有力地支持了改革，维护了社会稳定。

职工队伍积极更新不适应社会主义市场经济的旧观念，以工人阶级的先进思想，支持了改革全过程。职工群众在改革中重新认识了什么是社会主义和怎样建设社会主义这个根本问题，在中国共产党坚强有力的领导下，积极参与了两个根本性转变的实践，成为改革开放坚实的社会基础。尤其是工人阶级中一大批熟悉中国国情、掌握现代科技管理知识、立志改革和振兴中华民族的知识分子，在改革实践中与广大人民群众密切结合，坚定不移地推动着改革的具体进程，发挥了不可或缺的重要作用。

二、职工队伍的内部结构发生了重大变化

改革开放以来，我国职工队伍在数量上有了大幅度的增长，在组成成分、文化、技术和年龄等方面都更加具备了新的时代特征。

1. 职工数量大幅度增长、组成成分呈现多样化。如果把社会从业人员中以工资收入为主要生活来源的工薪劳动者者视为工人阶级队伍成员，即职工队伍成员，则调查表明，改革开放以来职工的数量有了大幅度增长，队伍的组成结构发生了重大变化。1978 年时，职工总数为 12339 万人，占全部从业人员的 30. 7%；1992 年时为 26074 万人，占全部从业人员的 39. 8%；1997 年底，职工总人数已接近 3. 5 亿，占全部从业人员 6. 96 亿人的 50%。其中国有、集体和其他所有制经济职工（包括联营，股份制，外商投资和港澳台投资经济职工）14668 万人，私营经济从业人员（不包括私营企业主及其家庭从业人员）616 万人，乡镇企业职工 13050 万人（不包括生产规模过小、不符合标准的企业中的职工人数），个体工商户中的雇工、雇员 1600 万人，离开土地或在异地他乡务工的农民工（有别于国家按计划和有关政策，从农村招工、招生以及征地农民安置等“农转非”人员）5000 万人左右。这个事实表明，工薪劳动者的人数已经超过了其他社会劳动者从业人数。工人阶级数量的大幅度增加，表明了我国的工业化和经济的社会化、市场化、现代化程度有了较大的提高。

2. 职工受教育程度普遍提高。这次调查了解到，在国家劳动计划管理范围内的职工中，目前不识字或识字不多的职工只占 0.5%，小学文化程度占 2.5%，初中文化程度占 25.9%，普通高中文化程度占 23.1%，中技、中专文化程度占 19.4%，大专文化程度占 19.4%，大学及以上文化程度占 8.9%。职工队伍平均受教育年限为 12.19 年，与 1992 年的同口径调查比较，职工平均受教育年限增加了 0.74 年，而且不同性别、单位性质、地区的职工群体总体上受教育程度的差别不大。职工队伍中的小学及小学以下文化程度职工比例减少了 3 个百分点，初中文化程度职工比例减少了 7.8 个百分点，高中、中技和中专文化程度职工比例增加了 2.5 个百分点，大专和大专以上文化程度职工比例增加了 8.2 个百分点。这充分说明，我国职工队伍科学文化素质有了显著提高。

3. 职工知识技术构成进一步优化。据这次调查，目前有国家劳动计划管理范围内的职工队伍中，各类专业技术人员占 18.4%，其中国有单位占专业技术人员总数的 75.6%，其他各种经济单位占 24.4%。国家统计局数据表明，改革开放二十年来，职工队伍中国有单位的专业技术人员从 1978 年的 434.5 万人，增加到 1997 年的 2049.5 万人，增加了 3.72 倍；平均每万名职工中专业技术人员从 583.1 人增加到 1903.7 人，增加了 2.26 倍。调查还表明，1997 年职工队伍中熟练工占 23.2%，初级技工占 7.6%，中级技工占 11.8%，高级技工占 3.9%，工人技师占 1.7%，有初级职称的占 21.3%，有中级职称的占 14.2%，有高级职称的占 2.6%（有 13.6% 的职工没有明确的技术等级和业务职称）。与 1992 年的调查数据比较，有初、中、高级职称的职工比重均有所上升，其中有中级职称的职工比重上升了 5 个百分点。

4. 职工更加年轻化。改革开放以来，职工的数量在急剧增长，新老成员交替明显加快。使工人阶级整体的平均年龄呈下降趋势。而原国家劳动计划管理范围内的职工队伍则在年龄上呈现老化趋势。目前职工队伍中 1958 年以前参加工作的只占 1.1%，1959—1966 年参加工作的 6.9%，1967—1977 年参加工作的占 35.4%，而 1978 年以后参加工作的已占到 56.6%。与 1992 年调查时相比，国有、集体单位职工的平均年龄增长较多，反映了在经济结构调整过程中，国有、集体单位职工队伍出现了老化。但由于大量乡镇企业职工、非公有制经济职工和农民工等年轻成员的加入，全国职工在总体上仍然更加年轻化了。据调查，农民工的平均年龄只有 27.48 岁，非公有制经济中的职工平均年龄为

34. 95 岁，乡镇企业的职工平均年龄为 32. 04 岁（仅对独立核算乡属工业企业的测算结果）。

三、职工参与经济活动的自主性、积极性和竞争能力大大增强，适应社会主义市场经济的劳动关系初步形成

在经济体制的深层次改革、经济结构和利益结构的重大调整中，面对劳动用工、收入分配、社会保障制度等各项改革的严峻考验，广大职工逐步增强了经济和心理承受能力，对改革的认识逐渐清晰，由消极被动转为积极主动，由困惑转为奋起。

1. 适应社会主义市场经济的劳动关系基本形成，但劳动关系双方自主协调的机制尚不完善。

改革开放二十年来，职工与就业单位所建立的劳动关系发生了深刻的变化，呈现了许多积极的发展趋势。劳动关系的运行初步市场化，国家对劳动力统包统配的就业机制已经不存在，劳动力的供需、流动和就业条件与劳动标准开始通过市场调节实现。劳动关系的主体开始明晰化，企业走向市场后，劳动者与用人单位成为了劳动关系中两个地位对等、利益不同的主体。劳动关系的类型呈现出多样化，以公有制为主体、多种所有制经济共同发展格局的形成，以及企业内部多种经营管理方式与用工、分配方式的出现，使不同所有制经济单位的劳动关系呈现多样性。劳动关系的形成也逐步契约化，双方在自主协商的基础上，开始通过劳动合同来建立和规范劳动关系。据国家劳动部门统计，到 1997 年底，全国城镇企业实行劳动合同制度的职工达 10728. 1 万人，占同口径职工总数的 97. 5%；乡村集体企业实行劳动合同制度的从业人员达 1795. 8 万人，私营企业和个体劳动者实行劳动合同制度的从业人员达 714. 9 万人。1997 年全国工会统计普查资料表明，有 14 万个基层单位签订了集体合同，涵盖了近 40% 的职工。职工在新型劳动关系的确立过程中经历了较为痛苦的心理选择，从固定工、“铁饭碗” 到一夜之间成为合同工、“泥饭碗”，这对于多数职工特别是中老年职工开始时是难于接受的。调查表明，近年来职工思想情绪已经趋于平缓，但心理压力仍然有增无减。调查表明，职工中认为 1992 年以来在基层单位主人翁地位大有提高和有提高的比例，比 1992 年调查时下降了 12. 5 个百分点。有 48. 8% 的职工认为劳动合同的履行情况一般和不好；有 8. 4% 的职工

表示在劳动合同签订过程中出现过违反本人意愿行为的情况。座谈中也了解到，许多职工对签订劳动合同的目的、意义不清楚，没有做到先协商后签约，有些职工不知道也未在合同上签字。由于经济结构调整力度加大和企业亏损面不断扩大，相当多的集体合同不能完全兑现，一些职工对所签订的集体合同产生了异议。职工认为签订集体合同后自身地位有所提高的只占17.8%，地位提高不明显的占16.6%，没有任何变化的高达35.0%，反而不如以前的占2.3%，走形式的占8.5%。调查表明，当前的劳动关系呈现出过渡时期特有的不规范、不稳定和不配套性，还存在许多问题。主要是公有制企业中长期积累的隐性失业、低效益等深层次问题开始暴露，劳动合同的规范性和约束力比较差，集体合同许多条款得不到兑现，职工的合法权益难以得到契约保障；职工与用人单位在权利义务关系方面严重失衡，用人单位对劳动者利益的决定权增大，而劳动者对企业的依附性增强，职工处于弱者地位，只有少数职工受益于双向选择，多数职工仍然面临就业危机；劳动关系双方自主协调的机制与劳动关系社会协调机制尚未真正形成。

2. 职工的就业结构趋向合理，就业流动日益频繁，但大量国有企业中旧的经营机制仍然制约着劳动力市场的进一步活跃。

改革开放二十年来，职工队伍的就业结构发生了重大的变化，其变化主要反映在两个方面。一是职工在不同所有制经济中的就业比重有了较大变化，1978年时，在国有、城镇集体经济单位就业的职工占77%，在乡镇企业就业的职工占22.9%，而非公有制经济近乎绝迹。1992年时在国有、集体经济就业的职工占55.6%，在乡镇企业就业的职工占40.6%，在非公有制经济就业的职工占3.8%。1997年时（不计算农民工），在国有、集体经济就业的职工占44.9%，在乡镇企业就业的职工占45.4%，在非公有制经济就业的职工占9.6%。职工在不同所有制单位就业比重的调整，更加符合了现实生产力的发展水平。二是职工在三次产业中的就业比重也发生了明显的变化。1978年时，职工在第一、二、三产业就业的比重分别为11.7%、56.3%和32.0%；1992年时分别为3.9%、59.8%和36.3%；1997年时分别为3.2%、58.6%和38.3%。职工在三次产业中就业比重的增减反映了社会现代化过程中产业结构的优化、重组和升级。

调查表明，随着就业制度的改革和劳动力市场的建立，职工就业流动日趋活跃，初步形成了通过劳动力市场配置劳动力资源的用工格局。1991 年以来，城镇单位使用农村劳动力每年在 1200 万人以上，约占全部职工的 8%—9%。农村劳动力流动就业人数也逐年增加。1996 年末，本地区农村劳动力在外地流动就业的人数达 4030 万人，其中跨省就业为 2636 万人，占 65.4%。外地农村劳动力在本地流动就业的为 1676 万人，其中跨省就业的为 875 万人，占 52.2%。1997 年全国职工队伍状况调查也表明，职工队伍中有 33% 的职工就业后跨单位调动过工作，平均调动次数为 1.52 次。

3. 职工参与经济活动的热情和积极性高涨，但保护和激励职工积极性的政策措施落实较差。

这次调查中职工自我认定目前在工作岗位上积极性得到发挥的比例比 1992 年调查时有所提高。其中，认为自己的积极性得到充分发挥的职工占 25.1%，基本发挥的职工占 41.1%，合计为 66.2%。分析职工对积极性发挥程度的自我评价情况，在不同经济类型单位中，港澳台投资经济单位的职工评价最高，私营经济单位最低；在不同行业中，科教文艺广电业和金融保险业的职工评价最高，科研综合技术服务业和地勘水利管理业最低；在不同年龄组中，36—50 岁年龄组的职工评价最高，其次是 51 岁以上年龄组，35 岁以下年龄组评价最低；在不同文化程度职工中，大专以上文化程度的职工评价最低，初等文化程度的其次，中等文化程度的最高。调查表明，还有占 33.8% 的职工积极性没有得到很好发挥，分析其主要原因是：相当多的企业经济效益低下，部分职工生活困难，对企业改革能否成功信心不足，想改行又苦于无技术，只好做一天和尚撞一天钟；或迫于生计利用业余时间从事第二职业，分散了精力，影响了本职工作；还有部分职工由于转机建制过程中出现的下岗失业增多产生被剥夺感，面对市场经济的风险产生无助和绝望感；也有部分职工因收入分配不合理，辛苦工作而难以致富，不安心本职工作；也有部分职工缺乏工作责任心，信奉拜金主义，关心集体利益较少；等等。

调查结果表明，有 44.8% 的职工对参与劳动竞赛、技术革新、合理化建议活动表现了很高和较高的积极性，特别是企业中一些年富力强、文化技术水平较高、工作经验较丰富的业务技术骨干发挥了重要的作用。调查还表明，多数职工有争当先进的愿望，想当劳模的职工占到 53.3%。但是，调查也反映出在劳模工作中尚存在较多问题。有的职工认为，企业评劳模、评先进采取轮流坐庄的办法，降低了劳模和先进的含金量；还有的职工认为，即使评上劳模和先进，在政治上、经济上也没有相应的待遇，实际上弱化了劳模的作用。

四、职工群众的物质生活水平不断提高

改革开放以来，我国始终坚持按劳分配为主体、多种分配方式并存的分配制度，并对分配关系和分配政策作了重大调整，激发了包括全体职工在内的广大人民群众的积极性，促进了国民经济的发展和人民生活的提高。但是，在分配领域中，仍然存在着收入差距悬殊、分配秩序混乱、分配机制不健全等严重问题，这些问题在职工队伍中也有比较突出的反映，并在一定程度上影响了职工积极性的更好发挥。

1. 职工生活水平有了较大幅度提高，但城市贫困职工问题开始出现。

改革开放以来，随着国民经济的快速发展，职工生活水平有了较大幅度的提高。根据可统计的数据，改革开放二十年来，扣除物价因素后，计划内管理的职工平均工资每年增长4.4%，其中“六五”期间平均增长4.2%，“七五”期间平均增长2.4%，“八五”期间平均增长5.8%。“九五”以来，1996年增长3.8%，1997年增长3.4%。二十年来职工工资外的收入增长幅度更大，平均每年增长23.5%。在城镇职工的收入中，工资外收入相当于工资的比重已由1978年的8.0%上升到1996年的36.6%。全国职工队伍状况调查结果表明，1997年职工年平均收入达到7914.55元。与1992年的调查相比，扣除物价因素后，增长幅度仍然很明显。有关职工家庭收入情况的调查数据表明，1997年职工家庭平均人口为3.36人，职工家庭每户有固定收入人口平均为2.14人，赡养系数为1.57，被调查职工中3口之家已经占到60.2%。与1992年调查数据相比，3口之家比例增加了近10个百分点，户均人口和户均有固定收入人口均有所下降，赡养系数提高了0.07。据国家统计局数据，1997年与1992年比，城镇居民家庭人均生活费收入增加了1.967倍，平均每年增长了14.4%。另据统计，职工家庭月人均收入达405.25元，扣除物价因素，与1992年时的月人均收入148.51元比较，有较大幅度增长。职工中有56.2%认为近几年个人收入提高很多和有所提高，有52.4%的职工认为近几年来家庭收入提高很多和有所提高。但值得重视的是，在职下岗职工的家庭人均月收入为248.49元，收入水平明显降低；失业职工家庭的人均月收入只有195.41元，收入水平更是大幅度

降低。这个群体中相当多的人生活已经陷入绝对贫困化。

2. 不同地区、行业、所有制职工收入的增长幅度相当不平衡。

高收入和低收入省份之间的收入差距继续加大。1992年职工平均工资最高的省份与最低省份之比为1.98∶1，1997年这一比例拉大为2.23∶1。三大产业及各行业间收入差距继续扩大。1992年三次产业职工平均收入之比（以第一产业为1）为1∶1.23∶1.21。1997年这一比例调整为1∶1.26∶1.37。不同经济类型之间职工收入的差距有所缩小。1992年到1997年国有经济单位职工收入的增长速度为45.42%，集体经济单位为44.55%，其他经济单位为16.51%。但其他经济单位职工收入的绝对数仍居首位，其中外商投资经济和港澳台投资经济单位职工的收入是各种经济类型中最高的。随着经济结构的调整和相应政策的出台，收入差距开始出现缩小的趋势。1992年国有、集体和其他经济类型职工收入之比为1∶0.81∶1.56，1997年时这一比例缩小为1∶0.81∶1.25。企业、事业、机关之间收入差距在扩大。从全国总工会间隔五年的两次调查来看，企业单位职工的收入始终比事业单位和机关团体职工低，1992年三类职工收入之比（以企业单位职工收入为1）为1∶1.04∶1.02，到1997年三类单位职工收入比值调整为1∶1.05∶1.09。

3. 不同群体之间收入差距有不同程度的扩大。

收入分配开始向高文化、高技术、高职务倾斜。1992年以来初、中、高等文化程度职工收入的增长速度分别为24.73%、44.71%和50.86%。1992年三者收入之比为（以初等文化程度职工收入为1）1∶1.00∶1.16，到1997年三者比例调整为1∶1.16∶1.41，职工的收入高低已与文化程度高低相一致，特别是高等文化程度的职工，其收入显著提高。不同技术水平职工的收入拉开档次。五年来，技术人员的收入增长速度高于工人，工人和技术人员收入的比率1992年为（以工人收入为1）1∶1.13，1997年上升为1∶1.21。从两次调查数据看，尽管有高级职称的技术人员较有初级职称的技术人员的收入增长速度慢，但收入最高的有高级职称的技术人员的收入与收入最低的普通工人的收入之比还是由1992年的1∶1.58上升为1997年的1∶1.65。管理人员特别是高层管理人员的收入增长迅速。将职工按职业分为工人、技术人员、管理干部三类，1992年三类人员的收入之比（以工人的收入为1）为1∶1.17∶1.13，技术人员的收入略高。五年来管理干部收入增长幅度超过了技术人员，其中事业和机关干部中职务级别越高者工资增幅越大，事业单位局级及以上干部的收入增长了121.57%，同期企业技术人员收入的增幅只有33.97%。到1997年时工人、技术人员、管理干部三类人员收入之比变化为1∶1.19∶1.24。但管理人员因所处不同所有制单位和经营方式而差异显著，一些国有企业管理者工资低于一线工人，而有的承包租赁者和非公有企业管理人员收入比工人高出几十倍。此外，允许和鼓励资本、技术等生产要素参与收益分配，也进一步拉大了职工间的收入差距。

五、职工的社会保障、安全生产、职业培训等劳动权益得到了一定程度的保护

在改革开放的同时，国家保护劳动者权益的有关法律、法规和政策措施陆续出台和完善，职工自觉地运用法律武器保护自己的意识也不断提高。但是，损害职工劳动经济权益的问题大量存在。

1. 社会保障已经转向按市场经济的方式运作，但新保障机制在实际操作中尚存在较多问题。

调查表明，在五大社会保险险种中，职工目前最关心的是建立比较完善的养老保险和医疗保险制度。在基层单位，有69.6%的职工享受了单位为他们投保的基本养老保险。在实行基本养老保险制度的单位中，职工缴纳的基本养老费占本人缴费工资百分比的差别比较大。其中按个人缴费工资百分之三缴纳的职工占33.0%，按百分之四缴纳的职工占25.8%，按百分之五缴纳的职工占16.2%。调查中了解到，职工对目前实行的养老保险办法评价不高，只有3.9%的职工认为能够保障、17.2%的职工认为基本能够保障自己退休后的基本生活。职工医疗保险制度改革从八十年代初开始，目前参加多种医疗保险制度改革试点的职工和离退休人员已达1500多万人。由于医疗保险制度改革尚在进行之中，职工对今后医疗保险的前景估计不一。就对目前职工医疗费报销情况进行的分析表明，在1997年1—10月之间，被调查职工中发生医疗费的75%职工中，有一半职工因为各种原因没有报销医疗费。对目前实行的医疗费报销办法，表示能够承受的职工占34.7%，表示勉强能够承受的占35.5%。

调查表明，在下岗或失业人员中有5.1%的人员获得过一次性补助，平均为1200元，其中得到1000元以下的占75%。下岗失业后得到定期补助的人员

占 50.5%，平均每月 182.24 元。有关工伤和生育保险制度改革，也发展到了一个新的阶段，许多地方探索实行了县、市级的工伤保险费用社会统筹。目前，全国已有 1400 多个县、3200 多万职工参加了工伤保险制度改革。生育保险制度覆盖范围已达 1000 多个市县，有 2100 多万职工参加了生育保险费用社会统筹。1997 年全国工会统计普查数据表明，基层单位有 1057 万职工参加了企业建立的互助补充保险。另外，这次调查还了解到有 12% 的职工或者其家庭成员购买了各种险种的商业性保险。

调查了解到，社会保险制度当前存在的一些主要问题是：（1）社会保险基本上还是在国有和集体企业中实行，尚没有覆盖到城镇所有劳动者，特别是养老保险、失业保险和医疗保险；某些地方社会养老保险金入不敷出，束缚了劳动力在不同所有制企业间的流动和劳动力市场的发展。（2）在社会保险管理体制上，还存在着政出多门，政事不分，管理分散的问题，不利于新型社会保险制度的建立。（3）社会保险的监督机制尚未建立健全，监督不力，社会保险（养老、失业）基金被挤占挪用的现象还时有发生。（4）部分困难企业职工的社会保险待遇得不到保证，特别是拖欠离退休人员离退休费的现象比较严重，一些企业职工医药费长期得不到报销，部分职工无钱看病，甚至因病致贫，而这些企业又多为人员多、包袱重，使这些问题在短时间内不可能从根本上解决。（5）“社会统筹与个人账户相结合”的养老、医疗保险制度的改革离终期目标尚有较大距离。

2. 职工队伍的职业安全卫生状况总体上有所改善，但重大恶性事故仍不断发生。

从全国总工会调查的情况来看，国有企业的安全生产状况好于乡镇、外商投资企业；特大型、大型企业安全管理好于中小型企业；电力、冶金、石化等行业好于煤矿、建筑等行业。镇、乡办的科技含量高的企业好于一般类型的乡镇企业。外商投资企业中欧美、日本投资商开办的企业，安全生产管理水平和执法情况要好于其他外商投资企业。但相当多的企业由于经营状况不佳，资金紧张，较多的应投资改造治理的项目上不去，生产设备老化、生产环节隐患多、污染严重，有些必要的劳动保护用品也得不到保障。少数企业忽视劳动安全卫生工作，使职工长期在不良的安全卫生环境下劳动。据卫生部统计，1997 年在有职业危害作业的厂矿中，按照国家对接触有毒有害作业工人实施健康监护的规定，应进行定期职业性体检的工人数应为10393618名，而实际只有3257616名工人按规定接受了体检，实检率仅31.3%。

通过这次调查了解到，职工队伍中就业以来曾患过职业病的占12.0%。数据分析表明，中西部地区的职工患职业病的比例高于沿海地区；国有经济和外商投资经济单位患过职业病的职工比例明显高于其他所有制经济单位。调查还了解到，职工队伍中就业以来不同程度受过工伤的比例占10.6%。数据分析表明，在国民经济各门类中，职工受过工伤比例最高的是采掘业占18.0%，其余超过平均水平的有地勘、水利管理业占15.2%，建筑业占13.8%，制造业占11.9%，交通运输邮电通信业占11.7%。特别值得注意的是，外商和港澳台投资经济单位受过工伤的职工比例明显高于其他经济类型。统计数据显示，在患过职业病或受过工伤的职工中，能全部享受应有待遇的占22.1%，能部分享受应有待遇的占39.7%，未享受到应有待遇的高达38.2%。调查中还了解到，基层单位劳动安全卫生制度不健全和很不健全的占12.5%，工作环境安全卫生设施低于国家标准和不符合国家标准的占19.5%，不按国家标准提供或只提供一部分安全卫生条件的占27.9%，女职工特殊劳保规定执行得不好和很不好的占9.4%。

此外，全国安全生产形势仍很严峻，特大、重大事故频繁发生，职业危害没有根本好转；全国尚未形成适应市场经济的劳动安全卫生法律法规体系，某些法规缺乏约束力，随意惩处的现象很严重；劳动安全卫生监察不力，管理松懈；劳动安全卫生资金投入减少，隐患增加；还存在着企业经营管理者和职工群众的安全生产意识仍不适应市场经济的要求等诸多问题。

3. 职业技能培训工作取得较大进展，但技术工人和工人技师比例下降需要引起高度重视。

调查数据表明，职工队伍中就业后接受过培训的占73%，其中接受过1次培训的占31.6个百分点，接受过2次培训的占17.8个百分点，接受过3次及3次以上培训的占23.6个百分点。对比1992年调查数据，参加过培训的比例增加了20.9个百分点。但是调查也表明，职工接受职业技能培训的情况很不平衡，西部地区，港澳台、外商、私营、集体经济，农、林、牧、渔业，制造业，地勘、水利管理业，教育文化艺术广电业和科研综合技术服务业，职工职业技能培训工作比较薄弱。而且五年来职工队伍中技术工人和工人技师比例分别下降了8.1个和1个百分点，在职在岗的工人技师平均年龄也越来越大。一些企业中出现了“青黄不接”的现象。一些较复杂的工艺在岗职工不会干，需要返聘退休职工来承担。企业技术工人减少的具体原因在于：一是利益过多向文凭、职称倾斜，忽略了对岗位技能、实际工作水平的认可。取得大专或大专以上的文凭，在企业内部聘用上有优惠，而技能的掌握在用人、分配、调级等方面都没有相应的优惠政策作保证。导致存在“重文化学习轻技术学习”的倾向，过去是“车钳铣没人比”，现在是“车钳铣没人理”。二是合同工提前退休和终止合同一刀切，技术力量随之流失。有些企业实行老职工提前内退的政策，使一部分老技术工人过早离开了企业。三是大量企业调整，通用工种的技工随企业重组，外流明显。四是由于企业困难，技师、技工的知识更新缓慢，一些技师评聘后就没有再参加业务学习，也很少参加行业内外的技术交流活动。五是在工作上有技术的职工的工作量比其他职工多，在分配上却没有得到相应的回报。六是评技师既有名额限制，又按工龄等条件控制，而且有技术也同样要下岗。七是有些企业缺乏长远考虑，在提高职工队伍技术素质上舍不得投入。特别是一些私营企业大多处在发展的初始阶段，企业产品定位较低，从事的行业多数是劳动密集型和服务类项目，选择的职工文化层次也很低。

培训工作存在的主要问题是：许多企业面临生存危机，没有力量与经费抓职工培训；培训内容脱离实际和形势发展需要；教育投资得不到应有回报等。就职工方面来讲主要是：参加学历培训的多（大多为了跳槽、换岗、评职称等），参加技术技能培训的少；要求公费出去旅行式培训的多，自觉自愿学习专业技术、管理知识的少；参加适应性被动式学习的多，参加高层次文化技术、管理培训的少。数据表明，在接受过职业技能培训的职工中，对所受到的职业技能培训很满意的占9.6%，比较满意的占45.2%；对单位职业技能培训工作状况评价很满意的职工占6.1%，比较满意的占33.1%。认为自己目前的业务技能与所从事的工作完全适应的职工占14.5%，适应的占39.4%，基本适应的占38.0%，不太适应的占6.4%，很不适应的占1.7%。调查还表明，由于一些企业开始通过分配政策激励职工掌握文化技能，重视提高自身素质的职工在不断增加，学习业务技术的热情正在升温。有36.7%的职工目前正在参加各种类型的职业技能培训，其中参加单位组织的职业技能培训的职工占10.8个百分点，参加社会上的培训的占7.3个百分点，正在自学的占18.6个百分点。与

1992 年相比，正在参加职业技能培训的人数也大大增加。中西部地区参加培训的职工比例少于沿海地区，但自学的职工比例却高于沿海地区；技术人员和干部不仅参加职业技能培训的机会多，而且自学的比例也高于工人。

4. 职工依法维护自身权益的行为逐渐增多，劳动争议胜诉率逐年上升。

据统计，近 5 年职工与单位之间发生的劳动争议案件逐年增长，总体水平为 8.4%（即劳动争议发生率 = 发生劳动争议的人次数/职工总人数 × 100%）。如按每年劳动争议发生率平均 1.68% 的水平推算，则每年发生劳动争议为 190.2 万人次。近 5 年职工参与单位集体劳动争议的总体水平为 5.6%（即集体劳动争议参与率 = 参与集体劳动争议人次数/职工总人数 × 100%）。如按每年集体劳动争议参与率平均 1.12% 的水平推算，则每年发生集体劳动争议为 126.8 万人次。劳动争议发生率最高的是港澳台经济，达 35.0%；其次为私营经济，为 21.8%，大大高于国有经济 7.4% 和集体经济 7.7% 的水平。私营经济的集体劳动争议参与率为 14.6%，明显高于其他经济类型。劳动争议呈逐年上升的原因是：部分企业尤其是外企、私营企业和乡镇企业经营者缺乏全面执行《劳动法》的自觉性，有些人甚至在思想上抵触贯彻执行劳动法律、法规；部分企业经营状况不佳，亏损及停产、半停产情况严重，这些企业在贯彻《劳动法》，尤其在执行最低工资、社会保险费缴纳、劳动安全卫生等问题上落实起来很困难；用人单位在订立、变更和解除劳动合同中操作不严格、不规范，国有企业的主要问题是订立、续订和解除劳动合同，非公有制企业主要是开除、除名和辞退；转制企业的领导在决策时忽视职工的意见，对职工的分流安置及转制后职工待遇等问题缺乏通盘考虑导致争议。

在本次调查中，根据全国总工会《工会参与劳动争议处理暂行办法》中对劳动争议内涵的界定，列举了劳动争议发生的十种主要原因。统计结果如下：劳动报酬占 26.3% 居首位，其次是工时和休息休假占 15.5%，第三是订立续订解除变更终止劳动合同占 12.7%，其后依次是保险福利 11.1%、其他原因 10.6%、劳动保护和安全卫生条件 9.4%、单位开除辞退职工 4.7%、职工自动离职辞职 4.4%、职业培训 3.2%、女工特殊保护 2.1%。可以看出，劳动报酬问题是引发职工劳动争议的最直接、最普遍的原因。此外，工时和休息休假、订立解除变更终止劳动合同、保险福利、劳动保护和安全卫生条件等问题也是引发劳动争议的重要原因。据调查，在发生过劳动争议的职工中，劳动争议未解决的占 38.6%，部分解决的占 44.3%，全部解决的仅占 17.1%，后两项合计为 61.4%。数据表明：调处解决劳动争议的总体水平不高。部分地区、行业、经济类型的劳动争议解决率更低。本次调查还了解到，在职工最近一次获部分或全部解决的劳动争议中，通过调解解决的占 51.5%，通过仲裁解决的占 7.6%，通过诉讼解决的占 4.2%，通过其他方法解决的占 36.7%。在提交各地区劳动仲裁委员会申诉的争议案件中，职工胜诉与单位胜诉的案件比例为 72:28，职工胜诉率有较大提高。

六、广大职工积极参与基层单位和国家、社会事务管理，政治权利和政治地位得到进一步落实

改革开放二十年来，职工在社会大变革的伟大实践中，对党在新时期的领导，对社会主义的理想信念，对走有中国特色的社会主义道路，在认识上提高到了一个新的水平。职工希望参与管理企业的愿望越来越强烈，创造了许多民主参与管理企业的新形式，提出了更多在社会层次上参与的要求。

1. 职工积极参与基层民主管理，以职代会为基本形式的职工民主管理制度在产权制度改革中发挥了重要作用，一些新的职工民主参与形式不断涌现，但适应新形势的职工民主参与机制仍处于探索阶段。

改革开放以来，职工代表大会制度得到了长足发展，尤其是近五年来，职工民主管理的工作又出现了一些新的进展。相当多的企业坚持把依靠职工办企业作为根本指导方针，制定了贯彻依靠方针的具体规定，进一步完善以职代会、联席会等为主要形式的职工民主参与机制，强化了以职代会民主评议领导干部和车间班组民主评议干部为主要内容的监督制约机制，开展了群众性全员参与经营管理活动。一些企业还创造了一些新做法，如认真落实职代会预报和质量评估制度，提高重大决策和重大问题上会率；采取“公开述职、公开评议、公开结果”的方法，使职代会民主评议干部的质量得到很大提高；加大源头参与的力度，坚持对涉及职工切身利益的重大决策早调研、早参与，及时反映职工群众的意见和要求；工会利用主席接待日、民主咨询会、主席团联席会、职工代表巡视、工会信息反馈、维权实录簿、重要问题报告制度等多种渠道实行职工民主管理；充分发挥职代会作用，实行职工代表质询和职代会提案公开解答制度，建立职工代表巡视监督制度，等等。

目前全国有近80%的基层单位建立了职代会制度，比1992年有所增长。职工对职代会各项职能履行情况评价较好和很好的比例，均比1992年调查时有所提高。职工对职代会报告企业招待费使用情况评价较好和很好的比例也占到近1/3。随着产权制度改革的深入，各种新的民主参与形式不断涌现，一定数量的职工代表参加了董事会、监事会，在其中发挥了积极作用，职工股东大会、职工持股会也发挥了民主管理企业新的作用。

但是，职工对职代会各项职能的评价仍然不高。职代会在履行职能方面较为突出的问题是走过场、走形式，在讨论决定关系职工切身利益的重大问题、干部任用、人员奖惩、经费支出、职称评定等方面缺少实质性内容，对干部的监督制约制度不健全，在职工代表构成、素质提高和权益保护方面缺少必要的制度，以及企业改制后有些企业民主管理削弱，董事会、监事会中职工比例过少，监督作用不明显，职工持股会有待进一步规范等。

2. 职工社会参与活动有了新的进展，但参与面还不广、参与的力度还不大。

调查表明，职工的社会参与意识有了增强。86.4%的职工对“市场经济条件下应有社会责任感”表示赞成和很赞成。职工社会参与的兴趣也很高，调查表明，经常观看中央电视台新闻联播节目的职工占76.3%，偶尔看的职工占21.1%，合计为97.4%；职工中喜欢新闻类、纪实报道类节目的占57.1%。调查还反映出职工希望通过社会参与解决自身经济、民主权益问题的愿望增加。职工队伍中的优秀分子通过当选为人大代表、政协委员直接参政议政，反映和解决职工自身的现实问题，作用越来越大；广大职工群众通过参与各种形式的民主监督和社会舆论监督，活动的次数日渐增多。职工通过工会等社会组织进行的间接参与也取得了重大进展。据全国工会1997年统计普查资料，各地区有6149个基层以上工会与同级政府和行政建立了联席会议制度，共同商讨了87647件涉及职工切身利益问题的提案。其中解决落实了57168件提案；还参与了涉及职工利益的7906个政府工作机构，共同商议了17182个有关问题，解决了13152个问题；参与政府部门制定政策和重大改革措施3069件；参与有关部门共同起草法律法规1361件；提出立法建议1213件，被采纳764件。调查中还反映出职工对目前的社会参与状况不尽满意，认为在人大中工人代表的比例一届比一届减少，这样会影响工人在国家和社会生活中的政治地位。有些职工也反映近年来自身的社会地位有所下降，对近年来国家政治体制改革的状况评价也较低。

七、职工队伍的思想观念正在向适应社会主义市场经济的需要实现历史性的转变

改革开放二十年，在一定程度上使职工受益，因而从切身感受中体会到改革开放的必要性和正确性，因而在思想观念上表现出对党的路线、方针、政策的支持和拥护。但是同时，社会转型时期必然发生的利益调整和观念冲突也反映到职工的思想观念中来。与改革宗旨相悖的官僚主义和腐败现象更是职工所深恶痛绝的。

1. 职工拥护党的领导，拥护中央的路线、方针、政策，从总体上看，对把改革进行到底态度坚决。但也有部分职工对改革仍然存在一些模糊认识。

在座谈调查中，广大职工对坚持中国共产党的领导毫不怀疑，认为党的十一届三中全会以来，国家逐步走上了民主化和法制化的轨道，党的路线方针政策代表和表达全国人民的根本利益，使我国社会生产力的发展水平、综合国力和人民生活水平均有了明显提高。特别是对香港顺利回归，党的十五大胜利召开，普遍感到鼓舞人心，职工的民族自尊心和自信心大大增强。

广大职工对现行经济社会政策的理解逐步加深，对社会主义初级阶段理论的认识也进一步提高，开始更多地从国家的大局和企业的发展出发来衡量改革的得失。多数职工经过改革的实践，对党的十五大确定的宏伟目标充满信心，对走有中国特色社会主义道路的信念更加坚定。

但是，也有一些职工对改革中出现的问题尚不能完全理解，对坚持社会主义道路的认识也存在着疑虑和困惑，甚至有许多模糊认识。如有的职工认为，什么是社会主义，越来越说不清楚，讲社会主义的本质是消灭剥削，消除两极分化，最终达到共同富裕，可现在是雇佣关系和剥削都在扩大，两极分化也在扩大。也有的职工认为，社会主义与资本主义正在趋同，资本主义国家有的，我国都有了，过去称为社会主义优越性的东西越来越少了，而过去不曾有过的下岗、失业现在到处都存在。一些职工对改革的风险多由一般老百姓承担表示不满，甚至有的职工还认为，我们最终要走向共产党领导的资本主义。

2. 职工对实施国有企业改革的一系列政策和措施给予了极大的支持，但部分职工对企业改革的前途仍然忧虑和信心不足。

调查中了解到，职工普遍表现出了比以往任何时候都更加热切地关心企业、希望企业兴旺发展。同时在社会劳动力供大于求和企业内部大量富余人员下岗的情况下，职工也倍加珍惜自己的岗位，职业责任感普遍得到增强。

在调查职工是否赞成“采取改组、联合、兼并、租赁、承包经营和股份合作制、出售等形式加快放开搞活国有小型企业”的问题时，职工队伍中有55.1%的职工明确表示赞成国家对国有小型企业进行改革的基本政策。其中13.9%的职工表示很赞成，41.2%表示赞成，9.4%表示无所谓，4.4%表示不太赞成，4.6%表示不赞成，26.5%表示说不清楚。在调查职工对国家实行“鼓励兼并、规范破产、下岗分流、减员增效和再就业工程，形成企业优胜劣汰的竞争机制”的政策时，职工队伍中有48.5%的职工明确表示接受国家实施这个政策。其中表示很赞成的职工占13.7%，赞成的占34.8%，不太赞成的占6.6%，不赞成的占8.2%，无所谓的占9.0%，说不清楚的占27.7%。

职工对企业产权制度改革后职工持股对企业和个人的影响情况进行了预期。有37.4%的职工认为职工持有本企业股份对企业的发展有利，34.6%的职工认为职工持有本企业股份对自己有利，说明有相当部分的职工对企业产权制度改革已经有了一定心理准备，并且寄予了较高期望。职工对本企业改革后的发展前景也比较乐观。调查中对职工提出了“就目前本单位的发展前景，您认为本单位有可能面临破产或被兼并吗”的问题，有41.5%的职工倾向于本企业不可能破产或被兼并。其中回答“很有可能”的职工占9.1%，回答“有可能”的职工占18.9%，回答“不太可能”的职工占18.7%，回答“不可能”的职工占22.8%，表示说不清的职工占30.5%。职工对国有企业改革的信心有所增加，有43.6%的职工明确表示对国有企业改革有信心。其中表示很有信心的占8.6%，表示有信心的占35.0%，表示一般的占23.7%，表示信心不足的占11.0%，表示没有信心的占4.1%，表示说不清楚的占17.5%。

但是，也有较多的职工对本企业的情况和各项改革政策不甚了解，有部分职工对国有企业改革缺乏足够的信心。其主要原因是一些地方的国有企业长期处于困境，职工既看不到企业的希望也看不到个人的前途；有些具体改革触及了职工的现实利益，职工由盼望改革到害怕改革；还有一些职工因不了解改革的全面情况，往往以个人及家庭的暂时得失来评论改革，对改革前景以偏概全得出一些消极的结论。也有的企业改制后换汤不换药，经营机制没转换，内部管理未加强，只是换了一块牌子；有的政府主管部门对改制企业留下一条小尾巴，对企业的影响和束缚犹存；还有一些企业改制后只是脱离主管部门，企业仍然负债很多，在艰难的困境中徘徊。

3. 职工在思想观念上逐渐接受了现存的利益分配格局，但也重视自我价值的实现。

职工的思想价值观念正在朝着适应市场经济需要的方向转变，比较多地追求现代化，更公开地谈论实际利益，希望有更多的民主权利和自由活动空间，希望社会在体现效率的基础上更加公开、公正和公平。职工对分配上合理拉开档次开始接受，对企业厂长、经理实行年薪制表示理解，职工对持股适当拉开差距也表示理解和赞同。职工更加求实务实，将实现理想与追求个人价值有机地结合起来，希望自己的命运由自己来主宰，充分发挥自我创造性，且知识层次越高，追求自我实现的意识越强烈。调查表明，在问及是否赞成“让职工在基层单位更多地自己管理自己”时，有 66.1% 的职工表示赞成和很赞成，这表明职工希望扩大基层的民主权利。职工的自我保护意识增强，依法维护自身权利的行为逐年增多。在问及是否赞成“职工作为国家主人的各项权利是通过法律来具体规定的”时，有 80.1% 的职工表示赞成和很赞成，这反映了职工希望将权利进一步具体化、法律化。职工就业分配一职定终身的择业观念也发生了根本变化，走向社会自谋职业正成为职工就业的一种新动向。调查也表明，职工家庭小型化趋势即核心家庭比例上升，职工更加注重提高生活质量和精神追求，职工消费观念发生变化，业余时间中参加旅游活动的人数大幅度增多，娱乐生活更加丰富多彩，并且愈来愈注重锻炼身体。

但是，在社会转型期，部分职工的思想观念仍然较多地受计划经济体制观念的束缚，处于困惑状态，呈现出矛盾、依恋、怀旧的心态。时至今日，仍有相当部分职工不能摆脱计划经济体制下有关职工权利的空泛议论和既得利益的自我束缚，对改革就业方式、调整国家保障幅度等不理解、不支持，甚至认为是走资本主义道路。对传统的一切由国家全包下来的社会经济模式留恋和不愿放弃，对社会主义的本质不理解。调查也表明，目前职工队伍中，有 8.8% 信仰宗教，但值得注意的是，在一些地方的信教职工中，共产党员和共青团员的比例均有所增加。

八、工会突出维护职工的合法权益，赢得了职工群众的信赖，工会的社会地位和作用日渐增强

发展社会主义市场经济，在经济关系和劳动关系的变化中涉及职工群众切身利益的问题日渐增多，各级工会围绕职工的经济利益、政治地位、民主权利等方面出现的新情况、新问题，调整了工作格局，加大了维护职工合法权益的力度，创造性地开展工作，取得了显著的成效。

1. 职工群众对近几年工会突出维护职工的合法权益表示基本满意。

这次职工队伍状况调查表明，党政和社会各方面特别是职工群众对工会组织的认可度逐步提高。认为基层工会开展工作好及很好的职工达到50%。认为在个人利益受到侵害时工会组织能够和基本能够维权的占59.1%，超过1992年的39.8%。在对工会作用的评价及有困难找工会等问题上，职工群众普遍持肯定态度。有34.6%的职工认为本单位工会在维护职工具体利益方面作用发挥得好。在接受调查的党政工领导中，有79.6%认为本单位工会维护职工合法权益工作的成效很好和较好；有92.4%认为本单位的工会干部对职工的切身利益关心和比较关心；有85.7%认为本单位工会干部能和基本能适应职工群众的要求；有41.7%认为本单位工会在维护职工具体利益方面发挥作用好。在回答"遇到生活困难，首先找谁解决"时，表示首先找工会解决的职工比例最高，占33.5%。以下依次是，找朋友或老乡的占28.9%，找单位党政的各占13.4%，找政府有关部门的占2%，找其他组织的占8.8%。调查表明，工会突出维护职工合法权益，适应了党和职工对工会的要求和期盼，工作取得了显著成效。

虽然职工普遍对工会地位和作用持肯定态度，但是，工会在处理维护总体利益与具体利益的关系，关心和维护下岗、失业职工和老年职工特殊利益，推进再就业工程，进一步探索公有制及其他所有制企业工会工作新途径，开辟工作新领域等方面，还不能完全适应形势的发展，与职工群众的要求尚有一定的差距。

2. 职工认为工会开展的重点工作与他们的要求和愿望基本一致。

这次调查专门了解了职工群众对工会重点工作的评价。调查结果显示，工

会近年来所确定的重点工作比较符合实际，与职工的要求和愿望基本一致。各级工会集中力量抓重点工作，产生了较好的效果，得到了较高的评价。调查表明，职工希望基层工会当前重点抓好的工作首选的前三位是，帮助职工解决生活困难占 44.4%，组织职工民主评议企业领导干部占 20.7%，平等协商签订集体合同制度占 15.4%。职工对工会各项重点工作的开展情况基本满意。一些基层工会干部认为，突出维护职能、充分发挥桥梁纽带作用，是提高基层工会工作水平的重要环节。调查中，有的职工和工会干部反映，一些基层工会工作之所以成效较大，除了党政支持和工作思路正确外，重要的是“工会已不仅仅停留在过去传统的工作内容和工作方式上”，而是更加注重了对职工合法权益的有效维护。

3. 职工对工会加强自身改革和建设寄予了厚望。

调查反映出职工群众对工会工作还有许多不尽满意的地方。一是认为工会自身还不能完全适应突出维护职能的要求。工会的组织体制、运行机制、活动方式还未完全摆脱计划经济的影响，一些工会干部从思想认识到工作实践，还不能完全适应经济关系、劳动关系变化的要求，不敢或不愿以职工利益代表者和维护者的身份开展工会工作。在座谈中，相当一部分工会干部仍津津乐道一些比较陈旧的工作方式方法，对新的工作领域知之甚少。二是认为工会工作的外部环境还不完善。在企业中，维护职工合法权益会不可避免地与企业行政产生矛盾，迫使工会在处理与党政关系的夹缝中求生存。在公有制企业中，工会要“看厂长的脸色，瞧书记的眼色”。在非公有制企业中，工会干部本身作为打工者，不能不顾及与老板的关系。因此，在调查中，工会干部和广大职工反映，一个企业，乃至一个地区工会的作用及地位如何，与同级党政领导的开明程度和民主意识，有着十分密切的关系。还有一部分工会干部反映，由于劳动立法相对滞后等原因，工会工作还比较被动。职工们说，我们之所以不愿意找工会，不仅仅因为工会自身，主要是工会无权或职权有限，说了不算，心有余而力不足，找也是白找。三是认为工会对自身的宣传力度不够。有的职工说：“工会基本知识的宣传不到位，有许多会员不了解工会的性质和任务。”一些职工认为，职代会是行政负责召开的。四是工会工作中还没有完全杜绝形式主义和走过场。一些工会组织和工会干部不从实际出发开展工作，而是重形式轻实效。在接受调查的党政工干部中，有 35.2% 认为工会的主要问题是所做工作不能适应职工的要求。一部分职工还反映，工会表面化的工作做得很好，而在涉及职工切身利益的深层次、实质性问题上却作为不大。

第二部分　在新的历史条件下发挥工人阶级和工会组织作用的若干理论思考和对策建议

二十一世纪正向我们走来。在世纪之交的重要时刻，以党的十五大精神为指导，总结改革开放以来尤其是1992年以来我国工人阶级的深刻变化，把握工人阶级不断发展壮大的特征和趋势，正视新时期工人阶级肩负的责任和应有的权利，发挥工人阶级的历史主动精神，履行工会组织的各项社会职能，高举旗帜，坚定信念，团结一心，勇挑重担，为实现党的跨世纪宏伟目标而努力奋斗，具有重要的现实意义和深远的历史意义。我们依据1997年全国职工队伍状况调查材料和研究结果，提出以下若干理论思考和对策建议。

一、充分认识工人阶级不断发展壮大的重大意义

二十世纪末的中国工人阶级，是当今中国社会最主要的阶级力量，它包括了城乡所有的以工资收入为主要生活来源的劳动者，在数量上已接近3.5亿，约占全国从业人员总数的一半，这反映了经过几十年社会主义革命和建设，尤其是二十年改革开放后我国社会结构发生的突出变化。工人阶级队伍的扩大，是工业化、城市化和社会主义现代化建设的必然趋势，反映了社会的不断进步，反映了城乡、脑体、工农等社会差别的逐步缩小，有利于充分发挥工人阶级在改革和建设中的主力军作用，有利于更多的社会成员以工人阶级的先进思想指导各行各业的社会主义建设，有利于巩固和加强社会主义事业的领导力量。

今天的工人阶级队伍，主要由国有、集体和其他所有制经济职工（14668万）、乡镇企业职工（13050万）、农民工（约5000万）、城镇私营企业从业人员（约616万）、个体工商户中的雇工、雇员（1600万）所构成。在职业分工上主要分为工人、专业技术与一般管理人员、企业经营者和各级党政机关干部。工人阶级队伍的文化水平、职业技能有了很大提高，国家劳动计划管理范围内的职工，达到高中、中专文化程度以上者已超过70%。伴随着改革开放成长起来的新一代工人已经成为工人阶级队伍的主体。

随着国民经济的发展，工人阶级所占有的社会财富也在不断增加，人们的就业方式、生活方式、获取生活资料和物质利益的渠道呈现出多层次、多元化的新特点，财产收入、资产收入、知识产权收入逐渐成为一部分职工群众新的经济收入来源。与社会生产力发展提高和产业结构调整相适应，工人阶级内部以职业分工为主要标志的群体分化有所加快，具有不同社会功能、占据不同社会地位的工人群体、专业技术人员群体、企事业管理人员群体、国家公务员群体初步形成。在建设社会主义市场经济的伟大实践中，工人阶级以社会主人的姿态勇敢地接受了市场竞争的考验和锻炼，广大职工群众的自主自立意识、平等竞争意识、市场效益意识、民主法制意识不断强化，工人阶级的历史主动精神、开拓创新精神进一步发扬光大。

我国社会将长期处在社会主义初级阶段。在这个历史阶段中，我国社会将由农业人口占很大比重、主要依靠手工劳动的农业国，逐步转变为非农业人口占多数、包含现代农业和现代服务业的工业化国家。因此，农业劳动力进入到工业和第三产业中来，逐步成为工人阶级的新成员，使工人阶级队伍在数量上急剧发展壮大，就将成为我国社会主义初级阶段社会结构变化的一个主要特征。这一变化将对我国社会经济现代化和政治生活民主化进程产生重要影响。正确认识和把握这种变化，对党和国家制定正确的政策、对于工人运动和工会工作的健康发展具有重要意义。中国共产党是中国工人阶级的先锋队，工人阶级的发展壮大就是党的阶级基础的扩大；我们国家是工人阶级领导的以工农联盟为基础的人民民主专政的社会主义国家，工人阶级的发展壮大就是国家领导力量的加强；工会是工人阶级最广泛的群众组织，工人阶级的发展壮大也就意味着工会组织在经济、政治、社会文化生活中的地位和作用愈益重要。

数以亿计的农民迅速加入到工人阶级队伍中来的现实，要求我们必须充分认识他们的作用和承担保护他们的职责。在思想认识上，应把乡镇企业工人和农民工视为正在成长的工人阶级的一部分。必须肯定乡镇企业工人和农民工勇于进取、敢于创业的时代精神。看到亿万农民从土地上解放出来的同时，他们自身也在对民族复兴和国家富强做着巨大贡献，也在充实和丰富着中国工人阶级的阶级品格和时代精神。在社会政策上，有关建立和参加工会组织，签定劳动合同，参与集体协商谈判、签定集体合同，享受国家的劳动就业、工资收入、社会保障政策等，都应当给予乡镇企业工人和农民工与城市职工同等的权利、同样的标准、相同的地位，保证他们的劳动经济权益、民主政治权利和精神文化利益。在队伍建设上，应充分认识亿万农民源源不断地充实到工人阶级队伍，将对国家经济、政治、社会生活产生重大作用的历史趋势。工会应当积极地引导乡镇企业工人和农民工加入到工人阶级行列中来，使自己真正成为工人阶级最广泛的群众组织，成为党联系职工群众和工人阶级新成员的桥梁和纽带。工会应当用工人阶级的先进思想和优良传统引导和教育乡镇企业工人和农民工，团结他们一道，为建设有中国特色社会主义的宏伟事业建功立业。

二、深刻把握所有制结构变化对工人阶级和工会工作提出的新要求

我国工人阶级在推进改革、促进发展、维护稳定中做出了巨大的贡献。面向新世纪，工人阶级面临着许多新情况和新挑战。实现经济增长方式由粗放型向集约型的转变，建立比较完善的社会主义市场经济体制，所采取的政策措施和创建新的制度，必然是对社会利益进行调整的复杂过程，势必会涉及一部分职工群众的具体利益。

改革开放二十年来，我国社会经济组织的所有制格局发生了很大变化，与此同时，工人阶级成员在不同所有制经济组织中的就业分布也发生了很大变化。这是二十世纪末我国社会结构的又一显著特征。改革开放前的1978年，工人阶级成员中有77.9%在国有、城镇集体经济组织中就业，22.9%在乡镇企业中就业。1992年，在国有、集体经济组织中就业的成员比重下降到55.6%，而同期在乡镇企业中就业的成员占到了40.6%，另有4%的成员进入私营经济组织中就业。到1997年，在国有、集体经济组织中就业的成员占44.9%，乡镇企业工人所占比例则上升到45.4%，在私营企业中就业的工人进一步上升到9.6%。应当看到，调整和完善社会的生产资料所有制结构，是国家经济体制改革的一个基本举措，以公有制为主体、多种所有制经济共同发展是党制定的我国社会主义初级阶段的一项基本的经济制度。从长远来说，它将促进经济发展和拓展就业渠道。但是同时，这种调整也给职工和工会工作提出了新的问题。在微观经济组织这个层次上，一些原来的国有、集体企业变成混合所有制或非公有制企业后，职工与企业生产资料的关系发生了重大变化。对于广大职工群众来说，这一变化是深刻的，对于过去一向以国有、集体企业为主要工作领域的工会来

说，这一变化也是前所未有的。在全民共同占有或劳动群众集体占有生产资料这一生产关系下形成的职工群众的思想观念、价值观念、道德标准、行为方式都需要作相应调整，在同样的基础上形成的工会工作的理论基础、工会的组织体制、活动方式、运行机制也都必须做出相应调整。

应该认识到，职工群众同所在的企事业单位建立了劳动关系，由此而产生的劳动经济权益必须受到法律的保护。《劳动法》就是维护职工合法权益，调整劳动关系的基本法律。这部法适用于所有企业劳动者和事业单位建立劳动合同关系的劳动者，并未区分不同产权组织形式而对劳动和工作在不同所有制单位中的职工群众赋予不同的权利。因此，工会组织在维护职工群众劳动权益过程中，就必须以劳动法律为基础和准绳，以维护法律赋予的劳动经济权益为目标。对于劳动群众因共同占有或集体占有生产资料而形成的所有权，则应当在另外的层面，由专门的法律加以维护。

改革也是一个通过利益调整来重构劳动经济利益格局的过程，在体制转换过程中，由于利益主体多元化，劳动关系复杂化，原有的潜在矛盾显露了。对于广大职工来说，市场经济的发展、所有制结构的调整、国有企业改革的深化也给其劳动经济权益和民主权利的充分实现带来了较大影响。调查资料表明，职工队伍当前面临的主要问题是：下岗失业严重，收入差距拉大，社会保障滞后，劳动执法艰难，贫困职工群体增大，民主权利受到冲击等。广大职工迫切希望国家解决的主要问题是：采取切实措施解决好下岗职工问题，广开就业门路，帮助国有企业下岗职工和其他社会失业人员尽快实现再就业，以维护社会稳定，促进经济发展；调整收入分配政策，完善有关法律，严格执法监督，关注城市贫困问题，切实解决好城市困难职工的基本生活保障问题；严肃法制，严格执法，加强监督，惩治腐败，努力解决社会风气不正和少数党政领导干部以权谋私、贪污腐败问题；保持政策的连续性和严肃性，切实保障职工群众的社会经济地位、政治民主权利和思想文化权益；调整社会政策，正确处理工人阶级内部各群体之间的利益关系和矛盾，保证社会公正，维护工人阶级的团结。对此，国家有必要在推进改革开放、促进经济增长、保持社会稳定的同时，采取一系列具体有效的措施和办法，努力解决或缓解上述矛盾和问题。

三、努力维护广大职工群众的劳动经济权益

发展社会主义市场经济，实行两个根本性转变，调整经济结构和利益结构，

使我国经济关系、劳动关系发生了深刻变化，职工劳动经济权益的实现面临大量新问题。从推动经济发展和社会进步，处理好改革、发展、稳定三者关系的角度看，国家必须出台政策，拿出措施，重视保障职工的劳动经济权益。在确立维护职工劳动经济权益的基本原则时，应根据党的十五大精神，按照党在社会主义初级阶段的基本路线和基本纲领，在坚持效率优先、兼顾公平前提下，妥善地考虑实现公平的具体措施和途径，真正落实社会公平；在国有企业产权制度改革中，应该把维护职工的劳动经济权益放在应有位置，使企业保持稳定协调和良好发展的劳动关系；各项改革应该结合职工近期利益和长远利益，考虑职工的综合承受能力，保障职工的基本生活，并使绝大多数职工生活水平能随改革深化和经济发展而有所提高；应按照“依法治国”的基本要求，不断调整和完善有关维护职工劳动经济权益的法律、法规，建立起维护劳动者利益的法律保障体系，使职工利益保障走上法制化轨道。

劳动就业、收入分配和社会保障是职工劳动经济权益的主要内容，是当前突出维护职工权益的着重点和落脚点，其中劳动就业是实现职工劳动经济权益最基础的方面。在劳动就业问题上，当前大量下岗职工的出现、农村剩余劳动力的持续释放、城镇新成长劳动力的加入，由此形成强大的就业压力，形势尤为严峻。但是，造成我国当前严重就业压力的原因是复合性的，解决这一问题的手段和方法也只能是综合的、多渠道的。国家应把提高就业率、降低失业率作为政府一项宏观调控任务放在控制通货膨胀率、保证经济增长率同等重要的位置。解决就业首要的是要积极促进经济的增长，以创造和扩大就业机会。国家应运用各种产业政策、需求管理政策和人力开发政策，通过税收、信贷等优惠政策，使投资适当向劳动密集型产业倾斜，引导企业开拓新的生产经营领域和就业空间。应大幅增加就业资金的投入，兴办大型公共工程、扩大内需、对经济衰退区域在各方面给予资金支持以振兴其区域经济。同时要采取措施促进就业人口结构的迅速变动，逐步降低劳动力的就业参与率，缩小过剩劳动力在市场上的流动，改变传统的高就业模式。对于城市新增劳动力，国家可适当增加投入，通过强化职业培训，迟滞其就业速度，同时也为向社会输送更高素质的劳动力做准备。对于农村剩余劳动力，也要通过积极发展乡镇企业，并运用市场经济的手段和可能的政策措施，使更多的乡镇企业工人留在乡镇企业，并尽量避免乡镇企业过早走上资本替代劳动力或技术替代劳动力的发展道路，使之能够更多吸纳就业。要在国家整体规划上鼓励农民自建城镇，国家在户籍政策、税收政策等方面给予具体的指导和帮助，使新兴城镇成为新的就业增长点。

国有企业下岗职工问题，根本上是一个如何“了断”旧的劳动关系的问题。就中老年职工而言，其过去所具有的“国家职工”身份是与旧的工资福利、社会保障制度密切相关的。因此，对于中老年职工来说，如何合情合理地补偿他们的“过去”，是解决他们下岗问题的关键。青年职工基本上不存在旧的劳动关系问题，因此，解决青年下岗职工问题，主要是动员和统筹社会各方面力量，切实搞好转岗培训。由于下岗职工问题的复杂性还表现在我国经济发展水平的地区差异性，解决下岗职工再就业问题，中心城市和小城市应当采取不同的办法；沿海开放地区与单一产业城市、远离城市的工矿区也应当采取不同的办法。因此，建议政府在加强宏观法律、政策措施调整的同时，分别不同地区、不同情况，辅之以更多的、更具体的政策指导。

在分配问题上，党的十五大报告已经明确了基本原则，就是依法保护合法收入，取缔非法收入，整顿不合理收入，调节过高收入，坚持按劳分配为主体、多种分配方式并存的制度。在这次调查中，职工群众所反映比较强烈的是两个方面的问题，一是在公有制经济组织内部广泛存在的平均主义，二是在社会层面上的贫富差距拉大。解决前一个问题，关键是要在公有制经济组织中真正引入竞争机制，更好地发挥市场在劳动力资源配置中的调节作用，无论是对于工人，还是对于专业技术人员、经营管理人员，都应当一视同仁。解决后一个问题，当前最迫切的是解决拖欠职工工资和离退休生活费问题。拖欠工资和离退休生活费现象普遍存在于各种经济组织中，应当区别不同性质加以解决。国有企业的职工为国有经济的发展付出了劳动，国有用人单位就必须付给相应的工资报酬；国有经济组织的离退休人员为经济发展和社会进步付出了半生的心血，社会就必须保证其老有所养，这是政府的责任。无论解决这一问题面临多少困难，最终只能靠各级政府。非国有经济组织中的拖欠工资、退休费问题是性质不同的另一类问题。当前最迫切的是要认真落实国家有关的法律法规，使非国有经济组织都能够在法律规定下开展经营活动，国家有责任也应当有能力运用法治的力量使其依法支付工人应当得到的工资。

无论是解决劳动就业矛盾，还是解决收入分配问题，社会保障制度的建立与完善都是必不可少的。现阶段我国社会保障体制的不完善无疑加重了解决就业和分配矛盾的难度。要积极推进社会保障制度改革，建立健全与市场经济相适应的社会保障体系，当前重点应是尽快建立失业、医疗、养老等保险制度，通过促进劳动力市场的发育来推动企业保障走向社会化，通过福利保障制度的货币化来改变传统的实物型福利保障方式，使深化国有企业改革、解决就业和分配不公等突出问题具备必要的条件。

四、正确处理工人阶级队伍内部的矛盾和关系

在整个社会主义初级阶段，我国工人阶级将不断吸纳新的成员而日益发展壮大。工人阶级内部不同群体之间必然形成复杂的关系，产生各种各样的矛盾，归纳起来，可能存在下列矛盾关系：（1）国家劳动计划管理下的职工（以下简称职工）与乡镇企业工人、农民工的矛盾关系；（2）工人与企事业单位管理人员的矛盾关系；（3）具有较高文化知识和专业技术的专业技术人员与普通工人间的矛盾关系；（4）党政机关干部与企事业职工的矛盾关系；（5）在职在岗工人与下岗职工间的矛盾关系；（6）老、中、青三代工人群众间的矛盾关系；（7）生活和工作在不同经济社会发展水平地区的工人群众之间的矛盾关系，等等。其中，管理者与被管理者的矛盾关系是最重要的矛盾关系，而管理者一方是矛盾的主要方面。从矛盾关系的内容上看将主要有：思想意识和价值观念方面的矛盾；劳动权利和经济利益方面的矛盾；社会地位和政治权利方面的矛盾。

正确认识和处理好这些矛盾和关系，必须以邓小平理论为思想武器，以对国情的深刻了解为基础，切实遵循一些基本原则；坚持依法治国的原则，把协调社会矛盾的政策行为纳入法制化轨道。在党的领导下，通过坚持人民当家做主、发展社会主义民主政治来促进社会矛盾的调和与化解。把各部分职工群众的政治民主权利、劳动经济权利、思想文化权利落实到具体的法律法规中，通过完善立法、遵纪守法、严格执法三个相互联系的环节，调整工人阶级内部不同群体之间的矛盾关系和保障各部分职工群众的具体利益。坚持实事求是、承认差别的原则，深刻认识我国长期处在社会主义初级阶段，各种矛盾错综复杂、利益主体多元冲突的客观现实，建立一整套便于及时调节社会矛盾的政策调整机制。承认我国社会结构变迁过程中社会组织分化整合的历史必然性及其对社会经济健康发展的重要意义。坚持促进社会协商合作的原则，在党的领导下，积极推进各部分职工群众组织化程度的提高，通过耐心细致的宣传、教育、引

导，建立内容广泛、形式多样的社会协商机制。充分发挥群众组织的作用，形成在社会团体间通过协商对话调节社会矛盾的新局面。

以上述原则为指导，在处理工人阶级内部矛盾和关系中应特别注意解决好以下几方面问题。广大农民脱离土地加入到工人阶级行列中是不可阻挡的历史步伐，对此必须树立正确的观念，形成科学的认识，实事求是地承认乡镇企业工人、农民工的特点，积极引导乡镇企业工人和农民工加入到工人阶级行列和工会组织中来，维护其劳动权利和经济利益，并组织他们参与对企业、社会和国家事务的管理。随着社会主义市场经济体制的建立，我国城乡私营企业雇佣工人的数量将有较大幅度的增加，工会要积极引导和帮助他们建立和加入工会组织，启发他们的阶级觉悟，帮助他们根据本企业劳资关系的特殊性开展工会活动，依靠组织的力量维护自身的合法权益。工人阶级根本利益是一致的，但各个群体之间必然存在差异和矛盾。工会组织要谨慎地对待各部分群众的具体利益，承认工人阶级内部不同群体之间在经济利益、社会地位、思想观念上的差别，鼓励不同地区、不同产业、不同层次、不同类型的工会组织切实代表和反映其所代表的职工群众的具体利益，维护工人阶级的团结。随着国有企业改革深化和两个根本性转变步伐加快，可以预计，今后还将有许多职工下岗。工会组织要充分认识产业结构调整和国有企业改革的艰巨性、迫切性，积极支持党和政府的战略部署，同时，也要积极想办法帮助下岗职工重新就业。当前迫切需要工会组织监督企事业单位对于国家有关下岗职工政策的落实，同一切侵犯下岗职工合法权益的行为作最坚决的斗争。工会组织还要实事求是地看待职工群众中思想道德和价值观念上的差别，在宣传教育工作中坚持不争论、不强迫、重吸引、善引导。随着社会结构的调整变化，工人阶级内部以职业分工为主要标志的利益群体将日益形成。各群体间不可避免地会形成各自的具体利益。工会组织要注意研究不同群体的劳动性质、群体特点、社会地位、社会功能，从而在组建工会、开展协商谈判、订立集体合同等不同层面的权利赋予和利益维护上加以区分，把工会的维护工作建立在部分和整体相统一的基础之上。

五、积极实现职工民主参与、民主管理和民主监督的权利

在发展社会主义市场经济条件下，职工的民主参与、民主管理和民主监督权利的落实显得尤为重要。从宏观层次上看，随着各级政府机构转变职能，实

现政企分开和精简专业经济部门，客观上要求广大职工群众直接参与各级各类社会组织的活动，参与管理国家和社会事务。建国四十多年来，特别是改革开放二十年来，我国工人阶级在党的领导下，广泛参与国家、社会和基层单位事务的管理，积累了丰富的经验。在工人阶级的社会参与方面，职工物价监督、环境保护和监督、治安联防等已经被证明是行之有效的形式，应继续坚持和完善；社区服务与社区管理、消费者权益保护、基层居民自治、物价听证会等新形式，应不断总结经验、鼓励其健康发展；在立法、执法、司法等社会生活的其他方面，应不断开拓新的参与领域和不断探索新的参与形式。为此，必须建立一系列职工和工会参与社会事务管理的制度和程序。应针对立法、执法、司法活动和公务员行为建立起完整的职工群众的监督检查程序、群众意见和建议的信息反馈程序、社会利益矛盾和冲突的协商调节程序，把工人阶级社会参与活动本身也纳入法制化轨道，推动民主法制建设和社会生活健康发展。

从微观层次上看，在经济结构调整、产权制度改革中，企业获得了在市场条件下自主经营的权利，职工也相应加大了经济自主权和参与管理企业的权利。职工从追求自身及群体的利益出发必然会关心所在企业的发展，尤其是以实行劳动者的劳动联合和劳动者的资本联合为主的集体经济，劳动者需要承担共同的责任和更大的风险，同时，也有着更大的经济自主权和利益共享权。当然也应看到，在经济结构调整到以公有制为主体、多种所有制经济共同发展的格局下，企业的产权呈现为国有、集体、社会和个人所有，还包括外国资本所有，因而传统计划经济体制下的民主管理的概念已经不能包括所有类型了。基层民主参与、民主管理和民主监督的实践，需要探索在新的经济背景下，适应不同所有制类型的新的形式。我国现代企业制度建设中融入了企业制度建设的历史经验积累和成功的因素，产权制度改革后设置的董事会、经理会、监事会、股东会、职工股东会、职工持股会等，适应了新的变化，在此基础上一些企业创造了不少新的职工民主参与形式。而职工民主参与的概念，也包容了更广泛的内涵，从参与协商涉及职工具体利益的问题，参与企业日常的经营和管理，到对企业生存发展等重大问题进行实质性的共同决定等多种形式，适应了不同经济类型和不同经营机制企业的职工民主参与。

从这几年的企业实践看，不同经济类型的企业职工民主参与应根据职工在企业中的地位和权利，针对不同的内容和特点，提出不同的要求，采取不同的形式。在国有企业、集体企业和国家与集体控股的企业，要坚持和完善以职工代表大会为基本形式的企业民主管理制度。在国家和集体控股的有限责任公司和股份有限公司，其董事会和监事会中，要有职工民主选举产生的职工代表。在股份合作制企业，企业的一切重大问题，都要由职工（股东）代表大会讨论决定。在外商投资企业、港澳台投资企业、私营企业，主要通过工会代表职工参加劳资协商会议等形式，实行职工民主参与，与投资者、经营者合作共事，共谋企业发展。

六、全面建设三个面向的四有职工队伍

不断加强职工队伍建设，提高职工队伍整体素质，是面向新世纪、迎接新挑战，充分发挥工人阶级作用，完成工人阶级历史使命的必然要求，在发展社会主义市场经济、深化国有企业改革的今天，具有现实的紧迫性。作为毛泽东思想的继承和发展的邓小平理论，是当代中国的马克思主义，是中华民族的精神支柱。用这个理论武装工人阶级，必将转化出巨大的物质力量。邓小平理论是帮助职工群众全面系统认识社会主义和掌握建设社会主义规律的强大思想武器。确立新时期工人阶级的精神支柱，就是要用邓小平理论武装工人阶级，加强工人阶级队伍的思想政治建设，树立社会主义的全新观念，建设面向世界、面向未来、面向现代化的有理想、有道德、有文化、有纪律的职工队伍，为社会主义现代化建设提供强大的精神动力、智力支持和思想保证。以邓小平理论为精神支柱，就要引导职工坚定社会主义的理想信念，引导职工正确处理竞争和协作、自主和监督、效率和公平、先富和后富、经济效益和社会效益等关系，反对见利忘义、唯利是图，形成把国家和人民利益放在首位而又正视个人合法利益的社会主义义利观，形成有利于改革开放和现代化建设事业健康发展的共同理想、舆论力量、价值观念、道德规范和文化条件，抵御资本主义和封建主义腐朽思想的侵蚀，激发全国职工建设社会主义祖国的巨大热情，振奋艰苦创业精神，推动物质文明和精神文明的不断进步。就要学习、运用马克思主义的立场、观点和方法，分析研究改革开放中的新情况、新问题，勇于实践，积极探索认识和掌握有中国特色社会主义经济、政治、文化和各项事业的发展规律，通过深刻掌握邓小平关于工人阶级的理论论述，正确认识社会矛盾，正确认识工人阶级的权利和义务，正确认识工人阶级的历史使命，勇敢挑起建设二十一

世纪的重担。

改革开放以来的二十年，也是工人阶级队伍不断知识化的过程，工人阶级队伍中的知识分子发挥了非常重要的作用。当今世界的激烈竞争归根结底是科技和人才的竞争。尽管工人阶级的科学文化和业务技术水平有了很大提高，但我国的综合科技力量与发达国家相比差距还很大，工人阶级队伍中的知识分子的数量和整体水平还不能适应社会主义现代化建设的要求。面对机遇和挑战，我们要用最大的努力，采取一系列配套的政策措施，鼓励和促进广大职工尤其是青年职工掌握现代化的科学文化技术管理知识，培养和造就一支宏大的具有较高素质的专业技术人员队伍，为实现二十一世纪任务创造必要的条件，使经济增长切实通过科技进步和具有高素质的能创造比资本主义更高生产率的劳动者来实现。

七、切实加快工会组织的自身改革和建设

面对新的形势和任务，工会必须适应两个根本性转变的要求，正视矛盾，审视不足，勇于理论突破，积极实践探索，推动自身尽快适应向社会主义市场经济体制的转变，通过工会自身体制（组织体制、运行机制、活动方式、干部制度等）的创新，努力把中国工会建设成为中国共产党领导的、用邓小平理论武装的、能够带领职工群众为实现党的任务英勇奋斗的思想上、政治上、组织上坚强的、深受广大职工信赖的工人阶级群众组织。工会自身改革和建设必须紧密联系我国经济政治体制改革的进程，服从开创工会工作新局面的需要，着眼于国家经济社会整体发展的要求，有步骤、有重点、分阶段地逐步推进。

工会组织领导体制改革应适应市场经济的要求，围绕政府机构改革和国企改革，与政企分开和企业领导体制变化同步，本着“精简、统一、效能”的原则，精简编制，转换职能，调整人员，理顺关系。加强基层工会尤其是改制企业和新经济组织工会的巩固、重建与组建，增强基层工会活力，为逐步培育新的工会工作运行机制奠定基础。新的运行机制要与政府机构工作运行和企业经济活动运作相适应，与会员和职工群众的要求和意愿相一致，建立健全代表参与、联系协商、调查研究、指导服务和激励监督等制度，并参考和借鉴市场经济国家工会工作运行方式，把建立健全集体协商谈判主要是工资谈判机制作为工会活动的一个重点。另外，工会组织领导体制和工作运行机制在适应市场经

济要求上应有较大的变革，要加大为会员和职工群众服务的力度，尤其是加强对工人阶级内部非管理者会员利益的维护。在坚持全面履行工会四项社会职能的前提下，强化工会的维护职能，而强化维护职能的“牛鼻子”则是建立平等协商和签订集体合同制度。同时要看到，随着市场经济体制的建立，工会的组建方式将逐渐变自上而下为自下而上；工会组织的产生主要取决于职工群众的意愿和要求；职工入会率的高低，也主要取决于其入会愿望的高低。因而，工会组建率和职工入会率会因工会组织作用度和职工对工会的信任度而呈现波动，会员泛化的现象将逐步得到改变。适应社会主义市场经济条件下工会发展的要求，发展会员应成为今后工会工作的一项重要任务，唯有坚持入会自愿的原则，区分会员职工与非会员职工的待遇差别，才能强化工会会员意识，减少会员的流失。

工会要成为群众化、民主化的组织，一个必要的前提就是，必须赋予会员群众以选举工会领导人的权利。工会主席由会员直接选举或由工会代表选举，对非选举的专兼职工会干部也要逐步实行聘任制，最终达到会员群众办工会的目的。工会达到民主化、群众化的另一条途径就是推进工会组织联合制、代表制的试点。世界上大多数国家工会在组织体制上都采用了联合制、代表制，其对于健全工会组织机构，加强工会的民主集中制，突出工会的代表维护作用，体现工会的民主化、群众化特色，有着重要的促进功能。应进一步探索，在调查研究、组织试点基础上，有步骤地总结推广，使各级工会领导机构由其所属基层工会或下级工会代表联合组成，真正做到工会代表职工和会员，上级代表下级，各级工会为基层、为职工和会员服务。工会领导机关的机构改革和工会领导班子与干部队伍建设也因此会被带动起来。

切实维护会员和职工利益，需要工会大力发展企事业，以雄厚的经济实力为依托，吸引、服务会员和职工群众。形势的发展使工会开展活动的经济基础正面临前所未有的新情况、新问题，工会收缴经费日益困难，因而有限的经费来源与不断扩大的工作需求的矛盾在不断加深；市场经济的发展，国有企业改革的深化，使工会干部工资福利依赖行政的状况难以为继，维持庞大的工会专职干部队伍开支将步履艰难；另一方面，薄弱的经济实力在为会员和职工服务上将难以有所作为，进而削弱了工会对会员和职工群众的凝聚力和吸引力。应通过大力发展工会企事业，来缓解正在出现的工会经费困难。当然，工会发展自己的经济事业，要面对市场，按照市场规律行事，实现会企分开，探索新的社团产权管理制度。总之，必须从工运事业发展的战略高度和工会组织生存和发展的视点格外地关注这一问题。

从一定意义上讲，市场经济也是法制经济。改革开放和经济结构调整中出现的大量新情况、新问题，迫切要求建立比较完善的有利于各级工会依法独立自主开展工作的法律保障体系。这个体系应包括一系列完备的劳动法律法规，依法办事的高效率的工作机制和一系列行之有效的法律监督监察措施等。保证工会独立自主开展工作，还需要良好的社会环境，加强和改善党对工会的领导，得到社会各方的尊重和支持，都需要制度上、政策上给予保证。同时，工会也需要在加快自身改革建设中，完善、调整和修订现行的有关工会的法律法规以及工会内部的各项规章制度。

执笔：谷常生　李滨生　安建华　赵新月

全国总工会职工队伍状况调查办公室

1997 年

第五次中国职工状况调查报告

（2002 年）

社会主义市场经济条件下的中国职工队伍

——2002 年第五次全国职工队伍状况调查总报告

改革开放以来，我国职工队伍发生了全面而深刻的变化。当前，我国已经进入全面建设小康社会、加快推进社会主义现代化的新的发展阶段，在新世纪之初，职工队伍又产生了哪些显著的变化，遇到了哪些新情况新问题？如何看待新形势下职工队伍的地位和作用？这些，都迫切需要我们给予新的回答。为着重了解 1997 年党的十五大以来，我国职工队伍发展变化的状况与特点、职工队伍内部结构的现状与演变、职工权益的实现情况和劳动关系方面存在的问题，为工会参政议政奠定坚实基础，为党中央、国务院制定有关政策措施提供科学依据，2002 年 1 月召开的全总十三届四次执委会议，决定于当年组织开展一次大规模的全国职工队伍状况调查。

这次调查是改革开放以来的第五次，也是进入新世纪后的第一次。全总高度重视，成立了由张俊九同志任组长，孙宝树、李奇生、周玉清、李永海等同志任副组长的调查领导小组，并于 2002 年 7 月召开了全国性的调查动员会议，明确了调查指导思想和工作方法，提出要以马克思列宁主义、毛泽东思想、邓小平理论和党的基本路线为指导，认真贯彻“三个代表”重要思想，解放思想、实事求是，与时俱进、开拓创新，运用历史唯物主义和辩证唯物主义的科学调查研究方法，搞好这次调查。

按照《2002 年全国职工队伍状况调查方案》，调查从四个方面进行。一是委托国家统计局城调总队对在全国 31 个省、自治区、直辖市开展常规住户调查工作的 226 个重点调查市、县的 3 万户记账户家庭调查。实际发出问卷 3.0488 万份，回收有效问卷 3.0419 万份（在职工状况的分析中，使用了其中 2.0858 万份职工问卷），有效回收率为 99.8%。二是为弥补住户调查抽样框对集体户职工及农民工的遗漏，抽选上海、沈阳、成都、深圳、无锡、兰州、温州、黄石、个旧 9 个城市进行重点调查。根据国家统计局城市经济单位网络，每个调查城市分别随机抽出75—100个不同类型单位、不少于2000名职工进行调查，最终共调查各类单位1645个，职工3.3284万名。为了搜集相关资料，还在9个城市的10个社区的住户和雇工8人以上的个体工商户中，分别抽取2622人和4063人进行补充调查。三是各省级总工会开展专题调查。四是各全国产业工会和全总有关部门进行专题调查。本次调查方案和调查问卷的设计，经过了清华大学、北京大学、中国人民大学及中国社会科学院有关专家的论证，样本抽样工作在国家统计局有关专家直接参与下完成。调查范围覆盖了各种经济成分中的20个国民经济门类的全部工薪劳动者，从获取的数据资料和文字资料来看，比较完整地反映了我国职工队伍的规模、结构、素质、权益保障和作用发挥等方面的基本情况。

调查结果表明，在改革深化、开放扩大和建立完善社会主义市场经济体制过程中，我国职工队伍进一步发展壮大，整体素质日益提高，具体利益较好实现，工人阶级先进性不断发展，主力军作用更加突出。同时，职工队伍内部结构发生明显变化，不同利益群体形成且相互差异扩大，部分职工的经济、政治和文化权益受损，下岗失业职工和困难职工数量增加，职工队伍中存在着一些不稳定的因素等等，这些问题需要我们高度重视，认真解决。

一、新世纪新阶段我国职工队伍的新变化

（一）职工队伍进一步发展壮大。

1. 职工队伍不断壮大。1997年以来的5年，是我国社会主义市场经济体制初步建立，经济结构战略性调整取得成效，国有企业改革稳步推进，对外开放进入新阶段，国民经济持续快速增长的五年。随着改革开放的深入和社会主义市场经济的发展，随着经济结构战略性调整的推进和工业化、城镇化进程的加快，职工队伍不断发展壮大，大批乡镇企业职工、进城农民工、非公有制企业职工和新兴产业职工等源源不断地加入职工队伍，成为工人阶级的新成员。据国家统计局统计，1997—2001年间，在非农领域共创造了4018万个就业机会，平均每年创造804万个。2002年我国就业人员总数和城镇就业人员数分别比1997年上升了5.6%和19.2%（见表1—1）。

表1—1 1997—2002年间全国就业人员人数

年份	就业人员总数（万人）	城镇就业人员数（万人）	城镇就业人员数占就业人员总数（%）
1997	69820	20781	29.8
1998	70637	21616	30.6
1999	71394	22412	31.4
2000	72085	23151	32.1
2001	73025	23940	32.8
2002	73740	24780	33.6

资料来源：中国统计年鉴（2002）及国民经济和社会发展统计公报（2002）

全总统计部门在国家统计局有关统计资料基础上计算得出，2002年全国职工（指企业、事业单位、机关团体以及城镇个体经济单位中以工资收入为主要生活来源的体力劳动者和脑力劳动者）人数已达20714.4万人（包括在岗职工和离岗职工）。其中，企业职工为16918万人，企业职工中国有企业职工为4446.1万人，集体企业职工为1387.9万人，其他形式企业（股份合作、联营、有限责任和股份有限、其他内资、港澳台投资、外商投资等）职工为2786.4万人，城镇私营企业雇工（城镇私营企业从业人员数扣除投资者人数后的部分）为1579.3万人，城镇个体单位雇工（城镇个体单位从业人员数中扣除雇主人数后的部分）为1106.8万人，乡镇企业职工为5511.3万人（根据国家统计局农调队1996年农业普查的乡镇企业从业人员数乘以年度系数计算得出）；事业单位职工人数为2723.5万人；机关团体职工人数为1072.9万人。同时，根据国家统计局农调总队统计，2002年全国农村外出务工人员约达8000万人，其中有些人员已在上述计算的全国职工人数中所包括，还有不少人也已经或正在成为职工队伍中的新成员，但因流动性较大，职业身份转换频繁，而未被统计在职工队伍人数中。这充分表明，我国职工人数在不断增加，队伍进一步壮大。

2. 非公有制单位职工已成为我国职工队伍的重要组成部分。1997年以来，与国民经济的持续增长和经济结构调整、国有企业改制相伴随，非公有制经济得到迅速发展，在国民经济中的比重迅速上升。1978年国内生产总值中，非公有制经济仅占0.9%，1997年该比重已上升为24.2%，到2002年已经占国内生产总值的近1/3。非公有制经济的快速发展，又大大推动了市场化进程，进一步拓宽了就业渠道，提供了更多的就业岗位，使非公有制经济单位的职工人数近些年来有大幅度增加。据国家统计局统计，1997 年至2002 年，全国国有单位和集体单位从业人员比例逐年大幅度减少（见表 1—2），其他类型单位从业人员逐年大幅度增加，尤其是城镇私营及个体从业人员增长快速。2002 年，城镇私营个体经济从业人员达 4267 万人，比 1997 年增长 59.9%，占城镇全部从业人员的比重由 1997 年的 12.8% 上升到 17.2%，上升 4.4 个百分点。非公有制经济的迅速崛起为我国职工队伍发展壮大补充了新鲜血液。

表 1—2　1997—2002 年间不同所有制从业人员构成

年份	城镇国有单位（万人）	所占比例（%）	城镇集体单位（万人）	所占比例（%）	其他就业人员（万人）	所占比例（%）
1997	11044	53.1	2883	13.9	6854	33
1998	9058	41.9	1963	9.1	10595	49
1999	8572	38.2	1712	7.6	12128	54.2
2000	8102	35	1499	6.5	13550	58.5
2001	7640	31.9	1291	5.4	15009	62.7
2002	7163	28.9	1122	4.5	16495	66.6

3. 大量增加的进城务工人员正在成为职工队伍新成员。20 世纪 80 年代中后期以来，随着我国经济社会发展和工业化、城镇化进程的加快，全国农村外出就业的农业劳动力数量逐年增加。据农业部的调查，2001 年全国外出就业的农村劳动力为 8961 万人，2002 年超过 9400 万人（国家统计局农调总队统计为 8000 万人），预计还将迅速增加。进城务工人员作为一个庞大的就业群体，从职业上看，他们中有不少人在企业工作，目前已经是建筑、纺织、采掘等行业和一般服务业的劳动者主体；从收入形式上看，是以通过自己的劳动来取得工资收入，成为以工资收入为主要生活来源的劳动者。因此，大量进城务工人员正在成为我国产业工人的重要组成部分，并且数量还在不断增长之中。

4. 第三产业职工明显增加。随着产业结构的调整，第三产业和服务业有了很大发展，在国民经济中的比重不断上升，从而引起职工就业结构的重大改变。据国家统计局统计，这些年来，第一产业从业人员和第二产业从业人员呈下降趋势，第三产业从业人员逐年增加（见表 1—3）。1997—2001 年间，第三产业就业增长率分别为2.65%、1.65%、1.65%、3.05%和2.04%，增速明显快于第一、二次产业。

表1—3　1997—2002年三次产业就业人员构成

年份	第一产业（万人）	所占比例（%）	第二产业（万人）	所占比例（%）	第三产业（万人）	所占比例（%）
1997	34840	49.9	16547	23.7	18432	26.4
1998	35177	49.8	16600	23.5	18860	26.7
1999	35768	50.1	16421	23.0	19205	26.9
2000	36043	50	16219	22.5	19823	27.5
2001	36513	50	16284	22.3	20228	27.7
2002	36870	50	15780	21.4	21090	28.6

资料来源：中国统计年鉴（2002）

根据2002年全国职工队伍状况调查样本分析，职工就业的产业结构分布，2002年职工在第三产业就业人员比例比1997年增长了3.8个百分点（见表1—4）。

表1—4　2002年职工队伍状况调查职工就业产业结构变化

年份	第一产业所占比例（%）	第二产业所占比例（%）	第三产业所占比例（%）
1997	1.2	45.2	53.7
2002	1.1	41.4	57.5

5. 职工队伍年龄结构呈现新特点。近年来，随着国有企业改革力度的加大，不少企业实施下岗分流和减员增效，事业单位开始实行全员聘任制，党政机关进行机构改革等，加快了职工队伍新老成员更替的节奏，加上非公有制企业职工、新兴产业职工和进城务工人员数量不断增加，使职工队伍年龄结构发生了较大变化。本次调查结果显示，职工的平均年龄为40.94岁。年龄在35岁及以下的职工占27.1%，36—50岁的职工占59.3%，51岁以上职工占13.6%。与1997年相比，35岁及以下的职工人数下降了19.7个百分点，36—50岁的职工人数增加了13.2个百分点，51岁及以上的职工人数增加了6.4个百分点。国

有和集体企业职工年龄老化较为明显，平均年龄为41.76岁和42.41岁。私营企业、外商和港澳台商投资企业等非公有制企业职工平均年龄分别为37.64岁、36.16岁和36.60岁，明显低于国有和集体企业职工的平均年龄，趋向年轻化。科技含量高的新兴产业尤其是信息传输、计算机服务和软件业、金融业等行业职工的平均年龄分别为35.80岁和36.80岁，低于劳动密集型和传统产业职工的平均年龄，呈现出年纪轻、学历高的特征。建筑业职工平均年龄最高，为42.80岁，比信息传输、计算机服务和软件业平均年龄高7.0岁，比金融业平均年龄高6.0岁。随着科技含量高的新兴行业的兴起、非公有制经济的发展、进城务工人员的增加，职工队伍将整体上趋向年轻化。

6. 职工队伍组织化程度明显提高。最大限度地把广大职工组织到工会中来，是近5年来工会工作的重中之重。据本次3万份问卷调查，被调查者是工会会员的占75.2%，职工所在单位已建有工会组织的占81.1%。国有企业组建率为91.1%，集体企业75.4%，外商投资企业68.5%，港澳台商投资企业48.6%，私营企业22.0%，事业单位86.9%，机关团体76.4%。本次调查的职工政治面貌情况显示，职工中中共党员占32.2%，共青团员占8.0%，民主党派成员占0.6%，未加入任何党派的占51.9%。另据中华全国总工会统计，截至2002年9月底，全国新建企业工会组织数达到113.4万个，会员数达到4289.0万人；全国工会基层组织数由1997年的51万个增加到171.3万个（包括覆盖法人单位数），工会会员总数由9131万人增加到1.34亿人，与1997年相比，全国工会基层组织数和全国工会会员数分别净增120.3万个和4266.8万人，均达到历史最高水平。

（二）职工队伍科学技术文化素质明显提高。

在职工队伍不断发展壮大的同时，职工素质也不断提高，知识化进程明显加快，特别是知识分子作为工人阶级的一部分，大大提高了职工队伍的科技文化素质。

1. 职工受教育程度普遍提高。教育是发展科学技术和培养人才的基础，党的十六大确立了教育优先发展的战略，全国人才工作会议制定了人才发展战略，为最大限度地满足广大劳动者日益增长的接受高质量教育和终身学习的要求提供了可靠保证。本次职工队伍状况调查显示，职工受教育平均年限为12.28年，小学及以下文化程度者占2.4%，初、高中（含中专、中技）文化程度者占

64.2%，大专及以上文化程度者占 33.3%，其中具有大学本科及以上学历的占 9.7%，明显高于全国就业人员的文化程度。另据国家统计局有关调查，2002 年 10 月末，全国就业人员中，小学及以下文化程度者所占比重为 37.8%，比 1998 年下降了 7.5 个百分点；初、高中文化程度者占 56.3%，提高了 6 个百分点；大专以上文化程度者占 6%，提高 2.5 个百分点。另据劳动和社会保障部调查，目前城镇新就业人员中，80% 以上达到了高中水平以上。

2. 职工队伍技术结构有所优化。随着市场经济的发展，企业对职工的素质要求也不断地提高；市场竞争就业机制的逐步形成，也促使职工为增强自己在劳动力市场上的竞争力而更加注重自身素质的提高。据本次调查，职工队伍中初级技术工人占 36.4%，中级技术工人占 9.0%，高级技术工人占 5.7%，有初级职称的占 12.3%，有中级职称的占 13.1%，有高级职称的占 2.8%，与 5 年前相比，高级技术工人和有中、高级职称的职工所占比重均有所上升，但仍然不高。各类专业技术人员占 28.2%，比 1997 年的 18.4% 提高了 3.8 个百分点。另据国家统计局数据表明，到 2002 年末，国有企事业单位拥有的专业技术人员已达 2186.0 万人，平均每万人拥有专业人员达 3711 人，是 1997 年 1903.7 人的 1.95 倍。

（三）职工队伍思想价值观念总体上更加务实。

职工的思想价值观念状况是社会的晴雨表。本次职工队伍状况调查表明，广大职工拥护党的领导，积极支持和自觉实践党和政府采取的各项重大方针政策和改革措施；政治意识趋于成熟，政治态度主流是积极的，思想道德观念也是健康向上的；职工价值观念更加多元化和务实，追求在奉献社会的过程中，更加充分地实现自身价值。同时，不少职工对当前一些涉及自身利益的改革措施的认同率还不高，对自身地位的评价也不高。

调查显示，在最关注的社会问题的选择中，腐败严重是职工最关心的问题，占 26.1%，其次是就业困难和社会保障不健全这两项与职工切身利益密切相关的问题，分别占 21.8% 和 19.1%。以下依次为分配不公占 9.6%，社会治安不好占 6.8%，社会风气差占 5.6%，子女就学难占 5.5%，生态环境恶化占 3.0%，其他社会问题和重大安全事故频发分别占 0.9% 和 0.6%。职工最关注腐败严重这一社会问题，既反映出职工群众对党和国家前途命运的关心，也反映出职工群众对腐败现象屡禁不止的忧虑。

近年来，改革力度不断加大，先后出台了一系列政策措施。从整体上看，广大职工是改革和发展的受益者，但一部分职工尤其是国有企业职工也成为改革成本的主要承担者。因此，职工群众对各项改革评价的综合均值不尽相同。本次调查数据显示，这其中，除对社会养老保险制度改革、工资制度改革和住房改革的认同程度比较高外，对政府机构改革、教育科技体制改革和劳动用工制度改革的认同程度均为一般，而对医疗制度改革和企业改制评价的综合均值较低，呈负面评价（见表1— 5）。

表1— 5　职工对各项改革的评价情况

	明显受益 %	有所受益 %	没有受益 %	有所受损 %	明显受损 %	均值
医疗制度改革	3. 2	25. 5	46. 6	14. 2	10. 4	2. 97
住房制度改革	5. 6	38. 9	43. 1	6. 4	6	3. 32
劳动用工制度改革	2. 7	29. 9	51. 7	9. 2	6. 4	3. 13
企业改制	2. 1	20. 9	51. 1	13. 1	12. 7	2. 87
社会养老保险制度改革	6. 6	47. 8	37. 8	4. 4	3. 4	3. 5
工资制度改革	5. 9	43. 1	37. 3	7. 4	6. 1	3. 35
教育科技体制改革	3. 9	28. 9	48. 6	10. 6	8	3. 1
政府机构改革	3. 7	23. 5	66. 6	3. 7	2. 6	3. 22

由于每一项改革措施都与职工的切身利益密切相关，因此，不同群体职工从改革中受益的程度也不相同，其感受也不尽相同（见表1—6）。从职工认同感比较低的医疗制度改革和企业改制来看，40 岁以下的职工认同感较高一些，他们身体健康情况良好，在单位中是生产和工作的骨干力量，因而也是改革的受益者。40 岁以上的职工，年龄大、工龄长，患病机率高，医药费负担重；由于知识结构老化，缺乏重新学习的潜能，在竞争中没有优势，下岗以后再就业机会不多，因此，他们对医疗改革和企业改革的评价偏低，并认为今后改善自己生活和工作条件的机会很少。本次调查数据表明，总的来看，职工对今后改善自己的生活和工作条件的情况持不乐观的态度，认为机会很多的占 1. 6%，较多的占 16. 4%，较少的占 32. 2%，很少的占 32. 3%，不知道的占 17. 5%。认为较少和很少的占到了 64. 5%，接近样本总量的三分之二。

表1—6　不同年龄组的职工对各项改革的评价情况

年龄分组	对医疗改革评价的综合均值	对住房改革评价的综合均值	对劳动用工制度改革评价的综合均值	对企业改制评价的综合均值	对社会养老保险制度改革评价的综合均值	对工资制度改革评价的综合均值	对教育科技体制改革评价的综合均值	对政府机构改革评价的综合均值
≤29岁	3.16	3.13	3.30	3.08	3.55	3.45	3.34	3.23
30—39岁	3.03	3.33	3.18	2.94	3.51	3.44	3.10	3.23
40—49岁	2.91	3.34	3.08	2.80	3.46	3.27	3.03	3.20
50—59岁	2.88	3.36	3.07	2.76	3.53	3.32	3.14	3.24
≥60岁	2.97	3.32	3.13	2.87	3.50	3.35	3.10	3.22

市场化进程的加快和国有企业改革的深化，对职工的思想观念也带来相应的影响。本次调查表明，与5年前相比，职工普遍认为自己目前的社会地位基本没有变化。调查数据显示，认为社会地位有很大提高的仅有1.6%，有所提高的占27.0%，没有变化的占48.9%，有所下降的占16.5%，有很大下降的占6.0%，评价的综合均值是3.02。职工对5年来职工主人翁地位变化的评价偏低。在对5年以来职工主人翁地位变化的评价中，认为大有提高的占1.8%，有所提高的占21.0%，没有变化的占30.9%，有所下降的占26.5%，大有下降的占19.8%，认为有所下降和大有下降的占了样本总量的46.3%，评价的综合均值仅为2.58。从不同类型的企业单位来看，外商投资企业的职工认为主人翁地位有所下降和有很大下降的比例较低，只有43.5%，其他类型单位的比例都超过50%，国有企业为50.1%，港澳台商投资企业为50.6%，私营企业职工达到了57.4%。说明在以市场经济为取向的改革中，职工的失落感较大。

本次调查中，在您最希望您的子女将来成为哪类人的问题选择上，有38.1%的职工希望子女成为公务员，17.9%选择科技工作者，9.8%选教育卫生工作者，9.8%选法律工作者，6.7%选企业管理者，4.0%选军人，3.0%选新闻工作者，2.6%选私营企业主，2.4%选文体工作者，1.1%选个体户，仅有0.7%选产业工人，4.0%选其他。从以上数据可以看出，职工对子女的期望很集中，即希望他们能够成为职业稳定、收入较高、工作条件好、社会福利保障健全、社会地位相对较高的社会阶层中的一员，但对作为工人阶级主体的产业工人如此不看好，这不能不引起我们深思。

本次调查还设计了对25类人员的社会地位、经济地位和心目中的地位的评价，评价结果表明，职工的评价选择相当集中，认为社会地位较高的是市长、软件工程师、军官；认为经济地位较高的是市长、演员、软件工程师；在职工心目中的地位较高的是软件工程师、军官、市长；综合评价排在前三位的仍然是市长、软件工程师和军官，说明职工在评价中既看重经济地位，更看重社会地位，也可说是当前社会的现实状况给职工带来的反映。

本次调查还表明，职工闲暇时主要从事看电视和读书看报活动的比例达75.7%，从事文娱、体育、上网、社交、旅游和其他活动的占24.3%。职工了解时事新闻的主要途径仍然是电视和报纸杂志。各种途径中，电视占69.9%，报纸杂志占24.9%，互联网占2.0%，广播占1.3%，其他途径占0.6%，不关心时事新闻的职工只占1.4%，说明绝大部分职工关注国家大事。

（四）工人阶级主力军作用更加突出。

5年来，我国广大职工在党的领导下，站在改革和发展的最前列，以主人翁的姿态支持改革，投身改革，为推动经济快速发展和社会全面进步，促进社会主义物质文明、政治文明和精神文明协调发展作出了重大贡献。据中华全国总工会统计，截止到2002年末的5年里，全国共有29.4万个企业工会组织实施了职工经济技术创新工程，有1.7亿人次的职工参加了各种形式的劳动竞赛，创经济效益2305亿元；提合理化建议6506万件，创经济效益1088.5亿元；开展技术攻关、推广新技术107.9万项，创造（节约）价值273.5亿元；23个省、自治区、直辖市工会会同有关部门评选表彰了一批有重大经济效益和社会效益的创新成果，选树了一批有突出贡献的创新能手，16个省、自治区、直辖市举办了职工创新成果展；组织开展了各种形式的职业培训、岗位练兵、技术比武等活动，仅参加计算机知识普及应用学习活动和创造学知识培训活动者就达5000万人次，通过在广大职工中掀起学本领、练内功、争当创新能手的热潮，增强了他们的创新意识和创新能力。

调查充分显示，1997年以来，在新的历史条件下，我国职工队伍状况进一步发生了深刻变化。来自社会各方面尤其是农村的新成员大量涌入，使职工队伍进一步发展壮大；知识化进程明显加快，使职工队伍整体素质进一步提高；

随着经济社会快速发展，广大职工的整体利益得到进一步实现。调查再次证明，我国工人阶级仍然是当代中国先进社会生产力和生产关系的代表，是我们党最坚实的阶级基础和国家的领导阶级，是当代中国社会中觉悟程度最高、组织程度最强、掌握现代科学技术文化知识最多、力量最为强大的阶级。

二、职工合法权益的实现和保障状况

1997 年以来，随着我国经济社会的快速发展，人民生活水平有了很大提高，广大职工和全国人民一样，成为经济增长和社会进步的受益者。由于维护职工合法权益的机制和条件不断完善，职工合法权益的实现程度总体上得到提高，经济利益、民主权利和精神文化权益得到有效保障，物质文化生活明显改善。

（一）劳动法律保障体系和劳动关系调整机制初步确立。

1. 具有中国特色的劳动法律保障体系开始形成。1997 年以来，党和国家积极实施依法治国方略，从维护职工合法权益出发，出台了一系列保障职工权益的法律法规和政策。全国人大常委会通过了《关于修改〈中华人民共和国工会法〉的决定》，最高人民法院出台了相关司法解释。《安全生产法》《职业病防治法》《工伤保险条例》《尘肺病防治条例》，以及《劳动法》的配套法律法规进一步完善。各级人大、政府及有关部门还加大了《劳动法》《工会法》等有关职工和工会权益的法律法规的执法监督检查力度，职工权益的实现有了较为完备的法律保障。

2. 劳动关系调整机制在实践中不断完善。一是劳动合同制度普遍推行，覆盖面扩大。据本次调查中被抽样调查者填报数据显示，劳动合同的平均签订率为 57.1%，签订的劳动合同中有 85.1% 经过了双方协商。二是平等协商、签订集体合同的工作取得了重要进展。据中华全国总工会统计，截至 2002 年 9 月底，全国已签订集体合同 39.2 万份，其中企事业基层工会组织所在单位签订集体合同 30.9 万份，集体合同覆盖职工数 6167.6 万人；基层以上工会组织参与签订区域性集体合同 6.5 万份，覆盖企业 74.3 万个，覆盖职工 2071.3 万人；签订行业性集体合同 1.8 万份，覆盖企业 21.9 万个，覆盖职工 1260.2 万人；开展工资集体协商、签订工资专项集体协议的企业 13.5 万家，覆盖职工 2740.4 万人。本次调查中调查职工填报数据反映，平等协商和集体合同制度的建制率为25.3%，有30.3%的职工所在单位开展了工资集体协商，68.9%的职工在签订集体合同时最关心工资问题。三是劳动关系三方协调机制普遍建立。2001年8月，由劳动和社会保障部、中华全国总工会、中国企业联合会/中国企业家协会组成的国家级劳动关系三方会议制度正式建立。这几年来，全国已有30个省、自治区、直辖市建立了劳动关系三方协调机制。有些省市三方协调机制已向地（市）和县（区）一级延伸，多层次的三方协调机制开始形成。四是劳动争议调处制度基本建立。据中华全国总工会统计，截至2002年9月，企业建立劳动争议调解委员会22.2888万个，受理劳动争议案件13.5003万件，调解成功的劳动争议案件8.0617万件，成功率达59.7%。

（二）职工劳动就业权利基本得到实现。

1. 据本次职工队伍状况调查显示，被调查的职工中90.9%有工作，他们中正式职工占70.4%，合同工占20.2%，临时工（季节工、轮换工、小时工等）占7.5%。目前，无工作者占9.1%，主要分布在传统行业尤其是制造业，绝大部分为原国有和集体企业职工，他们占了全部无工作者的80.4%，造成无工作的主要原因是单位改制和停产、半停产及破产。职工劳动就业状况在一定程度上受文化技术水平和年龄影响，有工作者的受教育年限为12.46年，比目前无工作者高出1.91年。而目前无工作职工平均年龄为46.19岁，比在职职工平均年龄大5.77岁。

2. 非正规就业（灵活就业）形式异军突起。据劳动和社会保障部劳动科学研究所调查，在我国城镇灵活就业者（主要是用人单位雇用的临时工、小时工、季节工、劳务工以及自由职业者等）数量达到7000万人以上，比国有企业现有职工总数还多2000多万。1998年至2003年3月底，有1830万国有企业下岗失业人员实现再就业，其中80%以上是灵活就业。本次调查显示，职工队伍总体的职业流动频率虽不高，但39岁以下青年职工的流动频率明显高于其他年龄组。全部被调查者中，没有经历过职业流动的占86.7%，有过一次流动的占9.4%。从不同年龄组看，低年龄组职业流动明显较高年龄组频繁，在30—39岁和29岁以下两个年龄组中，平均流动过3次、4次、5次（及以上）的比例超过其他年龄组（见表2—1）。企业中的中高级技术力量有向科研、教育等事业单位和机关团体流动的倾向。

表2—1　不同年龄组职工职业流动情况

流动次数	年龄构成（%）			
	<29岁	30—39岁	40—49岁	50—59岁
0次	88.00	85.20	86.70	89.10
1次	7.40	10.10	9.80	8.50
2次	2.20	2.80	2.00	1.80
3次	1.80	1.30	0.90	0.30
4次	0.30	0.40	0.30	0.10
5次及以上	0.70	0.20	0.30	0.20
合计	100.0	100.0	100.0	100.0

3. 职工就业观念趋于积极务实。据本次职工队伍状况调查显示，在择业倾向上，50%左右的技术工人、60%以上的有职称的专业技术人员倾向于去事业单位和机关团体。而选择去企业的高级技术人员主要集中在国有企业和外商投资企业。在技术工人选择去各类企业的人员中，有24.3%的中级技工、18.0%的高级技工和18.2%的工人技师（包括高级技师）选择去国有企业，均超过去其他企业的比例；中级职称的技术人员选择去外商投资企业的比例高于选择去其他企业（见表2—2）。而职业是否稳定，收入是否满意，社会保障是否健全成为所有单位类型职工择业时最看重的三大因素。总的来看，职工对就业问题更加现实，据劳动和社会保障事业发展统计公报显示，2002年底，全国各类职业介绍机构26158所，全年介绍成功354万人次，比上年增加125万人次，增长10.2%；就业训练中心3465所，社会培训机构17350所，全年开展培训1071万人次，比上年增长32.7%。

表 2—2　不同技术等级职工择业倾向

技术等级	国有企业	集体企业	私营企业	港澳台商投资企业	外商投资企业	其他企业	事业单位	机关团体	其他（含个体户、自由职业者）
技术工人									
初级技工	21.88	0.46	2.52	2.98	8.59	5.61	31.16	19.82	6.99
中级技工	24.34	0.37	2.6	2.7	8.6	4.9	30.8	17.0	7.60
高级技工	17.98	0.22	2.0	2.3	9.8	3.9	35.1	21.3	7.35
工人技师（包括高级技师）	18.18	0.00	2.1	1.8	8.9	11.0	36.1	12.8	8.36
技术人员									
初级职称	8.39	0.09	2.06	2.29	11.23	5.32	32.72	28.19	9.72
中级职称	7.98	0.18	2.39	2.65	12.39	4.38	33.76	27.73	8.53
高级职称	7.65	0.00	1.22	1.74	12.00	4.52	40.87	22.78	9.22

4. 各类从业人员职业满意度、稳定性存在差异。本次职工队伍状况调查表明，总体来看，机关团体和事业单位从业人员的职业满意度较高，其中，机关团体单位负责人的职业满意度最高，为4.12；其次为机关团体技术人员，事业单位负责人、行政管理人员和专业技术人员，企业中除单位负责人和专业技术人员的职业满意度高于平均值外，其他人员都低于均值，企业直接生产工人的职业满意度最低，为3.14（见表2—3）。职业满意度也与文化程度和职称、职务等级的提高趋势同步，也与就业形式、不同产业、不同企业经济类型有关，而职业是否稳定，是职工判定职业满意度的重要因素之一。调查表明，大部分城镇职工认为目前工作比较稳定，但超过四分之一的职工对工作稳定性表示担忧。对“目前工作是否稳定”的评价与受教育年限、收入水平成正比，工资收入越高、文化程度越高的人，越是感觉到其职业比较稳定；相反，越是收入低、受教育程度低的人，越是感到其职位不稳（见表2—4）。

表2—3　不同职业人员的职业满意度

职业	满意度	排序	职业	满意度	排序
直接生产工人（企业）	3.14	15	专业技术人员（事业）	3.90	5
辅助生产工人（企业）	3.30	12	行政管理人员（事业）	3.96	4
服务人员（企业）	3.20	14	单位负责人（事业）	3.98	3
专业技术人员（企业）	3.51	11	工人（机关团体）	3.64	8
销售人员（企业）	3.20	13	专业技术人员（机关团体）	3.99	2
企业管理人员	3.52	10	办事人员和有关人员（机关团体）	3.87	6
单位负责人（企业）	3.66	7	单位负责人（机关团体）	4.12	1
工人（事业）	3.62	9			

表2—4　对工作稳定程度评价

对目前工作稳定情况的评价	受教育年限（年）	上月从单位得到的货币收入（元）
稳定	13.05	1240.02
比较稳定	12.71	1059.44
不太稳定	11.79	814.35
很不稳定	11.20	638.12

（三）职工收入持续增长带来生活水平稳步提高。

1. 新的企业工资收入分配方式初步形成。调查显示，一是企业普遍建立了以岗位工资为主的基本工资制度，拉开了企业内部收入差距。二是劳动、资本、技术和管理等不同生产要素尤其是后三个要素按贡献参与分配的具体途径和办法开始形成。三是工会代表职工与企业经营者通过集体协商确定工资分配的工资决定机制在逐步探索建立。四是初步建立了以工资指导线制度、劳动力市场工资指导价位制度和人工成本预测预警制度为核心的新型政府宏观调控体系。此外，在全国（除西藏外）还普遍实行了最低工资保障制度。

2. 在岗职工的工资水平较大幅度提高。据有关资料显示，2002年全国城镇在岗职工工资总额为13161.1亿元，比1997年的9405.3亿元增长了39.9%。全国城镇在岗职工年平均工资由6470元增加到12422元，增长92%。从本次职工队伍状况调查结果看，职工月平均工资性收入为1004.0元，男女职工月工资收入的比值为1∶0.84。人均从单位外获得的货币收入为35.05元。从不同文化程度者收入状况看，文化程度越高收入也越高，但差别并不大。初等文化程度（小学及以下）者的月平均收入为808.45元，高等文化程度（大专及以上）者的月平均收入为1267.41元，两者之比为1∶1.57。从单位类型上看，事业单位职工的月平均收入最高，为1213.63元，其次是机关团体月平均收入为1136.26元，企业的月平均收入最低，为969.67元。以企业的平均收入为1，企业、事业、机关三者的比值为1∶1.25∶1.17。不同单位类型的企业中，外商投资企业月平均收入最高，为1680.51元；集体企业人员最低，为660.22元，前者是后者的2.5倍（见表2—5）。

表2—5　不同单位类型月平均收入水平

单位类型	人均收入（元）	单位类型	人均收入（元）
国有企业	986.76	外商投资企业	1680.51
集体企业	660.22	其他企业	1040.65
私营企业	818.27	事业单位	1213.63
港澳台商投资企业	1386.61	机关、团体	1136.26

工作单位被认为是决定个人收入高低的主要因素。但具体分析，机关团体和事业单位的干部、技术人员对自己的收入水平评价较高，而工人普遍对自己的收入水平评价较低。企业管理人员对自己的收入水平的自我评价低于实际收入水平。本次调查中被调查者均认为5年来收入水平有所增长，并对今后5年收入水平的增长寄予更大的希望。中低收入者比重较大（见表2—6）。

表2—6　收入分组构成

收入分组	平均收入（元）	构成（%）
低收入	595.35	25.6
中等偏下	948.04	28.5
中等	1209.55	36.5
中等偏上	1473.16	9.0
高收入	1805.24	0.5

3. 城镇职工生活质量整体上提高，消费结构优化。据统计，2002 年我国社会消费品零售总额已突破 4 万亿元。城镇居民家庭恩格尔系数已由 1997 年的 46. 4% 降到 2002 年的 37. 7% 。食品在整个消费支出中的比重显著下降，衣着、医疗保健、交通通信、教育娱乐、旅游等消费性支出显著提高。本次职工队伍状况调查显示，全国职工家庭人均全年消费性支出 6161. 36 元，人均住房面积提高到 23. 68 平方米，对住房拥有完全产权或部分产权的职工家庭户数已占全部职工家庭数的 80. 61% 以上。

4. 职工尤其是机关、事业单位职工工作时间减少。1997 年实行新工时制度后，许多职工的周工作时间由原来的 48 小时减为 40 个小时；1999 年以来又陆续实行了春节、五一、国庆七天长假制度。机关、事业单位和不少企业尤其是国有企业的职工均享受到新工时制度带来的好处。与此同时，带薪年休假制度在国家机关和国有事业单位得到执行，相当一部分国有企业也开始执行这一制度。

（四）中国特色社会保障体系框架初步建立。

1. 职工各项社会保险权益总体上得到保障。随着企业养老保险制度改革不断进展，城镇职工基本医疗保险制度改革全面启动，社会保险基金监督工作逐步加强。适应社会主义市场经济要求的职工社会保险制度正在形成。据统计，1997 年底，全国参加基本养老保险费用社会统筹的企业职工为 8671 万人，到 2002 年底，职工达到 14736 万人，增加了 6065 万人，增长了 69. 9% 。从 1998 年到 2002 年底，领取基本养老金的人数从 2700 多万人增加到 3600 多万人。企业离退休人员月均养老金水平已从 1990 年的 129 元提高到 2002 年底的 737 元。到 2002 年底，全国绝大部分地级以上统筹地区组织实施了城镇职工基本医疗保险制度。1997 年底全国仅有 295. 4 万职工和 73. 9 万离退休人员参加了统账结合方式的医疗保险制度改革，到 2002 年底参保人数已达 9400 万人。全国参加工伤保险的职工 4406 万人，参加生育保险职工为 3488 万人。截至 2002 年底，全国 31 个省份和 239 个地市设立了基金监督机构，13 个省份建立省级社会保障监督委员会，28 个省份和 205 个地市开设监督举报电话。

本次职工队伍状况调查表明，我国社会保障制度逐步建立和完善，广大职工不同程度地享受到社会保障的好处。据被抽样调查的职工填报，养老保险覆盖面达到 68. 6% ，医疗保险覆盖面达到 55. 0% 。全部被调查者中，用人单位为其办理了养老、失业、医疗、工伤、生育保险、企业补充保险、职工互助合作保险和商业保险的比例分别为 68.6%、42.4%、55.0%、15.0%、8.7%、4.9%、4.8%、7.0%。同时有 29.5% 的职工其本人或其家庭成员购买了商业保险，58.6% 的职工的所在单位为职工建立了住房公积金，养老保险、医疗保险和住房公积金覆盖面超过 50%。但工伤保险、生育保险、职工互助合作保险和企业补充保险等险种覆盖面较低。10.3 % 的职工能够享受定额医药费补贴；22.5% 的职工能够“按单位自行制定的比例报销医疗费”；41.4% 的职工能够享受基本医疗保险社会统筹（含大病统筹）。基本医疗保险社会统筹（含大病统筹）已成为职工报销医药费的主渠道。同时也应看到，尚有 23.4% 的职工没有任何报销医疗费用的渠道。

本次职工队伍状况调查表明，在职职工参加养老、失业、医疗、工伤和生育保险的比例分别为 68.9%、43.7%、56.6%、15.8%、9.1%，能够享受三种医药费报销办法的比例为 76.4%，能按规定足额报销医药费的比例为 45.1%，社会保障状况总体上好于其他群体。提前退休人员保障水平接近在职职工，其养老保险参保率为 74.8%，高于在职职工 5.9 个百分点；医疗保险参保率 52.4%，能按规定足额报销医药费的比例为 41.5%，分别低于在职职工 4.2 和 3.6 个百分点；其他项目保障水平略低于在职职工。下岗、待岗、放长假等职工（以下合称下岗职工）的保障条件比较相近，总体上养老、失业、医疗保险参保率为 52.0%、22.1%、24.3%。下岗职工在参加医疗保险和报销医药费方面面临很大困难，能按规定足额报销医药费的比例仅为 10.8%，大大低于其他群体，68.2% 的下岗职工没有任何医药费报销渠道。

在本次调查中，当被调查者在回答“最希望工会在哪个方面给职工提供帮助”的问题时，社会保障成为职工最希望工会提供帮助的首选问题，所占比例达到了 24.1%，其次是劳动就业和收入分配问题，分别为 22.8% 和 16.8%。

2. 企业、事业和机关（团体）以及不同职业职工在社会保障条件方面存在显著差异。从本次调查看出，企业职工参加养老、失业、医疗、工伤、生育保险，企业补充保险和职工互助合作保险的比例分别为 78.7%、50.0%、51.3%、18.9%、10.9%、6.5%、6.0%。各项保险的参保率，企业单位职工高于事业单位职工，事业单位职工高于机关（团体）职工。说明事业单位和机关（团体）职工仍较多地受益于传统福利保障。而在建立住房公积金、参加基本医疗保险和报销医药费方面的比例，事业和机关（团体）则高出企业 12.0—19.0 个百分点。不同职业的职工在保障条件上也表现出不同的特点。工人群体与技术人员、管理人员群体和单位负责人享有不同的社会保障条件，后三者享有相似的保障条件。工人群体参加养老、失业、医疗、工伤、生育保险的比例分别为 70.3%、43.0%、46.8%、14.0%、6.8%。参加养老保险的比例，工人群体略高于其他群体，而购买商业保险、建立住房公积金、参加医疗保险和报销医药费方面的比例，工人群体低于其他群体。

3. 下岗职工基本生活保障制度正在与失业保险制度并轨，城市居民最低生活保障制度基本建立。据有关资料，1998 年至 2003 年 3 月底，全国累计有国有企业下岗职工 2750 万人，90% 以上进入再就业服务中心，进中心的下岗职工基本都能按时领到生活费，并由中心代缴社会保险费。2002 年底全国参加失业保险的人数为 10182 万人，比 1998 年底增加 2254.1 万人。1999 年以来，国家财政逐年加大了对低保金的投入，2000 年为 8 亿元，2001 年为 23 亿元，2002 年为 46 亿元。到 2003 年 5 月，全国所有城市和县级人民政府所在地的镇全部建立了低保制度，享受低保的人数已达 2168.7 万人。

（五）职工劳动安全卫生状况总体上有所改善。

本次职工队伍状况调查显示，被调查者对目前（或最近一次失去工作前）本单位的劳动安全卫生状况的评价总体上比较积极。除不知道相关情况的（3.2%）以外，52.6% 的职工认为目前本单位劳动安全卫生状况较好或很好，38.2% 认为一般，5.9% 认为不好或很不好，综合均值为 3.62，比对 5 年前的评价（3.56）略有提高。

被调查者的主观评价，是建立在对企业、事业和机关单位劳动安全卫生状况的自我感受基础之上的。近几年来，全国劳动安全卫生尤其是单位内劳动安全卫生的总体状况趋于稳定。据有关资料显示，2001 年，全国安全生产事故 100 万起，死亡人数 13 万人，其中发生一次死亡 10 人以上特大事故 140 起、死亡 2556 人，比 2000 年减少 31 起；2002 年全国发生一次死亡 10 人以上特大事故的起数和死亡人数，都比 2001 年下降 10%；其中一次死亡 30 人以上的特别重大事故的起数和死亡人数，分别比上年下降 31.3% 和 16%。一些重点行业和领域安全状况也有所好转。

（六）职工的民主权利得到基本保障。

本次职工队伍状况调查表明，近几年来，随着职工民主参与权利的不断落实，职工政治民主权利得到基本保障。基层工会组织职工通过职工（代表）大会和职工代表议事会、职工代表巡视制度、职工董事和职工监事制度以及民主评议、民主咨询、厂务公开等各种民主形式，有效参与企事业单位的民主决策、民主管理和民主监督。

1. 以职工代表大会为基本形式的基层民主管理得到坚持和发展。调查显示，60.7%的职工回答单位已经建立职工（代表）大会制度。职工对单位职工（代表）大会作用发挥情况的评价总体上是积极的，36.2%的职工认为较好或很好，46.2%认为一般，17.6%认为不好或很不好，综合均值为3.21，略高于一般。据中华全国总工会统计，截至2002年9月底，企事业基层工会组织所在单位建立职代会制度的已有33.1万家，其中已经召开了职代会的为28.9万个，占87.3%；实行企业业务招待费使用情况向职代会报告制度的23.6万个，占71.3%；开展民主评议企事业单位领导干部的26.9万个，占81.3%。

2. 厂务公开在国有、集体及国有控股企业中普遍推行。调查显示，34.2%的职工回答单位已经建立厂务公开制度（或政务、校务、所务公开等）。从企业类型看，国有企业最高，为39.1%，股份有限公司（36.6%）和有限责任公司（34.5%）次之，再次是股份合作制企业（29.6%）和集体企业（23.0%），联营企业、港澳台商投资企业和外资企业低于20%，私营企业仅为5.8%。据统计，截至2002年9月底，企事业基层工会组织所在单位实行厂务公开的已有30.0万个。

3. 职工董事、职工监事制度初步建立。有关统计表明，截至2002年6月底，全国建立职工董事制度的公有制企业38350家。其中，国有独资和国有控股公司9973家，占已建立工会组织的国有独资和国有控股公司的79.33%。建立职工监事制度的公有制企业39573家。其中，国有独资和国有控股公司9794家，占已建立工会组织的国有独资和国有控股公司的77.90%。建立职工董事、职工监事向职工代表大会报告工作制度并接受职工群众监督的公有制企业有33789家。

4. 非公有制企业民主管理呈现良好发展势头。截至2002年9月底，全国已有7.0万家非公有制企业建立了职代会制度，有6.3万家非公有制企业实行了厂务公开。

（七）职工精神文化需求权利基本得到保障

1. 职工接受职业技能培训基本适应现实需求。调查显示，全部被调查者 5 年来接受用人单位组织的职业技能培训人均 1.44 次，其中接受培训 1 次、2 次、3 次、4 次及以上的比例分别为 12.8%、12.9%、6.8%、12.4%，总培训面为全部被调查者的 44.9%。26.8% 的被调查者自费参加过职业技能培训。82.7% 的被调查者认为自己目前的职业技能与就业实际需求完全或比较适应。

2. 职工精神文化生活日益丰富多样，文化教育、体育和娱乐条件有所改善。本次调查显示，被调查人员在被问到“闲暇时主要从事哪一项活动时”，看电视占 48.9%，读书看报占 26.9%，文娱活动占 4.9%，体育活动占 4.1%，上网占 3.1%，社交占 2.4%，旅游占 1.2%，其他活动占 8.6%。据中华全国总工会统计，截至 2002 年 9 月底，各级工会独立兴办的各类教育机构 2400 余所，地市级以上工会所属电教中心有 22 个，工会直属的工人文化宫、俱乐部 3.9 万个，基层以上职工业余文艺团队有 5645 个，职工文化学会有 2543 个，各种职工运动队有 13069 个，开展各种体育竞赛 41644 次。

（八）工会维护职工合法权益工作进一步增强。

1. 宏观参与和维权机制建设进一步得到加强。5 年来，各级工会领导机关先后推动和参与制定有关维护职工和工会权益的法律、法规和各项政策规定共 1264 件。其中，全总直接参与了《工会法》《安全生产法》《职业病防治法》《工伤保险条例》和《劳动合同法（草案）》《集体合同法（草案）》《社会保险法（草案）》等 30 多部法律法规的起草和制定工作，特别是推动完成了《工会法》的修改和最高人民法院相关司法解释的制定。工会积极参与劳动争议处理工作，在劳动争议仲裁委员会中的工会代表有 15585 名。截至 2002 年 9 月底，各级工会建立劳动法律监督组织 13 万个，有工会劳动法律监督员 49.9 万人，其中 1.2 万人被政府聘为劳动保障法律监督员或协察员，基本形成上下结合的工会劳动法律监督网络。全国有 2411 个基层以上工会建立了工会法律援助服务机构，配备专兼职工作人员 7600 人，为职工义务解答法律咨询，提供代书和非诉讼代理，代理职工劳动争议仲裁和诉讼案件，促进了劳动关系的和谐稳定。

2. 各级工会积极为广大职工办实事好事。各级工会兴办了一大批困难职工帮扶中心，截至 2003 年 1 月底，全国已建立困难职工帮扶中心 456 个，其中省级 11 个，地市级 142 个，累计帮扶困难职工 29.7 万人，发放救助资金 8370 万元。5 年来，各级工会组织共筹集送温暖慰问款 129.4 亿元，走访慰问 52.5 万户（次）困难企业和 3150 万户（次）特困职工、劳动模范、离退休职工以及伤病残职工家庭。工会还与政府有关部门一道，努力改善劳模待遇，为劳模解决了大量实际问题。各级工会组织大力发展职工互助合作保险等职工劳动福利事业。截至 2002 年底，全国已有职工劳动福利事业单位 1.8 万家，资产总值 205.8 亿元，从业人员 39.3 万人；职工消费合作社入社职工已达 1000 万人，对职工让利累计 4 亿多元；职工住宅合作社累计合作建房 600 多万平方米，为 10 万多名职工解决住房困难；中国职工保险互助会入会职工 1000 多万人，累计赔付 6.9 万人次，支付赔付金 6235 万元，为会员分红 2.82 亿元。全国共有 2.3 万个已建工会基层单位开办了职工互助合作保险，共有 876.8 万职工参加保险，共有 275.7 万职工享受到了保险待遇，涉及金额达 6.1 亿元。在本次调查中，职工在回答“遇到困难首先会寻求谁的帮助时”，有 14.9% 的职工选择找工会，排在第三位。而已建工会单位的职工则有 18% 选择找本单位工作，排在党组织后，居第二位。这表明，工会组织为维护职工合法权益发挥了积极的作用，在职工群众中具有一定的影响力。

三、职工队伍内部结构发生深刻变化

1997 年全总开展第四次全国职工队伍状况调查以来的 5 年间，随着我国改革开放的不断深入和社会主义市场经济体制的逐步建立和完善、经济结构战略性调整和国有企业战略性改组改制加快推进，我国的经济关系、劳动关系、社会利益关系和社会结构发生了深刻变化，职工队伍也发生了许多变化，特别是内部结构变化深刻。

科学分析、全面把握、正确认识当前我国职工队伍内部结构的客观变化及其发展趋势，积极协调和妥善处理职工队伍内部各个群体之间的利益关系，对于全面贯彻落实“三个代表”重要思想和党的十六大精神，坚持立党为公、执政为民，始终代表包括工人阶级在内的最广大人民群众的根本利益；对于坚定不移地推动党的全心全意依靠工人阶级指导方针的贯彻落实，增强党的阶级基础，扩大党的群众基础，巩固党的执政地位；对于各级工会进一步把表达和维护职工群众的整体利益与职工队伍内部不同群体的具体利益统一起来，切实履行好维护职工合法权益的基本职责，从而更好地保护、调动、发挥全体职工的积极性、创造性，更好地团结和依靠亿万职工群众投身全面建设小康社会的伟大事业，充分发挥工人阶级的主力军作用，加快推进社会主义现代化，具有十分重要的意义。

（一）分析职工队伍内部结构的方法。

分析当前中国社会结构的变化特别是职工队伍的内部结构变化，必须坚持以马克思主义的历史唯物主义和辩证唯物主义为指导；必须坚持工人阶级是党的阶级基础和国家领导阶级这一政治原则；必须正视工人阶级不但存在而且不断发展壮大的基本事实；必须正确认识中国工人阶级的整体性和统一性。

受转型时期我国经济关系、劳动关系复杂性和经济社会发展不平衡性的影响，以及城乡二元社会结构等因素的影响，加上近 5 年来数千万国有、集体企业职工下岗再就业，数千万进城务工人员进入工人阶级队伍，使我国职工队伍内部结构呈现出异常复杂的情况。因此，采用以单一标志进行一次性划分的方法来分析当代中国职工队伍内部结构，难以做到全面、准确，也难以真实地反映职工队伍内部结构复杂、多变的实际情况。因此，我们采取以多元标志进行多次划分的方法，对职工队伍的结构和各主要群体做多视角的观察和分析。

观察和分析社会结构必须建立相关的标志体系，包括类别标志和层级标志两类指标。类别标志用于分类，包括职业、性别、民族、就业方式等；层级标志用于观察类别间的差异，包括收入、支出、年龄、住房情况等。本次调查中采用的类别标志主要有三项，一是“是否在岗”；二是“是否具有工作所在地户籍”；三是“职业”。之所以采用这三项类别标志主要是考虑以下因素：（1）“就业是民生之本”。在岗（在业）与否是影响不同群体职工社会地位的首要因素；（2）在我国城乡二元社会结构模式依然存在和社会流动加剧的现实情况下，现行户籍制度及与之相配套的各种制度安排，对不同群体职工的社会地位具有重要影响；（3）在社会主义初级阶段基本经济制度以及由这一制度所决定的劳动用工制度、收入分配制度、社会保障制度框架下，职业对于个人及群体的社会地位的影响至关重要并将长期发挥关键性作用。

采用上述三项类别标志观察职工队伍内部结构，可以将职工队伍整体区分为 7 个主要群体，即普通职工群体，专业技术人员群体，经营管理人员群体，公务员群体，进城务工人员（即农民工，包括在户籍所在地从业的和流动到户籍所在地以外从业的农民工）群体，下岗失业职工群体，离退休职工群体等。

（二）职工队伍内部结构的基本情况。

调查表明，截至2002年底，我国职工队伍总数为20714.4万人。其中：国有单位8103.0万人，集体单位1527.5万人，混合所有制（包括联营、股份等）2142万人，港澳台商投资企业366.1万人，外商投资企业378.3万人，城镇私营企业（不包括投资者）1579.3万人，城镇个体雇工、雇员1106.8万人，乡镇企业5511.3万人。这一整体由普通职工、专业技术人员、经营管理人员、公务员、进城务工人员、下岗失业职工、离退休职工等7个群体构成，各个群体在数量和结构、政治经济文化特征、社会地位、社会功能、群体意识等各个方面各具不同特点，群体结构具有相对的稳定性。

1. 普通职工群体。

在本次调查中，普通职工约占被调查者总数的43.7%，其中男职工占47.3%，女职工占52.7%。其平均年龄为41.33岁，接近于总体均值（41.5岁）。普通职工群体的平均受教育年限为10.68年，比总体均值（11.99年）低1.31年。在健康素质方面，普通职工群体中，53.3%认为自己的健康状况“良好”，比专业技术人员群体、管理人员群体、公务员群体的比重小，比全部职工的比重（58.2%）也低。相反，普通职工群体中，认为自己健康状况“较差”或“有重病或大病”的，占其总数的6.6%，高于其他群体，也高于全部职工总体的比例（5.3%）。在普通职工群体中，党员、团员所占比重为20.9%，比总体的比重37.2%低16.3个百分点，也比其他群体中的党员、团员比例低得多，甚至比私营企业主中的党员、团员比例（27.5%）低得多。

在劳动就业方面，普通职工群体更看重职业的社会保障条件。在择业意向上，普通职工群体的前三位意向是事业单位（占31.7%）、国有企业（占23.3%）和机关团体（占18.4%），持这种想法的普通职工，占其总体的73.4%，其中选择去国有企业的只占不到四分之一，一半以上希望进入事业单位或机关团体就业。

在劳动经济权益实现方面，在本次调查的全部被调查者中，被用人单位拖欠过工资的占被调查者总数的7.6%，而在普通职工群体中，被拖欠工资者所占比例为9%，比总体情况高1.4个百分点。说明拖欠工资问题在普通职工群体中反映得更为突出，在全部被拖欠工资的职工中，普通职工群体占了38.1%，其中，在被拖欠工资半年以内的职工中，近一半（49.6%）是属于普通职工群体的普通工人。普通职工群体平均每周工作时间为 44.83 小时，比总体均值（44.31 小时）多 0.52 小时。其平均月工资为 836.67 元，比总体均值（1038.72 元）低 202.05 元，在各群体中月收入为最低，只相当于全部职工月均收入的 80.54%。在家庭生活水平上，普通职工群体的境况也低于其他职工群体。本次调查中，家庭人均月收入低于当地城镇居民最低生活标准的职工，占调查总体的 4.3%，其中近三分之二，即 63.3% 属于普通职工群体。普通职工群体因其收入水平较低，因此其收入中用于支付日常生活开销的比例大于其他群体，其用于支付子女教育费用的比例低于其他职工群体。通过对比普通职工群体与其他职工群体的存款目的，可以看出普通职工群体家庭生活水平低于总体水平。同时，在各主要职工群体中，表示自己家庭“不存款或没有存款”的比例，也以普通职工群体为最高，其比例比其他群体约高一倍。在全部职工中，本人或家庭成员购买了商业保险的占 28.2%，而在普通职工群体中只占 21.2%，比总体水平低 7 个百分点。在医药费报销方面，在职工队伍总体中，能够按时足额报销医药费的占 39.0%，而在普通职工群体中只占 32.7%，比职工队伍总体水平低 6.3 个百分点。住房制度改革过程中，普通职工群体受益较小。在全部被调查者中，单位为其建立了住房公积金的占 52.6%，而在普通职工群体中，这个比例只有 44.5%，在普通职工群体中，很多没有享受到住房公积金政策。

在社会态度方面，普通职工群体认为当前收入分配“差距很大”的比例更高。在全部职工中，有 56.2% 持这种看法，而在普通职工群体中，这样认为的职工多达 59.7%。普通职工群体比其他职工群众更为关注“就业”问题，其次是“腐败严重”问题和“社会保险制度不够健全”问题，这个关注的次序，与其他群体明显不同。40.9% 的普通职工群众认为今后改善自己的生活和工作条件的机会“很少”，而专业技术人员中只有 25.4%、管理人员中只有 31.4%、公务员中只有 24.0% 的人这么看，在全部职工中，持有这种看法的只占 33.7%。说明普通职工群体对未来生活的预期相对来说不够乐观。在对自身社会地位变化的主观感受方面，普通职工群体也区别于其他群体。在全部被调查者中，有 23.6% 认为自己的社会地位比 5 年前有所上升，而普通职工群体中只有 15.3% 这么认为；相反，在全部被调查者中，只有 6.1% 认为自己的社会地位比5年前有“很大下降”，而在普通职工群体中，则有8.4%的人这么认为。在劳动关系方面，普通职工群体对所在单位履行劳动合同情况的评价为3.57，低于其他职工群体，也低于总体均值（3.45）。普通职工群体的职业满意度评价为3.23，明显低于其他职工群体，也低于总体平均水平。他们不仅对于目前的工作不很满意，而且对于再找一份适当的工作，普遍感到不太容易。

综上所述，普通职工群体是我国职工队伍总体中人数最多的一个群体，其人数占职工队伍整体近一半，主要由各类用人单位中的一线工人、辅助生产工人、服务人员等构成。与其他职工群体相比，普通职工群体的平均受教育程度较低、健康素质较差、家庭经济生活水平较低，党团员比重明显低于其他职工群体。普通职工群体的实际工时最长，被拖欠工资的问题最严重，工资收入水平最低，能够按时足额报销医药费的不足三分之一，能够享受到住房公积金待遇的不到一半。他们对用人单位履行劳动合同情况的评价最低，对就业问题、社会保障制度完善问题最为关注。他们的职业满意度最低，普遍希望进入保障条件较好的事业单位或机关（团体）就业。他们对自身社会地位的评价较低，对改善自己未来生活条件的预期不够乐观。

2. 专业技术人员群体。

本次调查中，专业技术人员占全部被调查者的21.7%，其中男性占51.1%，女性占48.9%。性别比与总体水平接近。专业技术人员群体平均年龄为40.42岁，略低于职工队伍总体的平均年龄（41.5岁）水平。其平均受教育程度为13.49年，比职工队伍总体的平均受教育年限（11.99年）多1.5年，说明其具备的科技文化素质明显高于其他职工群体。在专业技术人员群体中，认为自己健康状况“良好”的占64.8%，比总体水平（58.2%）高6.6个百分点，而认为自己身体健康状况“较差”或“有重病或大病”的和占3.6%，比总体水平的5.3%低1.7个百分点，说明专业技术人员群体的健康素质高于职工队伍总体水平。在专业技术人员群体中，党员比例为32%，比职工队伍总体中的党员比例（总体为29.7%）高。党团员比重为42.6%，比总体水平（37.2%）高5.4个百分点。

在劳动经济权益实现情况方面，专业技术人员群体平均每周工作时间为41.74小时，比职工总体平均水平（44.31小时）低2.57小时。其人均月工资收入1195.65元，比全部职工平均水平（1038.72元）多156.93元，相当于总体平均水平的115.1%。专业技术人员群体的职业满意度相对于其他群体职工来说比较高，比职工总体的职业满意度3.45高0.25。同时，专业技术人员因为有一技之长，在就业竞争中占据相对的优势地位，因此他们不是很惧怕找工作，对于另外找一份合适的工作是否容易，他们的平均期望值是2.56，不仅高于总体（2.23），而且在各职工群体中是最高的。此外，专业技术人员群体对于用人单位履行劳动合同（聘用合同）情况的评价也是最高的，其评价均值为3.89，接近于“较好”水平，比总体均值（3.71）高0.18。专业技术人员群体比其他群体职工更看重所选择的职业有是否利于“发挥专业特长”或者“有发展机会”。除了与其他群体一样重视“职业稳定”和“收入高”两个因素外，有19.2%将“能发挥专长或有发展机会”作为首先考虑的因素，而在职工队伍总体中，做这一选择的只占11%。事业单位、党政机关（团体）、外商投资企业对专业技术人员的就业吸引力最大，这三类单位是专业技术人员群体择业时优先考虑的单位。同时，在外商投资企业与国有企业之间，专业技术人员群体优先考虑外商投资企业而不是国有企业。在专业技术人员群体中，其所在单位能够按时足额发放工资的占93.6%，比总体水平（92.4%）高1.2个百分点，比普通职工群体高2.6个百分点，说明专业技术人员群体的劳动权益实现情况好于总体水平。在被调查的全部专业技术人员中，50.6%能够按时足额报销医药费，在各群众体中比例最高，比总体平均水平高（39.0%）高11.6个百分点。在专业技术人员中，用人单位为其建立了住房公积金的占68.1%，比全部职工平均比例高15.5个百分点，比普通职工群体（44.5%）高23.6个百分点，说明在住房制度改革中，三分之二以上的专业技术人员是受益的。

在社会态度方面，专业技术人员最关注的社会问题分别是“腐败严重”、“社会保障不健全”和“就业困难”问题，与经营管理人员群体、公务员群体相一致。近三分之一的专业技术人员认为，与5年前相比，自己的社会地位有所提高。

3. 经营管理人员群体。

本次调查中，企事业单位经营管理人员占样本总量的18.6%，共有4726人接受调查，其中男性占59.7%，女性占40.3%。经营管理人员群体平均年龄43.81岁，比总体水平（41.5岁）长2.31岁。平均受教育程度是13年，比总体水平高1.01年，但比专业技术人员群体和公务员群体均低。经营管理人员的社会流动频率低于职工队伍总体的平均水平，近五年来，每百人流动 17 人（次），而总体平均水平为 21 人（次）。经营管理人员中的党团员比重高达 61.1%，仅次于公务员群体，在各职工群体中居于第二位，比职工队伍总体水平（37.2%）高 23.9 个百分点。

在劳动经济权益实现情况方面，经营管理人员群体每周平均工作时间为 42.58 小时，比总体平均水平（44.31 小时）低 1.73 小时。经营管理人员的职业满意度为 3.63，在各群体中仅次于公务员群体和专业技术人员群体，比总体平均水平（3.45）高 0.18。经营管理人员群体对自身职业（工作岗位）稳定性的评价为 3.82，高于平均水平（3.64）。他们对用人单位履行劳动合同情况的评价较高，为 3.83，比总体水平（3.71）高 0.12，比一般工人群体高 0.26。经营管理者群体人均月工资为 1197.6 元，为全部职工平均水平的 115.29%，能按时足额发放工资的占其总体的 91.1%，在各群体中最高。在对生活水平变化情况的评价方面，经营管理人员群体认为无论是个人收入水平的变化，还是家庭生活水平的变化方面，与 5 年前相比，都有所提高（分别为 3.34 和 3.41），这两个方面的评价，都比职工队伍总体的评价略高，但比专业技术人员群体和公务员群体的评价低。同时，经营管理人员群体对未来收入水平提高的预期低于总体水平（3.36），只有 3.34。在对用人单位劳动安全卫生状况的评价方面，经营管理人员群体的评价为 3.7，高于普通职工群体和职工总体水平，低于专业技术人员群体和公务员群体。

在对用人单位内部劳动关系的看法上，经营管理人员群体的评价高于普通职工群体。如对单位职工代表大会作用发挥情况的评价，总体水平为 3.8，普通职工群体为 3.09，专业技术人员群体为 3.19，而经营管理人员群体为 3.25。再如对集体合同履行情况的评价，总体水平为 3.65，普通职工群体为 3.52，而经营管理人员群体为 3.71。这说明，在企事业单位内部，对于劳动关系是否和谐的认识，或者对于协调劳动关系的机制是否有效的认识，经营管理人员与其他人员的认识是不同的，管理者与被管理者之间的矛盾客观存在。

经营管理人员群体家庭生活水平明显高于其他职工群体。其家庭人均月收入低于当地城镇最低生活保障标准的约占 2.5%，比全部职工平均水平（4.3%）低 1.8 个百分点。其家庭储蓄主要用于子女教育、防病、防老，用于日常生活开销的部分仅占 8.7%，从中可以看到，其本人或家庭成员购买了商业保险产品的占其总体的 34.4%，与专业技术人员群体、公务员群体比较接近，明显高于普通职工群体（21.2%）和全部职工的总体水平（28.2%）。在经营管理人员群体中，能够按时足额报销医疗费的占其总体的 46.5%，这个比例低于专业技术人员群体和公务员群体，高于普通职工群体，比总体水平高 7.5 个百分点。62.3% 的经营管理人员享受到了单位为其建立住房公积金的福利，其比例高于普通职工群体和全部职工总体水平（52.6%），低于专业技术人员（68.1%）和公务员群体（68.7%）的水平。

经营管理人员群体对劳动就业、收入分配、社会保障、劳动用工等方面制度改革的评价普遍高于普通职工群体，也高于全部职工的总体水平，与专业技术人员群体、公务员群体的评价比较接近。经营管理人员群体最关注的社会问题是“腐败严重”，而普通职工群体首先关心的是“就业困难”问题。29.8% 的经营管理人员认为，过去 5 年来自己的社会地位“有很大提高”或“有所提高”，这个比例接近于专业技术人员群体，明显高于普通职工群体（16.2%），也高于全部职工的总体水平（25.0%），但明显低于公务员群体（44.2%）。

4. 公务员群体。

本次调查的被访者中，共有 2269 名党政机关、社会团体干部，占样本总体的 8.9%。其中，男性占 54.3%，女性占 45.7%。其平均年龄为 41.89 岁，比全部职工总体的平均年龄（41.5 岁）高 0.34 岁。平均受教育年限为 13.84 年，比全部职工总体的平均受教育年限（11.99 年）多近 2 年，是各职工群体中平均受教育程度最高的。公务员群体的社会流动频率与全部职工总体的流动频率基本持平而略高，过去 5 年，每百人平均流动 22 人（次），比专业技术人员群体和经营管理人员群体都高。公务员群体中的党团员比重高达 71%，是各个职工群体中最高的，比全部职工总体中的党团员比例高 33.8 个百分点。

在劳动经济权益实现情况方面，公务员群体平均每周工作时间为 41.45 小时，在各职工群体中最少，比总体均值低 2.8 小时。公务员群体对自身工作岗位的稳定性评价最高，为 4.30，比全部职工总体均值（3.64）高 0.66，其职业满意度为 3.90，在各群体中也是最高的。公务员群体人均月工资收入为 1158.6 元，低于专业技术人员群体和经营管理人员群体，相当于总体均值（1038.7 元）的 111.54%，能够按时足额发放工资的，占其总体的 94.4%，在各群体中比例最高。公务员群体对自己工资收入水平的评价在各群体中最高，为 2.98。

公务员群体对5年来收入水平变化情况的评价、对未来5年收入水平变化的预期，以及对过去5年来家庭生活水平的变化等，均为正面的、积极性的评价，分别为3.83、3.8和3.73。公务员群体中，家庭人均月收入低于当地最低生活保障标准的只占1.4%，在各群体中是最低的，其家庭储蓄主要用途的前三项为子女教育、日常生活开销和购房，而其用于日常生活开销的比例只占9.5%，相对较低，用于子女教育的份额为50.8%，与专业技术人员群体相若，为各群体中最高，表明其生活质量相对较高。35.3%的公务员其本人或家庭成员购买了商业保险产品，在各群体中也是比例最高的。在公务员群体中能够按时足额报销医药费的占50.6%，与专业技术人员群体持平，高于其他群体。在公务员群体中，用人单位为职工建立了住房公积金的占68.7%，这个比例高于全部职工总体（44.5%）24.2个百分点，是各群体中比例最高的。

在社会态度情况方面，公务员群体对于各项改革措施对自身利益带来的影响，基本上都持正面评价，并且其评价与各个职工群体相比，基本上都处于最高的水平。对医疗制度改革、住房改革、劳动用工制度改革、企业改制、养老保险制度改革、劳动工资制度改革、教育科技体制改革、政府机构改革的评价分别为3.08、3.42、3.25、2.88、3.55、3.8、3.16和3.41。与其他职工群体比较可以看出，公务员群体除对企业改制的评价相对较低外，对其他方面的评价均比较积极。在职业选择的倾向性上，公务员群体首先考虑的前三位因素分别是“职业稳定”、“收入高”和“养老、失业等社会保障健全”，择业意向的前三位分别是党政机关（团体）、事业单位和外商投资企业，与其他群体的主要表现在，公务员群体更加重视“职业稳定”，在其总体中有38%将这一点作为首先考虑的因素，这在各群体中是比例最高的。同时，在公务员群体中，有56.7%将党政机关（团体）作为自己选择职业的首选目标，在各职工群体中也非常突出，说明多数公务员对自己从事的职业是满意的，同时也说明公务员群体的稳定性较高。公务员群体最关注的社会问题与全部职工总体一致，占前三位的问题分别是“腐败严重”（28.3%）、“社会保障不健全”（18.1%）和“就业困难”（16.9%）。25.1%的公务员认为今后改善自己的生活和工作条件的机会“很多”或“较多”，比其他群体的比例高，也高于职工队伍总体水平（17.4%）7.7个百分点。44.2%的公务员认为与5年前相比，其社会地位“有很大提高”或“有所提高”，这一评价明显高于其他职工群体，比总体水平

（25%）高 19.2 个百分点。

5. 下岗失业职工群体。

下岗失业职工群体中女性比例高于男性。据调查，在全部在岗职工中，男性占 53.4%，女性占 46.6%，而在被调查的下岗失业职工中，男性占 38.8%，女性占 61.2%，两相比较可以明显看出，在下岗失业职工群体中女职工占多数。另据调查，在全部被调查的男性职工中，下岗失业的职工占 13.8%，而在全部被调查的女性职工中，下岗失业者则占 22.5%，同样印证了这一事实。在自然特征上，下岗失业职工群体的平均年龄为 46.25 岁，比在岗职工（40.41 岁）大近 6 岁。下岗失业职工群体的平均受教育年限为 10.41 年，比在岗职工（12.27 年）低 1.81 年。下岗失业职工群体的健康状况比在岗职工差。在下岗失业职工中，自述健康状况“良好”的只占 40.5%，“一般”的占 46.1%，而在在岗职工中，健康状况“良好”的和“一般”的，分别占 61.7% 和 34.2%。相反，在下岗职工中，健康状况“较差”的和“有重病或大病”的分别占 9.9% 和 3.1%。而在在岗职工中，这两个数据分别为 3.1% 和 0.6%，充分说明下岗失业职工群体的健康状况明显低于在岗职工。

下岗失业职工群体中党团员所占比例明显低于在岗职工。在全部被调查者中，党员和团员合计占 36.7%，在在岗职工中，两者合计占 39.6%，而在下岗失业职工群体中，两者合计只占 23.7%，比职工队伍总体低 13 个百分点，比在岗职工低 15.9 个百分点。

在劳动经济权益实现情况方面，在“选择工作时首先考虑什么因素”这一问题上，下岗失业职工群体将“社会保障”条件视为仅次于“职业稳定”的第二位重要的因素，而在岗职工则将“收入高”视为仅次于“职业稳定”的第二位重要因素，显示出下岗职工因为经历了职业动荡带来的生活困难后，更加重视社会保障的健全，更加期望健全的社会保障制度给自己带来稳定的生活。

下岗失业职工群体的家庭生活水平明显低于在岗职工。在在岗职工中，只有 3.1% 的职工自述其家庭人均月收入低于当地城镇居民最低生活标准，而在下岗失业职工群体中则有 11% 低于这一标准。对于缺乏完善的社会保障制度保护的城镇国有、集体企业职工来说，就业岗位是他们赖以生存的唯一保障，一旦下岗或失业，个人及家庭生活很快就会陷入困境。下岗职工更加担心生病和老无所养。在对家庭储蓄目的的调查中可以发现，在岗职工与下岗失业职工群体之间存在比较明显的差别。在下岗失业职工中，19.6%表示家庭“不存款或没有存款”，而在岗职工中只有10.1%，两者相差9.5个百分点。在岗职工的储蓄目的主要是“子女教育”、应付“日常生活开销”和“购房”，而下岗失业职工群体的家庭储蓄的则主要用于“子女教育”、“防病”和“养老”。在下岗失业职工群体中，本人或其家庭职工购买商业保险的占17.8%，而在岗职工中占29.9%，两者相差12.1个百分点。在医药费报销方面，下岗职工能“按规定足额报销”医药费的只占其总数的24.3%，而在岗职工则占其总数的40.8%，差别也十分鲜明（总体为37.9%）。55.0%的在岗职工表示，单位为其建立了住房公积金，而在下岗失业职工中，这个比例只占31.6%。下岗失业职工群体最为关注的社会问题是“就业困难”问题，占其总数的34.3%，而在岗职工最为关注的社会问题是“腐败严重”的问题，占其总数的25.7%。

在社会态度方面，下岗失业职工对于社会收入分配差距加大的感受更深，反应也更强烈。他们中认为当前社会收入分配“差距很大”的占64.7%，在岗职工中认为收入分配“差距很大”的则占54.7%，两者相差10个百分点。下岗职工不仅目前生活状况差，而且对未来改善生活境况也信心不足。他们中将近一半（48.9%）的人认为今后改善自己生活和工作条件的机会“很少”，而持有同样看法的在岗职工则不足三分之一（30.6%）。40%的下岗职工认为自己的社会地位与5年前相比“有所下降”和“有很大下降”（26.6%），相比之下，在岗职工中持有这种看法的占18.6%。在对自身境况及未来生活的预期等一系列问题的评价上，下岗失业职工群体的主观评价，无一例外地低于在岗职工。在对医疗保险制度、住房制度、劳动用工制度、社会保障制度、收入分配制度等方面改革措施给自己带来的影响方面，下岗失业职工的评价也都低于在岗职工。全部职工对劳动用工、收入分配、社会保障、住房制度等项改革政策的总体评价为3.15，表明全部职工认为改革政策使自己有所受益，只是受益的程度不高。而下岗失业职工群体的总体评价则只有2.93，表明下岗失业职工群体在利益上是受损的。对比之下，在岗职工的评价则明显高于下岗失业职工，达到3.20。

6. 进城务工人员群体。

根据农业部的统计，目前我国有进城务工人员9400万人，国家统计局统计约有 8000 万人。大量的进城务工人员逐步融入我国工人阶级队伍，是我国工人阶级队伍发展壮大的一个主要原因。可以预见，随着我国经济社会的持续快速发展，这一群体的规模还将继续扩大，工人阶级队伍的规模也必将随之扩大。

进城务工人员群体，主要指那些进入各种企事业和机关（团体）单位就业、与用人单位建立（或事实上形成）了劳动关系的、基本具备了“职工”特点的农民工。本次调查中抽中进城务工人员 450 个样本，占调查样本总数的 1.7%，其中，男性236 人，占52.4%，女性214 人，占47.6%。进城务工人员的平均年龄为 38.07 岁，比城镇职工的年龄（41.53 岁）小 3.46 岁。其平均受教育程度为 9.68 年，比城镇职工少 2.29 年，两者间存在比较大的差距。进城务工人员群体中的党团员比重为 16.3%，比城镇职工（37%）低 20.7 个百分点，比全部职工总体水平（36.7%）低 20.4 个百分点。

进城务工人员群体的劳动经济权益实现程度比城镇职工明显偏低。进城务工人员群体与城镇职工相比，每周工作时间（55.81 小时）更长，工资收入水平（888.04 元）更低，工作条件更艰苦，工作稳定性更差。他们对自己工资收入水平的满意度更低，主观判断的收入层次也比城镇职工更低。在对用人单位劳动关系的评价方面，进城务工人员由于期望值低，因此其在一些问题上的评价比城镇职工要略高一些。但是从中也可以明显地看出，在与进城务工人员群体切身利益关系最密切的劳动合同履行情况这一问题上，进城务工人员群体的评价低于城镇职工。不依法签订、不认真履行劳动合同，可能是侵犯进城务工人员群体合法权益的一个主要表现形式。在进城务工人员中，其家庭中没有存款或不存款的占 19.2%，比城镇职工（11.7%）多 7.5 个百分点。其本人或家庭成员购买了商业保险产品的占 14.2%，比城镇职工少 13.7 个百分点，几乎只有城镇职工一半的水平。在职工队伍总体中，未能享受按时足额报销医药费政策待遇的约占 55.5%，而在进城务工人员中，约有 88% 未能享受类似政策，比城镇职工（49.8%）高出 37.8 个百分点。在全部职工中，约有 49.2% 未能享受到单位为职工建立住房公积金的政策待遇，而在进城务工人员中，这个比例高达 94.1%，比城镇职工多 42.6 个百分点。

在社会态度方面，在对改革问题的认识上，进城务工人员群体在多数问题上给予了正面评价，在一些问题上其评价比城镇职工略高，而在关于住房制度、养老保险制度、工资分配制度等方面改革给自己利益带来的影响方面，进城务工人员群体的评价比城镇职工低，说明其受益程度比城镇职工低。在职业选择和择业倾向上，进城务工人员具有比较鲜明的特点。进城务工人员群体的社会流动频率比较高，过去5年来，每百人平均流动31人（次），比城镇职工多9人（次）。由于进城务工人员大多为科技文化素质较低的一般劳动力，其从事的职业多为苦、累、脏、险工作，因而在选择职业和对就业成功率的预期上，与城镇职工明显不同。他们对失去目前的工作后再找一份工作的难易程度的判断比城镇职工更高，为2.24，城镇职工为2.22。进城务工人员在择业时将“收入高”作为其首先考虑的因素，这一点是其与城镇职工最大的区别，在具体的职业选择上，农民工把成为个体户作为自己的首选目标，这一点也与城镇职工构成鲜明对比。进城务工人员将“就业困难”、“腐败严重”和“子女就学难”列为最关注的三大社会问题，这一点与城镇职工明显不同。对未来5年自己收入水平变化的预期，以及对于目前家庭生活水平与5年前情况的对比，在这些问题上，进城务工人员群体的评价都比城镇职工更积极。进城务工人员对过去5年收入增加情况的评价低于城镇职工，但对未来生活的预期比城镇职工更为乐观，24.1%的进城务工人员认为今后改善自己生活和工作境况的机会“很多”或“较多”，而在城镇职工中，持这种看法的只占17.2%。

7. 离退休职工群体。

本次调查共抽中离退休职工3672人，占调查样本总数的12.05%。其中男性占52.2%，女性占47.8%。调查显示，离退休职工群体的平均年龄为65.48岁，平均受教育程度10.25年，比在职职工（12.2年）低2.02年。离退休职工中的党员人数占其总数的比例为45.2%，在职职工中的党团员比重为40.1%，前者比后者多5.1个百分点。

在劳动经济权益实现情况方面，离退休职工的月平均工资收入为790.59元，离退休费的工资替代率为76.84%。能按时足额领到离退休金的占其总数的94.8%，比在职职工中能按时足额领到工资的比例（92.5%）高2.3个百分点。离退休职工群体中家庭人均月收入低于当地城镇居民最低生活保障标准的占其总数的1.7%，在职职工为3.1%，说明绝大多数离退休职工实现了老有所养。离退休职工群体家庭存款的主要用途集中在“防病”、“防老”和“日常生活开销”方面，与在职职工形成鲜明的对比，在职职工主要用途前三位分别是“子女教育”、“日常生活开销”和“购房”。在离退休职工群体中，家庭“不存款或没有存款”者的比例为 10.5%，在职职工为 10.2%，两者基本持平。离退休职工本人或其家庭成员购买了商业保险产品的占其总数的 9.1%，而在职职工则占 29.9%，两者差别非常明显。在医药费报销方面，离退休职工的情况比在职职工略好，能按时足额报销医药费的占其总数的 45.3%，在职职工为 40.8%，前者比后者多 4.5 个百分点。在住房公积金待遇方面，享受到有关政策的占离退休职工总数的 21.9%，比在职职工（54.9%）低 33 个百分点，差异显著。离退休职工对自己目前收入水平的评价高于在职职工，为 2.93，比在职职工高 0.30。对未来收入水平的预期为 3.48，高于在职职工（3.41）。离退休职工认为，与 5 年前相比，其家庭生活水平有所提高，评价均值为 3.58，比在职职工（3.41）高 0.41。

在社会态度方面，离退休职工群体最为关注的社会问题主要是“腐败严重”、“社会保障不健全”和“就业困难”，在职职工最关注的社会问题依次为“腐败严重”、“就业困难”和“社会保障不健全”，关注的内容一致，但次序不同，程度也不同。对于各项改革措施对自身利益损益情况的评价，离退休职工与在职职工相比有一定差异。在医疗制度、劳动用工制度、企业改制等方面，其评价低于在职职工，而在住房制度、养老保险制度、工资分配制度、教育科技体制等方面，其评价高于在职职工。

（三）我国职工队伍内部结构的发展趋势。

1. 随着改革的深入和工业化、城镇化进程的加快，职工队伍总量将不断壮大，职工流动规模将进一步加大，流动速度将进一步加快，流动范围将进一步加大，职工队伍内部的群体结构在保持相对平衡的同时，其动态变数将会加大，第三产业和非公有制经济单位从业的职工会进一步增加，成为工人阶级队伍的主体，各群体内部有可能形成不同特点的亚群体。

2. 职工队伍整体的思想道德和科学文化技术素质将进一步提高，但各群体间的科学文化技术素质差距有可能进一步拉开，其理想信念、价值取向、行为方式、权益实现程度等方面的差异将会更加明显。特别是进入知识经济时代以后，随着知识价值的飙升，各类专家、专业技术人员、高级技术工人等智能劳动者在促进经济和社会发展中的作用更加突出，其经济收入和社会地位也会愈来愈高，其群体观念、群体特征也将更加鲜明。普通职工群体、进城务工人员群体、下岗失业职工群体由于受劳动力供大于求等因素的影响，就业竞争能力相对较弱，其在劳动经济权益的保障等方面将继续面临诸多困难，如不加以重视，一部分职工将形成社会弱势群体。

3. 群体之间的统一性、一致性仍然是职工队伍内部关系的基本属性，但群体间利益关系上的矛盾可能进一步凸显，其矛盾和摩擦将有可能加剧。由于利益差异带来的不满与对立情绪，容易造成经营者和劳动者之间、干群之间、城镇职工与外来民工之间、机关事业单位职工与企业职工、垄断行业与非垄断行业职工之间的关系不协调。如果缺乏有效的利益协调机制，势必影响职工队伍的团结统一，进而影响职工队伍和社会政治的稳定。

4. 群体间的地位作用和功能将进一步发生变化，群体利益和群体边界将会更加清晰，各群体的特征将会更加明显。这些变化将进一步凸显不同群体在经济关系、劳动关系中的不同地位和不同要求，由于利益上、地位上的差别，可能导致一些职工的大局意识、整体意识、主人翁意识的弱化，对工人阶级的认同感和归宿感减弱。所有这些，必将对完善就业、分配、保障等制度格局和相关的法律制度提出新的要求，对协调劳动关系和社会利益关系提出新的更高的要求。

5. 以劳动工资收入水平来衡量，职工队伍的金字塔型结构短期内不会改变。短期内困难职工群体的规模不会明显减少，有些地方可能还会增加；进城务工人员群体将进一步加大，随着党和国家的重视和追缴欠薪工作力度的加大，其合法权益的保障水平将可能会得到提高。进城务工人员群体将持续不断地主要融入普通职工群体，成为工人阶级新成员，城镇职工群体与进城务工人员群体的差距也将日益缩小；离退休职工群体的规模将不断扩大，其要求同享改革开放和经济社会发展成果的呼声将继续增强。

（四）正确认识我国职工队伍内部各群体之间的关系。

1. 职工队伍的整体性和统一性是群体关系的主要属性。

职工队伍内部出现不同群体，是我国经济社会发展的必然结果，是社会主义初级阶段社会结构的基本特征。各群体之间在劳动经济利益、政治民主利益和精神文化利益等方面存在差异是客观事实。但是，这种差异是在工人阶级根本利益一致基础上的差异，因此，整体性和统一性仍然是我国职工队伍内部群体关系的主要属性（或称之为基本属性）。表现在两个方面，一是在微观层面，归属于不同群体的职工，在具体的企业、事业或机关（团体）中，构成一个统一的和不可分割的整体，通过分工合作，共同完成某一经济组织或社会组织承担的职责与任务，其中的任何一部分都是该组织的有机组成部分，组织目标的实现和组织（企业）的存在与发展，成为其自身利益和共同利益实现的基础。二是在宏观层面，各个群体共同构成职工队伍的总体，每个群体都承担着独特的、彼此之间不能替代的社会功能；每个群体的存在、社会作用的发挥和具体利益的实现，都以其他群体的存在、作用的发挥和利益的实现为前提条件，相互作用、紧密关联、彼此影响和制约。虽然在企业劳动关系中经常会出现矛盾和摩擦，但总体来看，在社会主义制度的框架下，各个群体间是相互理解、信任、支持与合作的。比如，普通工人承认科技是第一生产力，知识分子是掌握科技、文化和管理知识最多的群体；知识分子也承认工人是先进生产力的推动者。正因为各群体间有着这种认同感，才汇聚和产生出改革开放以来我国工人阶级在促进经济发展和推动社会进步中的巨大合力和伟大作用。这既是发挥工人阶级领导阶级作用的基本条件，也是工人阶级作为先进生产力代表、作为推动社会生产力不断向前发展的先进阶级的基础和条件。

2. 必须高度重视职工队伍内部群体之间的差异和矛盾。

职工队伍内部群体之间的差异和矛盾虽是在总体利益一致基础上的差异和矛盾，但确实又是当前我国社会经济关系、劳动关系矛盾复杂多变的具体反映。因此，既要看到这些差异和矛盾是不可避免的、普遍的、长期存在的，又要重视和强化对这些差异与矛盾的不断协调，促其和谐相处、协调发展。调整职工队伍内部群体关系的目的，是协调这些差别和矛盾，使其和谐稳定，保护和调动各个方面的积极性。调整关系既要着眼于促进经济的持续健康发展，又要着眼于推动社会公平的实现和人的全面发展。妥善处理改革、发展、稳定和“效率与公平”的关系，保障普通职工群体、进城务工人员群体、下岗失业职工群体等的基本生活，保护、调动和发挥工人阶级整体投身于全面建设小康社会的积极性、创造性，促进经济发展和社会全面进步，是我们面临的长期而艰巨的任务，也应当是工会组织长期的工作重点。

3. 积极协调职工队伍内部群体关系，努力解决群体利益矛盾中的突出问题。

职工队伍内部不同利益群体的形成，是社会主义市场经济催生的职业分化和职业重构的必然结果，是社会生产关系适应生产力发展要求的客观反映，它在一定程度上促进了竞争机制、激励机制的形成，刺激了各群体职工积极性、主动性、创造性的发挥，对于打破“平均主义”，提高企业和社会劳动生产效率，推动社会生产力的发展有一定积极意义。但同时也不可避免地伴随某些负面影响，处理不好，也会削弱了工人阶级的整体性和凝聚力。近年来由于一些利益关系处理不好，已经引发了大量职工群体性事件的发生，形成社会问题，影响了职工队伍和社会政治的稳定，对此必须予以高度重视。当前要努力解决的群体利益矛盾主要有：受一些不合理的体制和制度因素的影响，以及个别企业经营管理者腐败行为的影响，普通职工群体、进城务工人员群体、下岗失业职工群体等的劳动经济权益、民主政治权利和精神文化权益受到不同程度、不同形式的侵犯；一些保护职工合法权利的法律、政策和制度执行得不够有力，还存在比较突出的不公平问题；一些地方和单位，忽视职工特别是困难职工群体的合法权益，社会经济矛盾、劳动关系矛盾激化，恶性劳动关系事件和恶性劳动安全事故时有发生；受体制、制度（如垄断）等非市场因素的影响，社会的贫富差距有所扩大，困难职工人数增加，社会对困难职工群体的关心不足，重视不够，已经形成了比较严重的社会问题，一部分困难职工甚至产生“仇富”、“仇官”心理和反社会倾向。

四、我国职工队伍面临的问题与挑战

进入新世纪新阶段，我国职工队伍继续发展变化，在各种权益进一步实现的同时，也面临着不少新情况新问题新挑战，表现在组织化程度亟待加强、整体素质亟待提高、合法权益亟待进一步保障等方面，需要我们认真对待，努力解决。

（一）职工队伍不断发展壮大与组织化程度低之间的矛盾存在。

调查表明，在产业结构、所有制结构、社会结构急剧变化的形势下，我国职工队伍迅速发展壮大，职工队伍分布和内部结构发生深刻变化。与此同时，在迅猛发展的非公有制和乡镇企业领域及进城务工人员之中，职工组织化程度仍十分薄弱，包括进城务工人员在内的大量职工没有被组织到工会中来。这次调查表明，在私营企业工作的职工中，只有22.0%的职工所在单位建有工会组织，66.7%的职工不是会员；在港澳台商投资企业工作的职工中，也只有48.6%的职工所在单位建有工会组织，46.7%的职工不是会员（见表4—1）。

表 4—1　不同所有制单位工会组建和职工入会情况（单位%）

	您单位是否建有工会（%）			您是否是工会会员（%）		
	有	没有	不知道	是	不是	不知道
国有企业	91.10	4.00	4.90	84.60	11.90	3.50
集体企业	75.40	14.30	10.30	70.20	22.40	7.40
股份合作企业	77.40	13.40	9.20	69.60	22.60	7.80
联营企业	60.60	21.30	18.10	53.10	37.50	9.40
有限责任公司	82.90	10.30	6.80	78.60	16.70	4.70
股份有限公司	85.10	8.70	6.30	79.40	16.00	4.60
私营企业	22.00	57.20	20.90	22.30	66.70	11.00
其他内资企业	46.50	27.90	25.60	41.90	41.90	16.30
港、澳、台商投资企业	48.60	35.50	15.90	43.00	46.70	10.30
外商投资企业	68.50	19.80	11.70	60.70	34.60	4.70
事业单位	86.90	8.00	5.10	79.60	16.70	3.70
机关、团体	76.40	15.10	8.50	69.00	24.30	6.70
个体户	22.40	57.50	20.10	24.20	65.40	10.40
其他	39.30	33.20	27.60	43.90	39.30	16.80

值得注意的是，党在普通工人和在非公有制企业中的影响力和向心力尚待进一步加强。在非公有制企业中，职工中党员所占的比例较低（见表 4—2）；在回答“如果您遇到困难时，您首先会寻求谁的帮助”的问题时，只有 4.5% 的职工找本单位党组织，9.0% 的职工找本单位工会，但找亲友或同乡的职工却高达 63.7%。

表 4—2　不同所有制单位职工政治面貌情况（单位%）

	中共党员	共青团员	民主党派成员	未加入任何党派
国有企业	29.80	6.70	0.30	63.30
集体企业	17.80	5.50	0.30	76.40
股份合作企业	22.10	10.10	0.30	67.60
联营企业	12.60	14.70	0.00	72.60

续表

	中共党员	共青团员	民主党派成员	未加入任何党派
有限责任公司	28.90	12.90	0.20	58.00
股份有限公司	25.60	10.10	0.30	64.00
私营企业	13.50	14.60	0.20	71.70
其他内资企业	7.10	11.90	0.00	81.00
港、澳、台商投资企业	18.70	19.60	0.00	61.70
外商投资企业	17.10	24.10	0.00	58.80
事业单位	37.90	8.60	1.70	51.80
机关、团体	63.20	5.80	0.80	30.30
个体户	10.60	6.50	0.00	82.90
其他	20.90	5.10	0.50	73.50

（二）群体利益分化加剧与困难职工群体问题突出。

我国职工队伍内部的群体结构已经基本形成，不同群体关系的现状在总体上是基本适应社会主义初级阶段社会生产力发展要求的。但同时也应注意，如果职工队伍内部群体利益过度分化，容易削弱工人阶级的内在凝聚力和整体功能，侵蚀工人阶级的团结统一。调查表明，当前这方面存在的问题主要有：

一是在劳动经济权益、民主政治权利的法律、政策规定和实现上，受一些不合理的因素的影响，还存在比较突出的不公平问题，群体间不合理差距持续扩大。在被调查职工中，高达55.1%的认为当前社会收入分配差距很大，35.3%的认为差距较大，两者相加，达到90.4%；认为差距适当、差距较小和差距很小的职工分别只占2.1%、0.3%和0.1%，另有7.1%的职工则认为不好说。在对自己目前收入水平的评价中，很不满意的职工占15.6%，不太满意的占29.2%，两者相加达到44.8%；认为一般的占37.4%，比较满意的占15.6%，很满意的只占2.2%。

二是体制、制度（如垄断）等非自致因素及职工自致因素导致的贫富差距过大，困难职工群体人数增加。如果社会对这一群体的关心不足，重视不够，就会引发部分职工心态失衡，形成比较严重的社会问题。被调查对象中，曾有7.8%的人被单位拖欠工资，其中下岗、待岗、放长假职工的家庭人均年收入水平普遍低于被调查职工的平均水平（见表 4—3），生活遇到各种各样的困难。有 3.3% 的职工家庭人均收入低于当地城镇居民最低生活保障标准，9.9% 的职工不知道是否低于当地城镇居民最低生活保障标准。

表 4—3　不同职工群体家庭人均年收入差异情况

	家庭人均年收入（单位：元）
下岗	4932.0961
待岗（含歇岗）	5599.4504
放长假（含两不找）	5219.7618
协议解除劳动关系或买断工龄	7445.8471
提前退休（含内部退养）	8122.1728
退休	11111.0373
一直在工作	8656.1355
总平均值	8403.8738

三是对不同群体社会功能的宣传失衡，在社会政策的选择上有失偏颇，在强调某一群体社会作用的同时，往往挫伤了其他群体的积极性。调查中，一些产业工人自我评价较低，有一定的失落感。在对 5 年以来职工主人翁地位变化情况的评价上，26.5% 的职工认为有所下降，19.8% 的职工认为大有下降，30.9% 的职工认为没有变化，21.0% 的职工认为有所提高，认为有很大提高的职工只占 1.8%。

（三）就业困难问题将在一定时期内依然存在。

就业问题不仅是影响我国社会经济政治稳定的重大问题，更是加强职工队伍建设面临的重大挑战之一。从总体上看，我国就业总量性和结构性矛盾进一步突出；职工就业困难，职业稳定性下降；劳动力供求严重失衡，极大地制约了职工劳动经济权益的实现；劳动力供给总量持续增加，劳动力需求增量下降，劳动力供需矛盾影响劳动者收入分配、社会保障、职业安全等权益的更好实现。

据有关部门对我国就业状况的统计分析，一方面，全国劳动力供给总量持续增加。一是 1997 年以来，每年以 1200 多万人的速度增长，2001 年底达 96626 万人，年均增长速度达 13.6 ‰，超过了同期 10.7 ‰的人口自然增长率。二是下岗失业人数居高不下。截至 2003 年 3 月底，下岗失业人数达 1400 万人，约占城镇经济活动人口的7%左右，据劳动和社会保障部统计，2001年全国有227万下岗职工实现再就业，再就业率为30%，2002年1—9月有77.3万人实现再就业，再就业率仅为15%，同比下降3.8个百分点。而且随着国有企业改革的深化，企业新的裁员力度还在加大。按照原国家经贸委的测算，目前5000万国有企业职工最终将被裁员30%，即还会再分流出1500多万。三是新进入城镇劳动力市场人数逐年递增。据有关部门预测，城乡每年约有1200多万新成长劳动力进入城镇劳动力市场。“十五”期间，仅考虑国有企业下岗职工出中心（目前在中心的下岗职工总量为400多万）、国有企业新裁员（总量1500万，平均每年300万）、城镇新增劳动力（每年800多万）三大因素，每年的劳动力供给将达1200万左右。

另一方面，劳动力需求量进一步下降。由于我国经济发展相对落后，经济结构不合理，就业增长弹性系数持续下降。1997年就业增长弹性系数为0.12，1998年为0.07，1999年为0.13，2000年为0.10，平均为0.105。如果按此测算，即使保持目前7%以上的高经济增长速度，每年新增就业岗位高估也只有700万—800万。“十五”期间，我国城镇失业人员将在现在800多万的基础上，每年增加300万—400万人，“十五”初期的失业率大约比“九五”期末攀升2个百分点，如果不采取有效措施促进就业，到“十五”期末，我国的失业率将达到10%左右。对如此严峻的就业形势，决不能掉以轻心。

本次调查显示，通过招工应聘到目前工作单位就业的职工占28.5%，通过调动工作的占20.2%，说明通过市场化的方式就业已经逐步成为职工的主要就业方式，职业流动性增大。目前，职工自我认定的工作稳定感虽然较强，如认为目前工作稳定，被解雇、下岗的可能性很小的占33.9%；认为目前工作比较稳定，被解雇、下岗的可能性较小的占31.7%；认为不太稳定，有被解雇、下岗的可能性的占18.6%；认为很不稳定，随时有可能被解雇、下岗的占8.2%；另有7.6%的职工不清楚。在回答“您再找一份工作是否容易”的问题时，22.0%的职工认为很不容易，42.5%的职工认为不太容易，21.9%的职工认为一般，11.1%的职工认为较容易，只有2.2%的职工认为很容易。

同时，职工加班加点问题严重。在调查期上周，工作时间超过40小时的职工占38.0%。在回答“如果您加班加点，您所在单位是否按照《劳动法》规定给您支付了加班加点工资或安排了补休”的问题时，35.2%的职工回答完全按规定执行了，40.0%的职工回答部分执行了，24.8%的职工回答完全没有执行。

（四）社会保障覆盖面亟待扩大。

目前，我国传统的劳保福利体制与新型的社会保障制度尚未有效接轨；社会保障领域法规不健全，法律层次偏低，制度不够规范；社会保障覆盖面亟待扩大，部分困难职工得不到有效保障；社会保障资金筹措困难，统筹层次低；特别是大量进城务工人员和私营企业、乡镇企业职工的社会保障缺口，将为中国未来社会发展留下一定的隐患。

从这次调查来看，用工单位为职工办理养老、失业、医疗、工伤、生育保险的情况不容乐观。在被调查职工中，26.3%的职工其单位未给办理养老保险，44.3%未办理失业保险，38.0%的未办理医疗保险。患过职业病的职工中，只有5.1%的职工全部享受了应享受的待遇，16.5%的职工部分享受了，53.4%的职工未享受，另有25.0%的职工不知道有什么待遇。在受过工伤的职工中，有30.0%的职工全部享受了应享受的待遇，33.0%的职工部分享受了，24.6%的职工未享受，另有12.4%的职工不知道有什么待遇。在家庭人均收入低于当地城镇居民最低生活保障标准的职工中，7.2%的职工回答完全享受了政府的低保救济，32.7%的职工部分享受了，58.4%的职工没有享受，另有1.6%的职工不清楚。

（五）影响职工队伍稳定的因素不容忽视。

当前，我国职工队伍总体是团结稳定的，但也必须正视职工队伍中出现的一些不稳定因素。

一是近年来，劳动纠纷、劳动争议有所增加，职工群体性事件时有发生，规模有扩大倾向。全国各级劳动仲裁委员会受理仲裁劳动争议案件数量呈大幅度上升趋势，1999年受理4.5596万件，2000年受理9.439万件，2001年受理10.5494万件，年度增幅最高为107%。据调查，绝大多数职工群体性事件，是由于企业与职工解除劳动关系给付补偿金过低、企业重组改制人员分流下岗等经济利益问题引发的。在这次调查中，近5年有5.8%的职工与单位发生过劳动争议，其中只有12.9%的得到全部解决，28.9%的得到部分解决，58.2%的没有得到解决。近5年有8.5%的职工所在单位发生过集体劳动争议，其中有36.6%没有得到解决。

二是一些突出的社会问题严重影响职工心态，职工的思想观念多元化中存在诸多变数。这次调查显示，职工群众关注的社会问题主要是腐败严重（占26.1%，居第一位）、就业困难（占21.8%，居第二位）和社会保障不健全（占19.1%，居第三位）等，在对医疗改革、住房改革、劳动用工制度改革、企业改制、社会养老保险制度改革、工资制度改革、教育科技体制改革、政府机构改革的评价上，回答“明显受益”和“有所受益”的职工所占比例不高。在回答“您认为今后改善自己的生活和工作条件的机会多吗”的问题时，只有1.6%的职工认为机会很多，16.4%的职工认为机会较多，32.2%的职工认为机会较少，32.3%的职工认为机会很少，两者相加达到被调查职工总数的三分之二。

三是下岗职工出再就业服务中心和解除劳动合同的问题突出，一些企业改制过程中侵犯职工经济利益和民主权利的问题严重。在与原单位协议解除劳动关系、“买断工龄”的职工中，86.6%的职工所在单位完全现金支付，0.8%以实物资产折抵，2.4%以社会保险缴费折抵，1.7%打白条，8.5%没有任何补偿；协议解除劳动关系、“买断工龄”后，4.6%的职工原单位没有参加养老保险，5.3%的得到原单位协保，7.9%的得到新单位续保，53.6%的完全个人缴费，还有28.5%的已经中断缴费。

四是由于社会保障制度建设滞后等原因，导致部分职工存在后顾之忧，心理预期较差。在回答“您家目前存款的首要目的是什么”的问题时，49.6%的是为保证子女教育，8.2%的是为防病，8.2%的是为防老，9.9%的是为保证日常生活开销，这些都远远高于存款目的是为保值增值、投资经营等所占的比例。

（六）职工队伍整体素质亟待提高。

当前，职工队伍素质方面的突出问题是，整体素质还不适应形势要求，知识技术结构有待优化，高素质人才和技术工人短缺，职业技能培训工作相对薄弱，人力资本投资不足，提高职工队伍素质还缺乏强有力的法律、制度和资金保障，等等。这些都严重制约了职工队伍整体素质的提高。

从本次调查情况来看，职工平均受教育年限为12.28年，近于高中毕业水平，具有大学本科以上文化程度的职工只占9.7%；从职工的技术等级和专业技术职称来看，高级技工只占4.4%，工人技师只占1.3%，有高级职称的只占2.8%，这种状况，与推进社会主义现代化需要建设一支掌握高新技术的高素质人才队伍的要求还相差甚远。在被调查职工中，55.1%未接受过单位组织的职业技能培训，另有73.2%的职工没有自费参加过职业技能培训。工人群体接受单位组织的职业技能培训人均0.9次，不到其他群体的一半；认为自己目前的职业技能不太适应就业实际需求的占24.8%，超过其他群体的1.5倍。这说明建设高素质职工队伍的任务是繁重的。

五、进一步加强我国职工队伍建设的对策和建议

党的十六大提出全面建设小康社会的奋斗目标，对加强我国职工队伍建设、发挥职工队伍作用提出了新的要求。面对新世纪新阶段国际、国内形势和职工队伍自身发生的一系列深刻变化，深入贯彻"三个代表"重要思想和党的十六大精神，全面加强职工队伍建设，切实维护职工合法权益，增强职工队伍的团结统一，在完善社会主义市场经济体制、全面建设小康社会中充分发挥工人阶级主力军作用，是我们肩负的长期而艰巨的任务。根据这次调查了解的有关情况，提出以下对策建议：

（一）坚持以"三个代表"重要思想为指导，坚定不移地贯彻落实党的全心全意依靠工人阶级的方针。

全心全意依靠工人阶级作为我们党的指导方针，是由党和国家的性质及工人阶级的地位作用所决定的。要从讲政治的高度，充分认识贯彻落实全心全意依靠工人阶级的方针，是贯彻"三个代表"重要思想的内在要求，是坚持以人为本、树立和落实科学发展观的重要保证，是推进中国特色社会主义事业的最可靠的基础。必须把贯彻落实全心全意依靠工人阶级方针，贯穿于改革开放和社会主义现代化建设的全过程，切实保证职工群众的主人翁地位，切实维护他们的根本利益，切实发挥他们的积极性和创造力。

胡锦涛同志在同中华全国总工会十四届领导班子成员和工会十四大部分代表座谈时提出，要充分发挥工人阶级在推动经济社会发展中的巨大作用，广泛激发广大职工群众的主人翁责任感，切实尊重他们的首创精神，切实维护他们的根本利益，把他们的智慧和力量进一步凝聚到全面建设小康社会的伟大事业上来。要牢记"群众利益无小事"的道理，真正把立党为公、执政为民的本质要求，落实到制定和实施实现职工群众利益的政策措施上，落实到建立健全职工群众参与国家、社会事务管理和企事业民主管理的制度机制上，落实到关心职工群众生产生活、帮助困难职工排忧解难的具体工作上，使广大职工群众不

断从经济社会发展中得到实实在在的利益。这为更好地贯彻落实“依靠”方针进一步指明了方向。

当前和今后一个时期，亟须加大宣传力度，大力弘扬广大职工在改革和建设的伟大实践中所表现出来的伟大时代精神，使尊重劳动、尊重知识、尊重人才、尊重创造的重大方针在全社会得到认真贯彻。要在政治保证、制度落实、素质提高、权益维护等方面贯彻落实依靠工人阶级的方针，把广大职工群众满意不满意、高兴不高兴、答应不答应作为评判和检验我们工作的根本尺度。同时要适应新的形势，对这一方针在贯彻落实过程中遇到的新情况新问题加强研究，特别是要针对工人阶级内涵与外延的新变化，从理论和实践的结合上探索贯彻这一方针新的途径、办法和措施，使之进一步具体化、制度化，反映新的时代特色，体现新的时代要求。要组织广大职工深入实施经济技术创新工程，大力开展包括劳动竞赛、合理化建议、技术革新、发明创造在内的各种形式的职工经济技术活动，在推动社会主义物质文明、政治文明、精神文明协调发展中充分发挥工人阶级的主力军作用。

（二）坚持维护工人阶级的整体性，巩固职工队伍的团结统一。

改革开放以来，随着我国社会生活和社会结构发生的深刻变化，职工队伍内部出现了不同的利益群体。这种变化从总体上说是积极的、进步的，是符合时代发展潮流的，从长远看，有利于提高工人阶级的整体素质，发挥工人阶级的整体优势。

适应这一发展变化，正确处理职工队伍的内部关系，切实保障不同群体职工的合法权益，维护职工队伍的团结统一，进而维护社会政治稳定，是当前和今后一个时期的重要任务。这就要求我们，要在政策制定与执行过程中，着眼于表达和维护最大多数职工的利益，切实照顾各方面的利益，充分体现各方面的愿望，善于整合各种资源与优势，取得最大的“社会利益公约数”，形成最大合力。既要重视职工队伍中在资金、技术、知识、信息等方面处于比较优势的群体，发挥他们在引领生产力发展方向中的作用，又要充分注意目前还处于弱势地位的职工群体，特别是下岗失业人员、生活困难人员、进城务工人员，使他们能够同步享受到改革和发展带来的成果，不能顾此失彼。要引导职工特别是工作和生活暂时遇到困难的职工，正确对待利益关系的调整，理解改革、支持改革、参与改革，发挥工人阶级作为推动我国先进生产力发展和社会全面进步根本力量的作用。

要深刻认识到工人阶级的力量在于团结统一，积极适应我国社会的多样性发展，最大限度地把广大职工组织到工会中来，进一步密切党和职工群众的血肉联系，不断巩固党的阶级基础，扩大党的群众基础，警惕和防范国内外敌对势力“西化”、“分化”我国职工队伍的图谋。在加强职工队伍自身团结的同时，要自觉维护职工队伍同其他劳动群众、中国特色社会主义事业的建设者、拥护社会主义的爱国者和拥护祖国统一的爱国者的团结，通过工人阶级的先进思想和模范行为，影响带动全社会更加自觉地团结在党的周围，结成最广泛的统一战线，保护和调动一切积极因素，共同维护安定团结的社会政治局面，发挥好工人阶级作为维护社会稳定中坚力量的作用。

（三）坚持建立健全劳动保障法律体系和劳动关系调整机制，切实维护职工的劳动经济利益。

党的十六届三中全会提出完善社会主义市场经济体制。而建立健全劳动保障法律体系和劳动关系调整机制，既是完善国家宏观调控体系和市场体系的重要组成部分，也是确保现代企业制度得以真正建立的重要前提。一些发达的市场经济国家也无不把完善劳动保障法律体系和劳动关系调整机制作为其经济发展的重要保证。因此，在完善社会主义市场经济体制的进程中，应该高度重视完善劳动保障法律体系和劳动关系调整机制问题，把它作为完善社会主义市场经济体制不可或缺的重要组成部分优先考虑，突出重点，整体推进。

劳动就业、工资分配、社会保障、劳动安全卫生、职业培训等是职工群众最关心的问题，也是劳动关系的核心问题。就业作为民生之本，是职工最基本的权利。从调查中可以了解到，当前影响职工生活和思想最突出的就是就业问题。各级党政必须高度重视这一问题，按照中央的总体部署和制定的各项就业和再就业政策抓好落实，把促进就业切实纳入经济社会发展规划，开展再就业援助行动，强化对就业和再就业工作实施情况的监督检查。在处理发展经济、扩大就业与劳动者权益的关系的问题上，确定就业优先原则，建立正常合理的劳动者退出机制和补偿机制，督促企业进一步规范劳动用工制度，规范职工下岗程序，坚持下岗分流方案必须经过职工（代表）大会讨论通过后才能实施，妥善处理经济补偿和债权债务问题。逐步实行规范统一的劳动力市场，对大量进城务工人员逐步实行与城镇就业人员同等待遇，打破城乡就业“二元结构”、行业和地区壁垒，加大对非正规部门和非正规就业的政策支持力度。

收入分配事关职工切身利益。政府有关部门要进一步完善企业工资支付的法规、规章，制定工资指导线，发布不同职业、工种的工资指导价位和不同行业的人工成本水平，督促政府和企业切实解决拖欠职工工资问题，确保工资按时足额发放。积极推行工资集体协商，形成职工参与工资分配的有效机制。监督企业认真贯彻执行最低工资保障制度，确保职工尤其是普通职工、进城务工人员的工资水平随着企业经济效益的提高和国民经济的发展而不断提高。

社会保障是职工生存与发展的基本条件，是一个社会得以正常运转的安全阀和稳定器。政府要加快社会保险制度的改革和完善，按照“低水平、广覆盖”原则，着力扩大包括进城务工人员在内的覆盖面，妥善解决原国有大中型企业职工的社会保障问题，监督企业依法缴纳社会保险费，并加强对其管理和使用情况的社会监督。修改制定和完善养老、失业、医疗、工伤、生育等各项保险制度，适时出台《社会保险法》。进一步做好特困职工的低保工作，建立健全社会帮困救助机制，加强困难职工帮扶中心建设，保障下岗职工、特困职工和失业人员的基本生活。

生命健康权是职工最大的权利，劳动安全卫生工作关系职工的生命安全和身体健康，各级政府要加强对劳动安全卫生法律法规的执法监督，贯彻“安全第一，预防为主”的方针，加快形成专群结合、群防群治体系，建立维护职工劳动安全卫生权利的长效机制，努力保证广大职工的这一最基本的权利。

修改完善《劳动法》，加快建立配套完善的劳动法典。加大调整劳动关系力度，建立健全平等协商、集体合同制度和劳动合同制度，并不断提升劳动合同、集体合同和劳动争议调处制度的法律层次和法律效力。进一步建立健全劳动关系矛盾预警和调处机制，正确认识和处理新形势下人民内部矛盾，建立健全妥善处理职工群体性事件的机制与方法，努力把劳动关系矛盾化解在基层，解决在萌芽状态。

（四）坚持推进基层民主政治建设，保障职工的民主权利。

保障职工当家作主的民主权利，是我国的性质和职工的地位所决定的。职工不仅是劳动者，还是国家和公有制企业的主人，不仅要维护他们的经济利益，还要维护他们行使管理国家、管理经济和社会事务的权利，这既是社会主义民主的根本要求，也是全面建设小康社会、推进政治文明建设、实现人的全面发展的题中应有之义。保障他们的民主权利，落实广大职工的知情权、参与权、监督权，必须从宏观和微观两个层次加以体现。

在宏观层次，要通过建立健全政府与工会联席（联系）会议制度、劳动关系三方协商机制、劳动保障法律法规联合监督监察制度、劳动争议仲裁等机制和制度，从源头上、整体上听取工会组织代表职工群众反映的意见和建议，在立法和政策制定等层次体现职工的意愿和要求。同时，还可以通过人大、政协等组织，建立健全反映职工意愿的途径或“直通车”，畅通信息渠道，使职工群众的意见和要求能够直接、快速、准确地反映给党政有关部门和决策者，使有关职工利益的重大决策建立在深厚的群众基础之上，既可以减少失误，也可以最大限度地取得广大职工的理解和支持。

在微观层次，要坚持和完善长期以来行之有效的职工（教职工）代表大会和其他形式的企事业单位民主管理制度，并适应股份制经济、混合所有制经济比例越来越大的形势，不断调整和充实其职权内容与方式，使之更加体现时代特点和要求，符合企事业的需要。坚持企业改制方案、人员分流、工资分配等重大决策，必须经过职工代表大会审议讨论，不能由经营者少数人甚至一个人说了算。坚持和发展职（教）代会民主评议领导干部制度、业务招待费使用情况和领导人员廉洁自律情况向职（教）代会报告制度，加强对领导干部的监督。深入推行厂务公开，逐步实现厂务公开制度的规范化、制度化和程序化。在公司制企业，坚持和完善职工董事、职工监事制度，保证职工民主参与企业决策和管理。要发挥群众监督和舆论监督作用，建立健全群众监督的体系、职权与运作规范等相关制度，切实强化群众监督职能，推动有关职工权益的法律法规政策的贯彻落实。推动国家有关部门修改职工代表大会条例，制定厂务公开条例和职工董事、监事条例，适时制定民主管理法，为职工民主权利的落实提供有力的法律依据和政策保障。

（五）坚持和发展工人阶级的先进性，建设一支高素质的强大的职工队伍。

依靠主力军，必须建设主力军。坚持和发展工人阶级的先进性，建设一支高素质的强大的职工队伍，是实施科教兴国战略、人才强国战略的重要任务，是迎接经济全球化和知识经济的挑战、加快工人阶级知识化进程的重要途径，是建设学习型社会、实现广大职工全面发展的迫切要求。只有不断提高包括政治觉悟、文化水平和业务能力在内的整体素质，工人阶级才能进一步保持和发展自己的先进性。

加强职工思想政治工作，坚持以“三个代表”重要思想武装广大职工的头脑，引导职工树立正确的世界观、人生观、价值观，弘扬和培育民族精神，树立爱岗敬业、诚实守信、办事公道、服务群众、奉献社会的职业道德。

推动完善培训教育机制，依法加大投入，配合国家实施高技能人才培训工程和技能振兴行动，大力培养工人队伍中的高技能人才。积极推动用人单位贯彻国家有关职工教育和职业培训的法律法规，保证职工教育经费的落实，促进职工技术技能资格认证考核评估体系的建立，推动职工技术交流，培养和造就一大批具有较高素质、掌握较高技能的技术工人。督促和协助地方政府及企业行政，加强对下岗失业人员的转岗就业技能培训，对进城务工人员进行引导性培训和职业技能培训。

积极开展“创建学习型组织、争做知识型职工”活动，通过职业教育、岗位培训等多种形式，大力提高广大职工的科学文化素质，增强他们的学习能力、创新能力、竞争能力和创业能力，使广大职工成为艰苦创业、勤奋学习、增进团结的模范。大力宣传劳模先进事迹，弘扬劳模精神，加强对各行各业劳动模范的培养、选拔、管理和服务，探索建立保持劳模先进性的激励机制。

（六）重视加强新形势下的工会工作，充分发挥工会组织的作用。

工会作为职工利益的表达者和维护者，在加强职工队伍建设、维护职工合法权益、发挥职工队伍作用中肩负着重要的职责。要坚持以邓小平理论和“三个代表”重要思想为指导，坚持以人为本、树立和落实科学发展观，坚定不移地贯彻执行党的路线方针政策，全心全意地为职工群众服务，切实把表达和维护广大职工群众的利益作为工会一切工作的出发点和落脚点，全面履行各项职能，突出维护职能，引导好、保护好、发挥好广大职工的积极性，不断开创工会工作新局面。

要适应职工队伍的发展壮大与维权任务繁重的实际，加快工会组建步伐，大力发展新的会员，把包括进城务工人员在内的广大职工最广泛地组织到工会中来，同时又要防止已有的工会会员的流失，不断巩固和发展工会组织，努力提高职工队伍的组织化程度。要进一步夯实工会组织基础，切实发挥基层工会在协调劳动关系、维护职工利益、促进企业发展中的作用，把基层工会建设成为组织健全、维权到位、工作规范、职工信赖、企业支持的职工之家。

把维护贯穿到推动改革、促进发展、积极参与、大力帮扶的全过程，注重维权工作的整体性与层次性。在工会对象上，既要着眼维护全体职工利益，又要突出重点，做好特困职工的维护工作；既要重视做好对国有、集体企业职工的维权工作，又要注意做好非公有制企业职工、进城务工人员及非正规部门和非正规就业者的维权工作。在工作内容上，既要注意维护职工的经济利益，又要维护其民主权利、精神文化权益；既要维护其劳动权益，又要维护其产权利益。在工作力量上，既要立足工会自身，同时又要善于借助社会力量办工会，推动工会工作的社会化。在工会干部队伍建设上，建立健全激励、约束机制和保障机制，建立工会干部人才库，探索工会干部身份职业化、工作业余化、来源社会化等新的途径和方式。要努力创新工会的组织体制、运行机制和活动方式，不断推进工会组织的群众化、民主化、法制化、社会化建设，增强工会组织的吸引力和凝聚力。

各级党委要高度重视工会工作，切实加强和改善对工会工作的领导，认真研究新世纪新阶段工会工作面临的重大问题，帮助工会解决工作中遇到的实际困难，支持工会依照法律和自己的章程创造性地开展工作，更好地发挥工会组织在党和国家工作大局中的重要作用。各级政府要大力支持工会工作，进一步加强同工会的联系，听取工会的意见，主动接受监督，拓宽工会民主参与、民主监督的渠道，为工会工作的开展创造更好的条件，提供强有力的保证。

课题总负责：李永海　李滨生
课题组组长：吕国泉
课题组成员：安建华　张春旺　刘泽波
　　　　　　张妍延　雷江平
统　　　稿：李滨生

全总全国职工队伍状况调查办公室
2002 年

第六次中国职工状况调查报告

（2007年）

在构建社会主义和谐社会中充分发挥工人阶级主力军作用

——关于第六次全国职工队伍状况调查情况的总报告

我们党历来十分重视对工人阶级问题的研究。自1982年以来，在党中央的领导下，全国总工会曾先后参与和独立开展了五次全国性调查，掌握和反映不同时期职工队伍发展变化的特点和趋势，对党加强和改进对工会工作的领导、制定有关职工的政策措施，对推动工会工作创新发展、更好地参政议政起到了重要的作用。党的十六大以来，随着改革深化、开放扩大和国家经济社会迅速发展，职工队伍进一步发展变化，面临着许多新情况新问题。为了准确把握2002年以来的五年我国职工队伍发展变化的现状与特点，全总于2007年组织开展了第六次全国职工队伍状况调查。这次调查从三个方面进行。一是委托国家统计局在全国15个省（区、市）进行了包括12000个农民工在内的42000个职工样本的问卷抽样调查，每个被调查的省（区、市）调查2000名城镇职工，并在农民工相对集中的10个省（市）各调查1200名农民工。二是在各调查省（区、市）开展了典型调查和个案访谈，形成40余篇典型调查报告和大量职工个案访谈材料。三是召开了各种类型的座谈会。

现将调查情况报告如下。

一、我国职工队伍发展变化呈现新的特点和趋势

2002年以来，随着我国经济社会的迅速发展，职工队伍不断发展壮大。据全总统计部门测算，2002年至2006年间，我国职工人数由2.07亿增加到2.70亿，增长了30.5%，年递增6.9%。各类企业、事业与机关单位的在岗职工20390.9万人，其中，城镇单位在岗职工11160.6万人、乡镇企业职工6128.9万人、私营企业职工3101.4万人，城镇个体经营户中的雇工5466.9万，仍与原单位保留劳动关系的下岗、内退人员1176.1万。

调查显示，职工队伍发展变化呈现出以下特点和趋势。

（一）农民工成为产业工人的主要力量，职工队伍呈年轻化特征。

随着工业化、城镇化的推进，农民工队伍迅速壮大，已成为我国产业工人的主体和职工队伍的重要组成部分。据国家统计局抽样调查，2006 年，农村中乡镇从业的农民工占城镇从业人员的46%。调查显示，在一些劳动密集型、技术含量低且“苦、脏、累、险”的行业中，农民工已在数量和比重上占主体地位，在建筑业、采矿业、制造业中，农民工的比重最高，分别达到 78.2%、65.7%、61.3%（具体情况见表 1）。

表 1　各行业农民工比重　　（单位:%）

行　业	城镇职工	农民工
农、林、牧、渔业	48.9	51.1
采矿业	34.3	65.7
制造业	38.7	61.3
电力、燃气及水的生产和供应业	60.6	39.4
建筑业	21.8	78.2
交通运输、仓储和邮政业	68.5	31.5
信息传输、计算机服务和软件业	90.7	9.3
批发和零售业	52.7	47.3
住宿和餐饮业	28.2	71.8
金融业	88.8	11.2
房地产业	53	47
租赁和商务服务业	72.7	27.3
科学研究、技术服务和地质勘查业	84.6	15.4
水利、环境和公共设施管理业	74	26
居民服务和其他服务业	73.1	26.9
教育	92.5	7.5
卫生、社会保障和社会福利业	94.9	5.1
文化、体育和娱乐业	74	26
公共管理和社会组织	98	2
国际组织	100	—
合　计	54	46

农民工的主体是青壮年，他们的加入，使我国职工队伍在总体上呈现出年轻化的特征。本次调查表明，2007 年，我国职工队伍平均年龄为 36. 47 岁，其中，城镇单位职工的平均年龄为 40. 14 岁，比 2002 年城镇单位职工平均年龄 40. 94 岁略有下降；农民工平均年龄仅 32. 15 岁，比城镇单位职工平均年龄小 7. 99 岁，64. 8% 的农民工年龄在 35 岁以下，大大高于城镇职工的这一比例（31. 9%）。（具体情况见图 1）

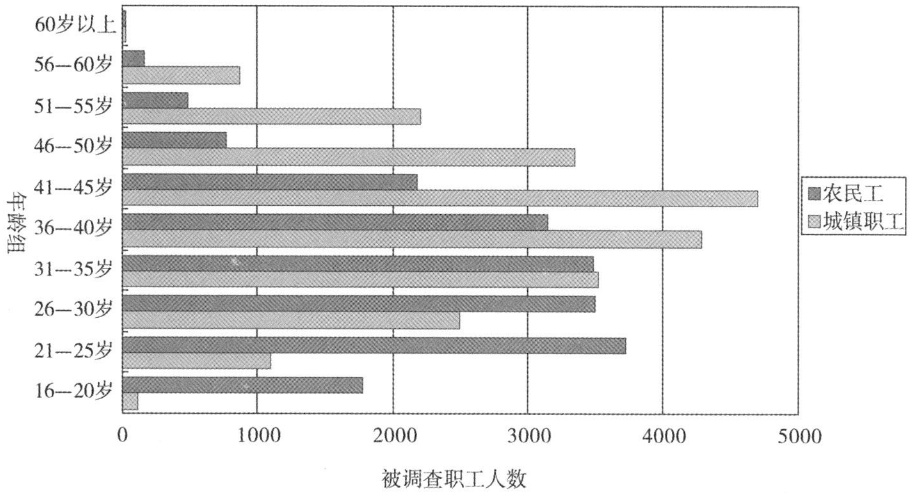

图 1　城镇职工与农民工年龄结构差异

（二）受教育程度进一步提高，文化技术水平呈上升态势。

五年来，职工文化技术水平有较明显提高。调查显示，2007 年全部职工平均受教育年限达到 11. 48 年。其中，城镇职工平均受教育年限 12. 37 年，比 2002 年增加了 0. 4 年；农民工平均受教育年限 10. 43 年，比 2002 年九城市调查的农民工受教育年限（9. 68 年）增加了 0. 75 年。在全部工人中，技术工人占 29. 1%。其中，在城镇工人中，技术工人占 36. 6%，与 2002 年基本持平；在农民工中的工人群体内，技术工人占 25. 5%，比 2002 年全国九城市职工状况调查结果提高近 5 个百分点。技术工人比重的增加，对推动企业技术创新、提升核心竞争力起到了良好的促进作用。此次调查表明，新进入职工队伍的年轻劳动力接受过更好的教育。

但同时也要看到，我国职工队伍整体素质虽然有所提高，但与发达国家相比仍有很大差距，目前职工的文化技术素质还远不能满足我国经济社会发展的需要。以美国为例，早在1992年，其15—64岁年龄组居民的受教育年限就已达到18.04年，远较我国目前职工平均受教育年限的11.48年、农民工群体平均受教育年限的10.43年为高。另一方面，职工队伍中技术工人特别是高级技术工人的比例较低，与我国作为当今世界制造业大国的地位形成鲜明反差。本次调查显示，在全部企业工人中，没有技术等级的工人占74.1%，而德国早在1980年非技术人员的比重就已经下降到了21.5%。

（三）东部沿海地区职工数量大，职工向经济发达地区聚集的趋势明显。

我国职工队伍的地域分布主要受人口规模和经济发展水平影响，越是发达地区所能提供的就业岗位越多，职工队伍的规模也越大。据全总统计部门测算，全国职工的54.4%集中在东部沿海地区，远高于中部地区的25.7%和西部地区的19.9%；占全国职工人数比重较大的五个省份依次是广东、江苏、山东、浙江、河南，其中4个省份都在东部沿海地区（详细分布见表2）。

表2　职工地区分布

地　区		职工比重（%）	合　计（%）
东部	北京	3.3	54.4
	天津	1.2	
	河北	4.3	
	辽宁	4.1	
	上海	3.2	
	江苏	8.5	
	浙江	7.7	
	福建	3.8	
	山东	7.9	
	广东	9.7	
	海南	0.6	

续表

地　区		职工比重（%）	合　计（%）
中部	山西	2.6	25.7
	吉林	2.0	
	黑龙江	3.0	
	安徽	2.9	
	江西	2.5	
	河南	5.3	
	湖北	3.8	
	湖南	3.8	
西部	内 蒙 古	1.9	19.9
	广西	2.2	
	重庆	1.9	
	四川	4.5	
	贵州	1.4	
	云南	2.0	
	西藏	0.2	
	陕西	2.3	
	甘肃	1.3	
	青海	0.4	
	宁夏	0.5	
	新疆	1.4	

我国的人口迁移主要属于经济性迁移，大量研究证实，东、中、西部经济实力的相对差距和人口规模的地域分布格局在短期内都不会有太大变化，因而经济相对发达的东部沿海地区仍是人口的主要迁入地，人口分布的重心还会向东部地区偏移，迁移劳动力中的多数都将成为职工队伍的一部分。从 2002 年至 2006 年五年间，东部沿海地区的职工数量增长最快，占全部职工增长量的 39.3%，其中，福建、广东、江苏 3 省增幅最高，分别增长了 71.4%、50.4%、44.8%。在今后一个时期，职工队伍向东部沿海地区聚集的趋势不会改变。

（四）职工队伍内部群体日益分化，影响职工群体关系的问题进一步凸显。

伴随改革开放的深入和社会结构的变迁，我国职工队伍内部结构也在发生深刻变化。大批乡镇企业职工、农民工、非公有制企业职工、新兴产业职工源源不断地加入到职工队伍中来，一方面使职工队伍不断壮大，另一方面也使职工队伍内部的差异不断扩大，从而加剧了职工队伍的分化。本次调查发现，普通职工、专业技术人员、经营管理人员、公务员、农民工、以下岗失业职工为主体的困难职工在平均受教育年限、经济权益实现程度、社会地位和社会态度等方面都存在比较明显的差异，从而构成了当前我国职工队伍内部的几个主要群体，各个群体在根本利益上是一致的，但也存在着具体利益上的矛盾。过去五年来，党和政府采取一系列政策措施，遏制收入分配上的分化，在平衡各个群体利益、整合职工队伍上取得了一些成效。但是受市场化加速发展、劳动力市场供求关系急剧变化的影响，加之制度、体制、政策等方面的原因，近些年来，职工队伍内部普通工人、专业技术人员、经营管理人员、公务员、农民工等群体间经济社会地位加速分化，各群体之间利益实现差距仍在扩大，使得职工队伍内部群体关系问题进一步凸显，主要表现在以下几个方面。一是普通职工和农民工群体相对其他群体收入明显偏低。调查显示，普通职工和农民工群体在收入水平上与其他群体差距较大，而在大多数行业中，农民工群体的平均货币收入更低于城镇普通职工。收入差距拉大在一定程度上影响了职工的劳动热情，调查发现，在劳动积极性的发挥程度上，普通工人的平均得分是3.62（最高值为5，最低值为1。下同），而企事业单位高层管理人员或负责人平均得分为4.07。二是普通职工群体的政治参与程度较低。调查显示，绝大多数普通工人（71.6%）不是党员，也未加入其他党派，这一比例远远高于其他群体（50.3%）；在最近一次选举人大代表的投票中，普通职工中参加投票的只占41.8%，而其他职工群体的投票率为54.5%。三是农民工群体在融入职工队伍的过程中仍面临制度性障碍。调查表明，农民工主要集中在技术含量低、劳动强度大的“苦、脏、累、险”行业，他们就业不稳定，工作条件艰苦，收入水平低，居住环境差，未被纳入城市社会保障体系，不能像城镇职工一样平等地分享到经济社会发展的成果。就业、分配、保障、教育、住房等方面的制度安排，人为地把农民工与城镇职工划分为不同群体。四是以下岗职工为主体的困难职工群体问题仍然突出。这部分职工收入很低，基本生活缺乏必要社会保障，在经济社会生活中处于明显弱势地位，他们在职工队伍中虽然是少数，但因其发展机会少，其生活困境已逐渐被固化，且开始形成贫困的代际传递。五是非正规就业职工权益实现问题日益明显。调查表明，由于劳动力市场长期供大于求，加之社会分工日益复杂，职工就业形式发生了很大变化，非全日制用工和非正规就业日渐成为新的就业方式。有资料表明，近年来我国 95% 以上的新增就业机会是由非正规就业构成的，占就业人数 75% 左右，非正规就业已成为城市吸纳新增劳动力与剩余劳动力的主渠道。由于非正规就业规范化程度低，相关制度与法律法规不完善，相关人员多数是农民工，其利益实现程度低，权利很容易受到冲击。当然，职工队伍内部的群体分化现象是市场经济发展的结果，但如果忽视并任其发展下去，有可能会损害职工队伍内部各群体关系的和谐，进而影响工人阶级团结和社会稳定。

（五）职工队伍的产业分布发生显著变化，并呈现出明显的群体差异。

随着经济的发展和产业结构的调整，职工在不同产业的比重也有所变化，本次调查结果显示，第一产业职工占 1.7%，第二产业职工占 46.6%，第三产业职工占 51.7%，超过第二产业 5.1 个百分点。这说明，随着城镇化进程的加快和社会建设事业的发展，与民生密切相关的第三产业尤其是各类服务业发展迅速，对劳动力的吸纳起到了越来越重要的作用。

职工队伍的产业分布呈现出群体差异，城镇职工逐渐向第三产业转移已成为一种趋势，而农民工则更多地向第二产业集中。从本次调查来看，城镇职工在第三产业中的分布占到 67.1%，比 2002 年（57.5%）增加 9.6 个百分点；农民工在第二产业中的分布占 64.4%。

从行业来看，职工仍然主要集中在制造业、建筑业、批发和零售业等行业，其中制造业所占比重最大，占全部职工的 31.9%（详细分布见表 3）。而城镇职工中在制造业中就业的比重只有 22.8%，比 2000 年下降 39.7 个百分点，这显然是大量农民工进入制造业就业的结果。

表3 职工队伍行业分布

行 业	比重（%）
农、林、牧、渔业	1.7
采矿业	2.4
制造业	31.9
电力、燃气及水的生产和供应业	2.9
建筑业	9.4
交通运输、仓储和邮政业	5.8
信息传输、计算机服务和软件业	1.3
批发和零售业	9.1
住宿和餐饮业	6.1
金融业	1.8
房地产业	1.6
租赁和商务服务业	2.2
科学研究、技术服务和地质勘查业	1.1
水利、环境和公共设施管理业	1.2
居民服务和其他服务业	7.3
教育	3.7
卫生、社会保障和社会福利业	2.6
文化、体育和娱乐业	1.6
公共管理和社会组织	6.5
国际组织	—

（六）非公有制企业职工占企业职工的大多数，农民工在非公有制经济中已占主体地位。

本次调查表明，企业职工是职工队伍的主体，非公有制企业职工的比重大于公有制企业职工比重。数据显示，企业职工占了职工总数的72.2%，事业单位职工占12.2%，党政机关、社会团体职工占5.9%，其他单位职工占9.7%。而在企业职工中，非公有制企业职工占了58.6%，公有制企业职工只占41.4%（详细分布见表4）。

表 4　企业职工所有制结构

所有制	比重（%）
公有制企业	41.4
国有企业（含国有控股企业）	33.4
集体企业	8.0
非公有制企业	58.6
私营（民营）、个体企业	41.0
外商（含台港澳）投资企业	9.3
混合所有制企业	6.1
其他企业	2.2

调查表明，93.6%的农民工在企业就业，大部分集中在非公有制企业，在非公有制企业和一些行业中，农民工在数量上占绝对优势。本次调查显示，农民工中在非公有制企业就业的占到非公有制企业职工的67.9%。

综合以上分析可以看出，五年来，随着我国经济社会的发展和工业化、城镇化的推进，职工队伍在总量和结构上都发生了不少新的变化，职工队伍进一步发展壮大，年龄结构更加合理，综合素质不断提高，地区、产业、行业、所有制分布呈现新特点，农民工作为职工队伍的重要组成部分，其规模、比重、地位、作用日益凸显。

二、我国职工劳动经济权益得到进一步实现和保障

党的十六大以来，我国经济保持平稳快速健康发展，社会建设得到加强。职工劳动就业权利进一步实现，工资收入进一步增加，社会保障权益进一步落实，劳动条件进一步改善，广大职工更多地享受到经济社会发展成果。

（一）职工劳动就业权利进一步实现。

五年来，党和政府将就业再就业工作放在经济社会发展更加突出的位置，实施积极的就业政策，各级工会也大力开展职业介绍、就业培训、小额信贷等工作，努力促进职工就业再就业，社会各界高度关注就业问题，职工劳动就业权利得到了进一步保障。

在岗职工总数明显增加。据国家统计局统计，2006 年城镇单位在岗职工为

11161万人，比2002年增加603万人。本次调查表明，在全部被调查职工中，在岗职工（含农民工）占92.4%，较2002年有所提高，农民工的就业比例更高。男职工中在岗的占93.8%，比女职工高3.3个百分点。绝大多数职工对政府采取的积极就业政策给予高度评价，96.0%的职工认为，近年来政府为零就业家庭提供工作岗位等措施有力地促进了社会和谐。

越来越多的下岗失业人员实现了再就业。在这次被调查的在岗职工中，21.6%有过下岗失业经历，说明下岗失业职工中有不少实现了再就业，其中在下岗（失业）一年以内实现再就业的占到了61.2%。总的来看，体制转轨遗留下来的下岗问题得到较好解决，职工大规模下岗和被推向社会的情况逐渐减少。调查表明，在有下岗失业经历的职工中，接受过再就业培训的职工占33.2%，各种形式的职业培训在促进下岗失业职工再就业方面起到了重要作用。

职工的就业渠道进一步拓宽。被调查职工中，25.6%是通过单位招工就业，25.1%是通过亲友帮忙就业，15.5%是通过应聘就业，12.9%是通过毕业分配就业，6.1%是通过劳务市场就业，仅有5.2%的职工是通过政府安置就业的。从中可以看出，随着市场在劳动力资源配置中的基础性作用逐步增强，自主择业、双向选择日益成为职工就业的主要方式。

职工就业总体上比较稳定。被调查职工对就业稳定程度给予一定积极评价，62.5%的职工认为目前工作很稳定和比较稳定，其中，在城镇职工中占了64.7%，在农民工中占了60.3%。与2002年调查时相比，“工资收入高”已经取代了“职业稳定”，成为职工择业时最为关注的因素。这表明，劳动就业日趋市场化使职工择业观念更加务实，以适应市场竞争的要求，同时也表明职工对增加收入的愿望日益强烈，超过了对稳定就业的追求。

调查也表明，在当前我国劳动力市场供需矛盾尖锐的情况下，职工劳动就业仍然面临不少困难，促进就业的各项社会政策还有待进一步落实。一是受就业形势严峻的影响，城镇职工中在岗职工的比例有所下降。本次调查为86.2%，与2002年相比降低了4.7个百分点，保证城镇职工的就业岗位仍然是一个重大问题。二是职工职业流动更加频繁，影响职工的职业稳定感和对企业的归属感。在城镇在岗职工中，换过工作的占48.9%，28.4%曾经下岗失业，均比2002年数值有较大增加。这表明，在职工自我评价就业总体上相对较稳定的同时，工作岗位不稳定也成为困扰部分职工的一个突出问题。三是部分下岗失业职工再就业面临困难。本次调查表明，部分下岗失业职工等待再就业时间仍然过长，下岗（失业）一年以上才找到工作的占 38.8%。四是就业服务工作还有待进一步加强。调查中，下岗（失业）后未接受过再就业培训的比重很高，占到 66.8%。分别有 61.8% 和 57.8% 的进城农民工表示，培训机会少、劳动技能低和就业信息渠道少是他们在城里打工遇到的主要难题，通过劳务市场和职业介绍机构找到工作的农民工分别只占 9.3% 和 2.7%。这说明，就业服务工作仍然不能满足广大下岗职工和农民工的迫切需要。

（二）职工工资收入水平总体上有进一步提高。

五年来，我国职工工资收入总体上持续增长，职工特别是农民工工资收入权利得到进一步实现，用人单位拖欠职工工资问题得到缓解，职工家庭生活日益改善。

职工工资总体水平有较大提高。本次调查表明，2007 年职工月平均工资为 1366.69 元，其中，城镇职工为 1520.27 元，比 2002 年第五次职工队伍状况调查时的 1037.21 元增加了 483.06 元，提高了 46.6%。76.6% 的职工近五年来增加了工资，其中近两年来增加了工资的占 65.2%。职工最近一次增加工资平均数额为 187.23 元，其中，城镇职工为 219 元，农民工为 158.04 元。调查还表明，加入了工会的职工月平均工资为 1569.79 元，比没有参加工会的职工高 31%。

农民工工资收入增长较快。党和政府重视解决农民工问题，已取得了显著成绩，93.3% 的农民工认为，党和政府保护农民工的政策使农民工得到了实惠。本次调查表明，2007 年农民工月平均工资达 1210.92 元，比 2002 年职工队伍状况调查时的农民工月工资 844.14 元提高了 43.45%，五年中年均递增 7.48%，其中，2007 年比 2006 年增长了 14.1%，这表明近几年农民工工资有了一定增长，尤其 2006 年以来农民工工资收入增长较快。调查还表明，加入工会的农民工比没有加入工会的农民工人均年工资收入要高出 29.3%。

拖欠职工工资的情况有明显缓解。调查表明，工资被拖欠的职工占全部职工的 4.6%，其中，城镇职工占 4.3%，比 2002 年减少了 3.5 个百分点，与 2002 年城镇一线职工中约有 9% 的工资不能按时发放的情况相比，有很大改善。同时，农民工工资被拖欠情况有了显著改变，表明拖欠职工工资问题得到了较好的解决。

广大职工衷心拥护党和政府有关解决职工工资收入问题的一系列政策措施。调查显示，政府调整收入分配格局、维护社会公平正义所采取的一系列政策措施深得职工群众的拥护和赞成，96.2%以上的职工认为政府提高最低工资标准、帮助农民工追讨欠薪有力地促进了社会的和谐，87.7%的职工拥护政府有关“农民工和城市职工同工同酬”的政策。

本次调查也反映出在职工工资收入方面仍然存在一些突出问题。一是普通工人工资收入低、增长慢。调查表明，普通工人月平均工资收入为1155.88元，为全部职工月平均工资收入的84.6%，72.4%的普通工人月工资收入低于全国平均工资收入。55.5%的普通工人月工资收入低于1000元。另外，26.7%的普通工人过去五年来未增加过工资。二是不同群体职工间工资收入水平差距较大。2006年国家统计局发布的社会月平均工资为1750.1元，而本次调查表明，84.1%的农民工低于这一水平，69.7%的农民工月工资低于本次调查全部职工平均水平，52.5%的农民工月工资低于1000元，农民工工资只相当于城镇职工的79.7%，考虑到工时差异，只相当于城镇职工的67.5%，城镇职工与农民工工资收入差距明显。此外，不同地区、不同行业职工之间的工资收入差距也比较明显，如本次调查的15个省（区、市）中，职工月平均工资收入最高的是最低的2.38倍；金融业职工工资收入是全部职工工资收入水平的1.51倍，是居民服务和其他服务业职工的2.05倍。三是超时劳动导致部分职工实际工资收入水平更低。调查表明，在企事业单位职工中，79.9%的农民工、67.2%的城镇职工存在加班现象，城镇职工周平均工时为44.46小时，其中42.2%超过40小时；农民工周平均工时为52.44小时，其中76.3%超过40小时。而加班的职工中，仅有28.7%能按法律规定的标准领到加班费，31.2%不能足额领到，25%完全领不到。因此，如按法律规定的工时标准计算，职工实际工资收入水平更低。四是职工工资收入的保障机制尚不健全。调查表明，职工所在企业开展了工资集体协商的仅占14.2%；在规定有劳动定额的单位内，由单位与职工本人或工会协商确定劳动定额的仅占30.4%，而由单位单方面确定的达52.4%。16.6%的职工反映在8小时内不能完成劳动定额；60.8%和75.1%的职工不知道最低工资标准和小时最低工资标准，大部分职工不了解最低工资制度。

（三）职工的社会保障权益得到较好实现。

五年来，国家进一步加大了社会建设力度，社会保障体系逐步建立健全，养老、医疗、失业、工伤和生育保险制度覆盖范围不断扩大，社会保障总体水平有所提高，工会积极参与推进社会保障制度建设，努力维护了职工的社会保障权益。

职工的社会保障权益总体上得到较好实现。随着我国社会保障体制日趋完善，社会保险覆盖面不断扩大，广大职工逐步享受到社会保障。本次调查显示，养老保险是职工最迫切需要的社会保险，到 2007 年，养老保险在职工中覆盖面达到 55. 8%，其中城镇职工达 70. 6%，比 2002 年提高了 2 个百分点，在五大保险中覆盖率最高；医疗保险覆盖面达到 52. 9%，其中城镇职工达 68. 0%，比 2002 年提高了 13 个百分点；失业保险覆盖面达到 36. 6%，其中城镇职工达 57. 1%，比 2002 年提高了 14. 9 个百分点；工伤保险覆盖面达到 40. 1%，其中城镇职工达 35. 9%，比 2002 年提高了 20. 9 个百分点；生育保险覆盖面达到 17. 8%，其中城镇职工达 22. 1%，比 2002 年提高了 13. 4 个百分点。

农民工的社会保障状况逐步改善。各地针对农民工的特点，陆续出台了一些社会保障措施，越来越多的农民工参加了社会保险，不少农民工不同程度地享受到了社会保障。本次调查显示，到 2007 年，在单位就业的农民工中，享受到养老保险的占 42. 6%，享受到医疗保险的占 39. 3%，享受到失业保险的占 23. 1%，享受到工伤保险的占 44. 2%，享受到生育保险的占 13. 9%。由于农民工大量集中在苦、脏、累、险行业，多从事一线体力劳动，对工伤保险需求十分迫切，因而工伤保险的参保率最高，这对保障农民工的生命安全和身体健康起到了重要作用。

签订劳动合同和集体合同的职工社会保障权益实现更加充分。以养老保险参保率为例，本次调查显示，签订了劳动合同的职工中养老保险的参保率达到 73. 2%，比没签订劳动合同的职工高出 48. 9 个百分点；单位有集体合同的职工中养老保险参保率达到 68. 1%，比单位没有集体合同的职工高了 20 个百分点；单位建立了职代会的职工中养老保险参保率达到 74. 4%，比单位没建立职代会的职工高了 33. 6 个百分点。

已建工会单位职工社会保障权益得到更好实现。随着工会组织覆盖面的不断扩大，职工入会率不断提高，工会在维护职工社会保障权益方面的影响越来越大。以养老保险和医疗保险的参保率为例，本次调查显示，建立了工会的单位，职工养老保险参保率达 77. 5%，而未建立工会的单位，职工参保率只有

33.8%，前者较后者高出43.7个百分点；建立了工会的单位，职工医疗保险参保率达68.6%，而未建立工会的单位，职工参保率只有30.4%，前者较后者高出38.2个百分点。

本次调查反映出职工的社会保障权益实现方面还存在不少问题。一是相当部分职工仍未享受到社会保障。调查表明，尽管多数职工认为养老保险是最为迫切的一项社会保险，但未享受到养老保险的职工仍高达44.2%，其中农民工达57.8%。再以医疗保险为例，未享受到医疗保险的职工占职工总数的47.1%，其中农民工达60.7%。住房公积金制度覆盖城镇职工的比例只有54%，比2002年的58.6%还有所下降。在建筑业、住宿和餐饮业等行业职工，私营、个体企业职工以及普通工人中，未享受到社会保障权益的更多，如建筑业职工参加养老、医疗、失业、工伤、生育五项社会保险的比例分别仅为33.6%、31.0%、20.2%、39.4%、9.8%，私营、个体企业职工参加养老、医疗、失业、工伤、生育五项社会保险的比例分别为36.9%、31.3%、22.1%、34.8%、12.5%，均明显低于全部被调查职工平均水平。二是职工在享有社会保障权益上存在较大差异。本次调查显示，各种社会保险的参保情况，城镇职工要好于农民工，资本、技术密集型行业要好于劳动密集型行业，党政机关、事业单位要好于企业，国有企业要好于私营、个体企业，经营管理人员、技术人员要好于普通工人。以养老保险为例，金融业，信息传输、计算机服务和软件业，卫生、社会保障和社会福利业等行业的职工参加养老保险的比建筑业、住宿和餐饮业等行业职工高出1倍以上。事业单位职工参保率比企业职工高8个百分点。国有企业职工参保率是私营、个体企业职工的约2倍。企业管理人员和专业技术人员参保率高于普通工人10—25个百分点。其他险种也存在类似情况。三是职工迫切要求提高保障水平。调查表明，尽管我国社会保障制度建设取得明显进展，但离职工的需要和期望仍有较大差距。只有39.8%的城镇职工和43.3%的农民工认为现行养老保险制度“好”或“较好”，只有32.5%的城镇职工和39.4%的农民工对现行医疗保险制度评价为“好”或“较好”，而84.2%的职工认为社会保障不健全严重影响社会和谐，56.8%的职工认为必须提高职工社会保障水平，才能调动职工推动构建和谐劳动关系、和谐社会的积极性，50.2%的职工把“社会保障待遇好”作为择业的重要因素，这些都充分反映了广大职工对完善社会保障制度的期望。

（四）职工的劳动安全卫生权益得到进一步维护。

五年来，党和政府高度重视劳动安全卫生工作，国家有关法律法规逐步健全，安全生产工作力度不断加大。各级工会通过开展“安康杯”竞赛等活动，加强群众性安全生产监督管理，努力维护职工的劳动安全卫生权益。总体上看，职工的劳动安全卫生权益得到进一步维护。

多数职工对自己工作岗位的安全生产和劳动保护措施持认可的态度。调查表明，74.8%的职工认为自己工作岗位的安全生产和劳动保护措施较为有效，其中企业职工为78.3%，普通工人为77.1%，采矿业、建筑业、制造业等安全事故多发行业的职工持这种看法的都超过80%。广大职工拥护党和政府有关改善劳动安全卫生状况的各项政策措施制定与出台。调查表明，96.5%的职工认为政府采取关闭小煤窑、防止发生煤矿安全事故等措施，促进了职工劳动安全卫生权益的保障。

多数职工接受过安全生产方面的培训。调查表明，72.5%的职工接受过所在单位的安全生产培训，其中农民工为79.9%，私营、个体企业职工为68.8%。在劳动关系相对稳定的单位中，职工接受安全生产培训的比例更高，单位有集体合同的职工中为87.8%，单位有职代会的职工中为85.2%，单位建立了工会组织的职工中为82.1%。

尽管如此，职工的劳动安全卫生权益仍面临严峻挑战。一是部分企业特别是私营、个体企业的劳动保护措施不力，职工工作环境恶劣，职业危害严重，职业病持续高发。17.5%的职工认为，单位在与其订立的劳动合同中没有规定劳动保护方面的条款，32.5%的女职工认为劳动合同中没有关于女职工特殊保护条款。有的煤矿职工反映，“在矿上干了15年，才在企业医院里检查了一次职业病”。二是一些煤矿、建筑施工项目层层转包、以包代管，少数经营管理者漠视职工生命安全，以致事故频发，严重危害职工的生命安全。据国家安监局统计，我国每年因工致残人员70万人，煤炭业每年死亡近7000人，是世界其他主要产煤国死亡人数总和的4倍。三是部分职工安全意识薄弱，24%的职工表示不清楚劳动合同中是否有劳动保护方面的条款，31%的女职工表示不清楚劳动合同中是否有关于女职工特殊保护的条款。

（五）职工的职业培训权益进一步实现。

五年来，适应调整产业结构、提高经济竞争力的需要，各级政府加强职业技能培训和技能人才培养工作，一些企业更加重视对职工的职业技能培训。各级工会广泛开展“创建学习型组织，争做知识型职工”活动，积极参与职工教育培训工作，促进职工技术素质的提高，职工文化权益得到更好保障。

多数职工接受过职业技能培训。本次调查表明，65.9%的职工参加过职业技能培训，其中，城镇职工参加过培训的比例为70.1%，农民工为62.1%，职工接受职业技能培训的权利得到进一步落实。工会在促进职工培训方面发挥了积极的作用，职工中的工会会员参加培训的比例达76.4%，比非会员高18.9个百分点，其中，国有及国有控股企业、私营（民营）及个体企业、外商投资及港澳台资企业职工中的工会会员参加过培训的比例分别比非工会会员高18.1、15.6、8.5个百分点。

职业技能培训对提高职工工资收入产生积极影响。当前，文化技术素质已越来越成为保障职工劳动经济权益实现的重要因素。调查显示，参加过职业技能培训的职工月工资收入平均为1434.3元，比没有参加培训的职工高28.0%；在受教育程度为初中及以下、无技术等级、从事制造业工作、在私营企业打工的农民工中，参加过职业培训的月工资收入比没有参加培训的高出16.8%，表明职业技能培训对提高职工工资收入具有重要的作用。

职工学习专业技术知识的积极性进一步提高。调查显示，加强业务学习、提高专业技术技能已成为广大职工的自觉追求，93.6%的职工希望参加技术技能、文化知识等各类培训，职工最希望参加的学习和培训项目是技术技能培训和职业资格认证培训，其中，48.5%的职工最希望参加技术技能培训，其次为职业资格认证培训，占15.7%。

调查结果也反映，在保障职工参加职业培训权利方面仍然存在不少值得重视的问题。一是职业技能培训还不够普及，有不少职工没有接受过培训。调查显示，34.1%的职工没有参加过任何培训，普通工人、农民工、非公有制企业职工等参加过培训的更少。普通工人参加过培训的比例为61.2%，比专业技术人员和企事业单位一般管理人员分别低19.3和13.5个百分点；农民工参加过职业技能培训的比例比城镇职工低8个百分点；私营、个体企业职工参加过培训的仅为59.3%，比国有企业低13.7个百分点；制造业、建筑业、商业服务业等行业职工培训比例均偏低。二是一些企业不重视对职工的培训，有关职工职业技能培训的制度落实不到位。由于劳动关系不稳定，职工流动频繁，一些企业担心职工跳槽、增加成本，缺乏加强职工培训的积极性。按一定比例提取使用职工教育经费的规定在不少企业往往难以落实，有的即使提取了有关费用，也很少用于对普通职工的培训。本次调查表明，在没有参加培训的职工中，44%认为主要原因是单位没有提供培训机会，22%表示没有时间参加培训，10%表示是因为培训费用太高。三是培训工作不适应职工提高职业技术技能的实际需要。一些培训项目内容陈旧、方法落后，且针对性、实效性不强，对提高职工素质作用不明显，不能满足职工的实际需要。

总的来看，五年来，我国经济社会发展给广大职工带来了实实在在的实惠，职工的劳动经济权益状况得到明显改善，大多数职工生活水平得到提高，77.4%的农民工和65.1%的城镇职工表示五年来家庭生活水平有所提高。多数职工对未来家庭生活的改善抱有良好的预期，60.7%的职工认为未来五年家庭生活水平还会提高。但是，由于我国经济社会发展的不平衡、经济体制和社会管理体制中许多深层次问题未得到解决，故涉及普通职工群众切身利益的一些民生问题还比较突出。对此，必须引起高度重视，采取有力措施予以解决。

三、职工民主管理权利进一步落实

参与企事业单位民主管理是我国职工合法权益的重要内容。职代会制度是我国职工参与企事业民主管理的基本形式。本次调查表明，当前我国职工民主管理权利的实现和保障情况总体上是比较好的。

（一）广大职工参与民主管理的愿望强烈。

调查表明，94.5%的职工认为职工参与企（事）业管理有利于促进企（事）业的发展，95.7%的职工认为职工参与企（事）业管理有利于维护职工利益，91.1%的职工认为应当让职工都有机会参与企（事）业管理，91.7%的职工认为职工参与企（事）业管理是职工应当享有的权利。表明广大职工对实行企事业民主管理的目的、意义有正确的认识，并形成了高度共识。71.3%表示愿意参加本单位的民主管理、民主监督、民主参与、民主选举，其中农民工为70.8%，表明包括农民工在内的广大职工群众有着强烈的参与民主管理愿望。

（二）职工的民主管理权利通过职代会制度得到进一步实现。

调查表明，企事业单位职代会制度建立情况较好，42.8%的职工表示所在单位建立了职代会制度。在各类企业中，国有企业职代会建制率最高，国有企业职工中表示本单位建立了职代会的为67.5%。职代会的作用比五年前有所增强，广大职工对职代会作用发挥情况给予较积极的评价，在建立了职代会制度的单位中，41.6%的职工表示职代会能够发挥作用，持相同看法的城镇职工为38.0%，比五年前高1.8个百分点。33.8%的职工表示他们有对单位经营管理表达意见、反映愿望的渠道，其中43.9%的职工主要是通过职代会，说明职代会制度在维护职工民主权利中占有重要地位。职代会制度不但在企业普遍建立，而且在许多党政机关和事业单位也建立了。在事业单位就业的职工中，有59.4%表示本单位建立了职代会制度，在党政机关、社会团体就业的职工中，也有36.4%表示本单位建立了职代会制度。

（三）厂务公开制度有效地保障了职工群众对企事业单位经营管理的知情权。

在各级党委的领导下，在工会和有关方面的大力推动下，厂务公开工作不断发展。调查表明，32.3%的职工认为所在单位已经建立厂务公开制度。一些私营（民营）、个体企业，党政机关、社会团体和事业单位也推行了厂务（政务、校务）公开制度，调查中，21.8%的私营（民营）、个体企业职工表示本单位建立了厂务公开制度，比2002年高出约16个百分点；49.4%的党政机关、社会团体职工表示本单位建立了厂务公开制度，比2002年高出约14个百分点；49.5%的事业单位职工表示本单位建立了厂务公开制度，比2002年高出约10个百分点。公开的形式、内容和范围逐步改进和扩大，涉及职工切身利益的问题公开到位，领导干部的相关情况公布于众，使更多的职工了解到本单位经营管理的情况，对保障和扩大职工的知情权、监督权起到了良好的促进作用。调查显示，29.4%的职工主要是通过厂务公开表达其对单位经营管理的意见和愿望。

（四）非公有制企业职工的民主管理权利实现情况有了较大改善。

调查显示，在私营（民营）、个体企业职工中，25.0%表示本单位建立了职代会制度，21.8%表示本单位建立了厂务公开制度；在台港澳和外商投资企业职工中，32.8%表示本单位建立了职代会制度，28.7%表示本单位实行了厂务公开制度，各项比例都比2002年高了约10个百分点。

（五）职工民主管理渠道进一步拓宽。

保障职工民主权利的其他机制也有一定程度的发展。调查显示，22.3%的职工表示所在单位实行了职工董事、职工监事制度，19.7%的职工表示所在单位被区域（行业）职代会覆盖，24.2%的职工表示所在单位实行了民主议事会制度，20%的职工表示所在单位实行了工会与单位行政平等协商制度。这些制度的实行，都不同程度地对保障职工的民主管理权利起到了促进作用。

调查结果也表明，当前在职工民主权利的实现和保障中还存在一些值得关注的问题。一是部分经营管理者民主意识淡薄，不尊重职工民主权利。15.0%的企事业单位高层管理人员或负责人在一个涉及企业民主管理多项选择中认为，"职工只需要干活挣钱，没必要参与企（事）业管理"；16.8%认为，"让职工参与企（事）业管理，只会降低企（事）业的效率"；21.9%认为，"让职工参与企（事）业管理，必然增加企（事）业成本"，这些错误认识对职工民主权利的实现无疑将产生严重妨碍。二是一些企业开展民主管理工作存在重形式、轻实效的现象。有40.5%的职工表示所在单位职代会作用发挥一般，有8.7%的职工表示职代会作用差，有22.6%的职工表示没有参加过本单位职代会代表的选举。三是非公有制企业民主管理工作仍然比较薄弱。在非公有制企业职工中，有39.6%表示本单位没有建立职代会制度，76.3%表示本单位没有实行厂务公开或者不知道是否实行。四是职工反映意见、参与管理的渠道仍不够畅通。43.9%的职工表示自己没有对本单位的经营管理表达意见、反映愿望的渠道。

四、职工队伍思想道德观念总体上积极向上

当前，我国职工队伍的思想道德观念总体上呈现积极向上、奋发进取的态势。广大职工高度拥护党的领导，赞同科学发展观，支持改革开放，期盼社会和谐，对坚持走中国特色社会主义道路充满信心，这是当前我国职工思想的主流。同时，由于种种原因，部分职工在思想上还不同程度地存在一些消极因素，需要引起重视。

（一）职工队伍的思想状况总体稳定。

调查表明，当前大多数职工政治思想是积极向上的。在被调查职工中，共产党员比例占19.1%，比例仍然较高，体现了职工队伍的先进性。在尚未入党

的职工中，积极要求入党的职工比例高达59.7%，说明广大职工积极要求进步，对党充满信心。在职工党员中，35岁以下青年党员的比例占29%，大专以上文化程度的党员占55%，说明改革开放以后成长起来的新一代职工同他们的前辈一样，对党的事业抱有坚定的信念。广大职工认同和拥护党提出的坚持科学发展观、构建社会主义和谐社会的执政理念，94.2%的职工认为，党和政府提出以人为本的科学发展观，“符合中国经济发展现实”，“能让广大群众得到实惠，得到广大群众的拥护”，“有利于促进经济社会和城乡协调发展”；88.2%的职工认为，党和政府提出构建社会主义和谐社会的战略思想，让广大人民群众在共建中共享、在共享中共建，“符合中国社会实际，有利于促进社会稳定”、“合民心，顺民意，能让广大群众得到实实在在的好处”。同时，不少职工也认为，落实科学发展观“必须有正确的政绩观来保证”，构建和谐社会“需要经过长期的努力才能实现”。也有少部分职工认为，党和政府的政策是好的，但“要真正在一些地方、一些部门落实起来比较难”。

调查也反映出职工思想中一些值得重视的问题。一是部分职工对当前收入分配状况不满。43.9%的职工对自己的工资收入水平“不太满意”或“不满意”，85.5%的职工认为收入分配差距大影响了社会和谐。二是部分职工对自己的社会地位不满。22.5%的职工对目前的社会地位“不太满意”或“很不满意”，私营（民营）、个体企业职工的比例更高。不少一线职工特别是改制企业、非公有制企业的职工认为工人的社会地位低，工人和农民工对自己的社会地位表示满意的分别只有30.5%和32.7%。三是职工的信仰追求有逐渐多样化的趋向。突出表现在职工对宗教的信仰方面，调查表明，目前职工中信仰宗教的比例达到13.6%，比2002年上升了2.2个百分点。一些职工由于生产生活上的困难长期得不到解决，境遇得不到改善，失望和不满情绪逐渐积累，因而转向信仰宗教，寻求精神寄托，有的甚至倾向于采取激烈言行解决问题，近年来频发的职工群体性事件在一定程度上反映了这方面情况。

（二）职工的价值取向更加理性和现实。

从总体上看，当前我国职工队伍仍然保持着工人阶级的优良传统和崇高品格，爱国主义、集体主义仍然是职工价值观念的主流，奉献精神对职工思想仍然起着重要引领作用。广大职工能够正确地对待国家、集体和个人的关系，同时，在市场经济环境下，又表现出更多关注物质利益的趋向。一是从注重实现理想转向追求现实利益。调查中发现，63.9% 的职工把舒适安定的家庭生活、稳定的工作以及赚更多的钱作为自己的理想追求，只有 10.7% 的职工把为社会作贡献作为自己的理想。职工对工会组织的期望变得更加现实，排在前几位的分别是提高自己的工资待遇、维护自己的劳动就业权利、督促单位给职工上保险、帮助职工解决生产生活困难等，这都说明职工更加注重解决实际问题。二是从注重履行义务转向重视实现权益。调查发现，25.3% 的职工认为工人社会地位下降了，并且认为工人社会地位下降的原因，主要是工人的收入太低、就业岗位不稳定、民主权利得不到保障和政府的政策落实不好，这些因素都与职工的合法权益密切相关，表明职工把合法权益的实现程度作为判断自身社会地位高低的主要依据。另外，在回答找工作最看重的因素是什么时，排在前四位的分别是收入高，职业稳定，社会保障待遇好，福利待遇好，共占 74.3%，表明职工十分关注自身合法权益的实现。三是从注重集体转向强调个体。以职工参加劳动竞赛为例，只有 23.2% 的职工把提高单位经济效益、推动单位技术进步作为动机，而 72% 的职工是以提高个人技术水平和素质、增加收入、为个人发挥积极性和创造性提供途径和机遇作为动机。在参与管理方面，71.0% 的职工倾向于自己直接向单位管理者反映意见，只有 43.2% 的职工倾向于通过单位的职代会反映意见或要求。

职工注重现实、强调利益、关注个体是自主意识、权利意识、民主法制意识逐步增强的表现，但是过分关注自身利益也对职工树立主人翁意识带来一定影响，进而影响到职工积极性、创造性的发挥。调查显示，表示在工作中能够发挥其创造性的职工仅占全部职工的 36.9%。

（三）职工的社会态度总体平和。

职工对社会问题的态度总体上比较平和，能够理性地看待一些经济社会问题，正确对待各种压力。调查表明，尽管当前我国社会中存在一些矛盾和问题，但多数职工的心态还是比较平和的。从对社会现状的评价看，58.9% 的被调查职工认为现阶段我国社会比较和谐，其中农民工认为社会和谐的比例略高于一般工人。在对生活的感受上，57.1% 的职工认为自己比较幸福或很幸福，只有 7.5% 的职工表示不太幸福和很不幸福，农民工的总体幸福感高于一般职工。从对未来生活的预期看，60.3% 的职工认为未来五年自己家庭的生活水平会有所提高或较大提高，只有 8.4% 的职工预期未来自己家庭的生活水平可能下降，农民工对自己未来生活水平的预期更乐观一些。

同时，部分职工对当前一些突出的社会问题深表关注和担忧。不少职工认为，收入差距大、就业难、腐败现象严重、看病就医费用高、房价越来越高、子女教育费用高等，是影响当前社会和谐最突出的问题。职工感到压力最大的按排序先后也是收入低、看病就医费用高、子女教育费用高、房价高、就业难、社会保障待遇差等问题，职工的切身感受与他们所关注的社会问题基本一致。上述这些问题不但引发了部分职工的不平衡心态，并且使少数职工产生了对党和政府的离心倾向，此类现象虽然不普遍，但在职工群众中造成的消极影响不可低估。

面对日益拉大的收入差距以及工作和生活上的压力，部分职工在心理上产生了不公平感和焦虑感，有的职工对未来缺乏信心。调查显示，低收入职工家庭的生活满意度低于高收入职工家庭。工人家庭的生活满意度低于专业技术人员、经营管理人员和国家公务员。有的职工说："拿现在的工资收入与工作付出相比，是不太满意现状的。国家大环境和企业小环境中，都存在着收入分配不合理、不合情、不合法的现象。付出者不一定多得，多得者不一定付出。行业之间、企业之间、干群之间收入差距过分悬殊，两极分化，财富集中于少数人，而多数人尤其是弱势群体趋于贫穷。社会财富和改革成果不能共享。"职工中的这些思想问题，如果不加以合理引导和解决，可能会对社会稳定造成影响。特别是生活境遇困难的职工，由于其相似的处境、共同的要求、相对集中的分布，可能会逐步形成群体认同，容易诱发非法"维权组织"出现。

（四）广大职工的道德观念基本适应当代社会的要求。

在广大职工中，中华民族的传统道德观念仍然具有较大影响，绝大多数职工能够以社会公德规范自身的行为，普遍认同职业道德，崇尚家庭美德。但也要看到，市场经济的负面影响，对社会公德、职业道德和家庭美德形成了冲击，使部分职工的道德观念出现了一定程度的滑坡。

调查中，大多数职工认同爱国、敬业、诚信、友善等道德规范，有较强的社会责任意识。42.3%的职工认为人们的职业道德水平比以前提高了，同时职工普遍反映"尊老爱幼、男女平等、夫妻和睦、勤俭持家、邻里团结"的家庭美德仍然占主要地位。职工对自己家庭很满意和比较满意的占82.8%，而不太满意和很不满意的只占3.5%，说明职工婚姻家庭状况比较稳定。职工对人际关系的满意度较高，很满意和比较满意的占 72.5%，而不太满意和很不满意的只占 3.2%。这充分说明，当前我国职工队伍的道德状况总体上是健康的。但是，职工队伍的道德建设仍然面临一些不容忽视的问题。有 24.1% 的职工认为人们的职业道德水平下降了，不少职工认为，社会诚信的缺失、拜金主义严重、对违反职业道德的行为惩戒不力，是职业道德水平下降的主要原因。

职工队伍的思想状况、社会态度、价值取向和道德观念，是其经济社会地位在观念形态上的反映。当前我国职工队伍在思想道德观念上总体上处于积极向上的态势，这是工人阶级在国家经济社会生活中的领导地位决定的。职工队伍思想道德观念中存在的一些消极因素是局部的，根本上是由于部分职工的合法权益没有得到实现和保障导致的。社会思想道德观念是国家文化软实力的重要组织部分，实现全面建设小康社会宏伟目标新要求，必须进一步加强职工思想道德建设，而加强职工思想道德建设又必须与维护职工合法权益相结合、与保障职工主人翁地位相统一。

五、企事业单位劳动关系状况基本和谐稳定

本次调查显示，涉及职工合法权益的利益协调、诉求表达、矛盾调处和权益保障机制在基层企事业单位逐步建立，并在构建和谐劳动关系、维护职工合法权益中发挥着积极作用。总体来看，目前我国企事业单位劳动关系总体上呈现和谐稳定的基本态势。

（一）*劳动合同签订率有很大提高，为发展和谐劳动关系奠定了基础。*

调查表明，从劳动关系的建立环节上看，大部分职工与单位签订了劳动合同或劳务合同、聘用合同，劳动合同履行情况较好，包括农民工在内的广大职工合法权益从劳动关系的起点上有了法律保障。调查显示，55.1% 的被调查职工与单位签订了劳动合同，6.6% 签订了聘用合同，7.0% 签订了劳务合同，合计为 68.7%。其中，城镇职工签订了劳动合同和聘用合同的比例分别为 54.8% 和 10.1%，两项合计为 64.9%，与 2002 年同口径指标相比，增长了 5.7 个百分点。农民工签订劳动合同的占 55.5%，签订聘用合同的占 3.6%，签订劳务合同的占 10.4%，合计为 69.5%。签订合同的职工大部分持有合同文本，占 66.3%。职工对劳动合同履行情况的评价比较好，认为劳动合同完全能够履行的占 35.9%，基本能够履行的占 50.8%，两者合计为 86.7%。

（二）平等协商、集体合同制度特别是工资集体协商制度起到了维护职工合法权益的积极作用。

根据全国总工会统计调查年报有关数据，截至2007年9月底，全国共签订集体合同97.5万份，覆盖企业职工的55.9%。多数企业职工对平等协商、集体合同制度的作用持肯定态度，在建立集体合同制度企业的职工中，认为集体合同能发挥很大作用或能发挥一些作用的占77%。工资集体协商制度在提高职工的收入水平，维护职工权益，稳定企业劳动关系方面发挥了重要作用。在开展工资集体协商的企业职工中，最近一年中增加工资的占69.1%，五年未增加工资的只占12.3%；而在未开展或不知道是否开展了工资集体协商的企业职工中，最近一年中增加工资的只占27.8%，五年未增加工资的则多达26.5%。

（三）劳动争议调解组织的建立有效促进了劳动争议在基层的化解。

各级工会组织特别是基层工会加强劳动争议调解工作，使大量劳动关系矛盾在基层企事业单位得到解决。调查显示，在与单位发生过劳动争议的职工中，单位建立了劳动争议调解委员会的，最近一次劳动争议全部解决的占46.6%，部分解决的占38.7%，没有解决的只占14.7%，而未建立劳动争议调解委员会的，最近一次劳动争议全部解决的占18.4%，部分解决的占42.1%，没有解决的占39.5%。“协商”和“调解”是在基层企事业单位解决劳动争议的重要方式，这次调查反映，单位建立了劳动争议调解委员会的，通过“协商”和“调解”解决劳动争议的达到79.3%，说明劳动争议调解组织在协调企事业单位劳动关系中发挥着重要作用。

（四）经营管理者与普通职工关系总体上比较融洽。

调查显示，53.2%的职工认为所在单位经营管理者与普通职工关系很融洽或比较融洽。职工对所在单位经营管理者与普通员工关系的评价值为3.61，处于关系“一般”和“比较融洽”之间，倾向于“比较融洽”。其中城镇职工评价值为3.53，农民工为3.69。企业职工的评价值为3.60，其中，外商（含台港澳）投资企业职工的评价较高，为3.63，国有企业职工的评价最低，为3.54。从不同行业看，在公共管理、社会组织和教育等行业中，单位经营管理者与普通职工关系的融洽度较高。虽然不同群体的评价存在一些差异，但总体上仍然比较积极。

（五）工会组织在协调劳动关系，维护职工权益方面发挥了不可替代的作用。

从调查结果看，职工对基层工会作用的评价总体上比较积极，在建立了工会组织的单位中，63%的职工认为，工会在维护职工合法权益上发挥了积极作用。例如，在建立了工会组织的单位中，67.1%的职工签订了劳动合同，而在没有建立工会组织的单位中，签订了劳动合同的职工只占36.6%，两者相差30.5个百分点。又如，在建立了工会组织的单位中，46.5%的职工表示，在签订劳动合同时得到过工会的指导和帮助，16.8%的职工表示，在解决与单位发生劳动争议中接受过工会的法律援助，另外还有23.7%的职工表示，如果与单位发生劳动争议，希望通过工会组织帮助解决。参与企事业单位管理是职工的重要民主权利，这次调查表明，分别有43.2%和37.1%的职工表示，他们能够通过工会组织和职代会反映意见和参与管理。这些都说明，基层工会在协调劳动关系中发挥着不可替代的重要作用。

（六）创建劳动关系和谐企业活动已经成为促进企业发展，维护职工权益的重要载体。

调查表明，工会发起、由劳动关系三方共同推进的创建活动，有效调动了职工的劳动积极性，促进了企业劳动关系的和谐和职工合法权益的实现。从这次调查来看，开展了创建活动的企业，落实《劳动法》《工会法》《公司法》等相关法律、依法保障职工合法权益的情况普遍好于未开展这项活动的企业。比如，在开展了创建活动的企业职工中劳动合同（包括劳务和聘用合同）的签订率为87.1%，高出未开展创建活动的企业20.1个百分点，39.2%的企业建立了集体合同制度，高出未开展创建活动的企业23.7个百分点。又如，开展了创建活动的企业，职工养老保险的参保率为70.2%，比未开展创建活动的企业高出19.6个百分点；开展了创建活动的企业，对职工进行安全生产培训的占92.6%，比未开展创建活动的企业高出21.1个百分点。职工群众对创建活动给予了较高评价，79.7%的职工认为开展创建劳动关系和谐企业活动给自己带来了好处。

调查还反映出，在劳动关系总体比较和谐稳定的同时，劳动关系的各个环节上还存在一些问题，对职工合法权益实现和保障带来影响。一是劳动合同制度的执行中还存在一些突出问题。私营（民营）、个体企业劳动合同签订率偏低。一方面，这些企业为了降低用工成本，逃避缴纳社会保险费和解雇职工的法律责任，不愿与职工签订劳动合同，调查数据显示，私营（民营）、个体企业职工签订劳动合同的只占47.3%，比国有企业低21.2个百分点。另一方面，在劳动力供大于求的情况下，劳动者处于弱势地位，一些职工不敢提出签订劳动合同的要求，或者只能被动接受用人单位提出的劳动合同条款，使劳动合同流于形式。在这种情况下签订的劳动合同，往往不能真实体现劳动者的意愿，有失公平。调查显示，在签订劳动合同时，经与单位协商后再签的职工仅占50.7%，其中城镇职工占42.4%，与2002年的85.3%相比降低了一半。在职工与单位签订的劳动合同中，能够按照《劳动法》规定，写明劳动报酬、工作时间、劳动保护和劳动条件、福利待遇和社会保险内容条款的只占33.7%。二是劳动合同短期化情况严重，导致职工的就业岗位不稳。调查显示，劳动合同期限在3年以下的占65.6%，其中期限在1年以内的占44.3%，农民工劳动合同短期化情况更加严重，合同期限在1年以内的占58.2%。相反，职工中与单位签订无固定期限劳动合同的只有17.1%，其中城镇职工为28.2%，比2002年调查时低了6.2个百分点，农民工中签订无固定期限劳动合同的更少，仅为7.4%。三是私营（民营）、个体企业中平等协商、集体合同制度建制率低。平等协商、集体合同制度是协调劳动关系、维护职工权益的重要制度安排，但目前这一制度在实践中还存在不少问题。调查显示，在全部被调查的企业职工中，表示所在企业没有建立集体合同制度的占32.7%，而在私营（民营）、个体企业和外商（含台港澳）投资企业中，表示单位没有建立集体合同制度的分别为40.8%和35.6%，说明在吸纳劳动力最多的非公有制企业中，集体合同制度还未普遍建立。此外，调查中发现，有45.6%的职工不知道本单位是否有集体合同，有48.5%的职工表示不知道集体合同能发挥什么作用，有38.5%的职工不知道本企业是否开展了工资集体协商，这说明尽管一些单位可能开展了平等协商集体合同工作和工资集体协商工作，但工作并未深入到职工中去或不少职工没有参与，因而职工对这项工作不知情。四是由于一些劳动争议得不到及时有效解决，有可能导致劳动关系矛盾激化。调查显示，在与所在企业发生过劳动争议的职工中，有32.1%的争议没有解决，43%的争议只得到了部分解决。劳动争议问题的解决涉及方方面面，工作复杂艰巨，一旦处理不好极易使矛盾激化。本次调查显示，当企业发生集体劳动争议导致的群体性事件时，61%的职工表示有参加的可能。对此，必须引起高度重视。

六、对当前我国职工队伍状况的思考

通过此次全国职工队伍状况调查，我们对职工队伍发展变化的现状、特点及其趋势有了更深的把握，并形成了一些思考。

（一）不断壮大职工队伍，发展工人阶级的先进性，是建设中国特色社会主义伟大事业的根本要求。

在新的历史时期，更多的农民工和更多高学历的新一代职工将加入到职工队伍中来，职工队伍不断发展壮大，工人阶级的先进性也会进一步提高，在社会主义经济建设、政治建设、文化建设和社会建设中的重要作用将更加突出。坚定不移地走中国特色社会主义道路，是中国工人阶级的历史选择，工人阶级始终是国家的领导阶级，党执政的阶级基础，全面建设小康社会的主力军，发展中国特色社会主义事业，必须全心全意依靠工人阶级。努力建设一支宏大的、高素质的、面向未来的职工队伍，对于实现全面建设小康社会的新要求具有重大的现实意义和深远的历史意义。

（二）正确处理职工队伍内部利益关系，加强职工队伍的团结，是巩固党的执政地位的迫切需要。

我国职工队伍是由普通工人、专业技术人员、经营管理人员、公务员、农民工等群体组成的统一整体。各职工群体之间的统一性、一致性是职工队伍内部关系的基本属性，同时在具体利益的实现上，不同群体利益之间也存在差异和矛盾。调查显示，我国职工队伍客观上存在着一种二元结构，即职工队伍总体上由城镇职工和农民工两大部分组成，这种二元结构是我国城乡二元结构在职工队伍内部结构上的具体反映。在城镇职工队伍内部，也存在着基于利益实现程度不同导致的群体分化和多元化倾向。企业职工和机关、事业单位职工不同，经营管理层和普通工人迥异，正规就业职工和非正规就业职工有别。随着经济社会的发展，我国职工队伍内部的群体关系还将继续演变，存在群体分化加剧、利益冲突凸显的可能。因此，加强社会利益协调，整合群体利益关系，对于维护我国职工队伍和社会的稳定，增强党的阶级基础、扩大党的群众基础、巩固党的执政地位，具有十分重要的意义。

（三）处理好普通职工与经营管理层的利益关系，实现共享改革发展成果，是构建和谐社会的重要条件。

在职工队伍内部，普通职工与经营管理层两个不同群体的利益差异显而易见，主要表现在劳动就业、工资收入、社会保障、受教育程度和住房条件等多方面，其中收入分配问题最为突出。目前，保障普通职工合法权利的法律法规尚未完善，有关法律政策也没有得到严格执行；普通职工收入分配保障机制和工资正常增长机制没有建立，集体协商等劳动关系调整机制没有健全或者没有充分发挥作用，造成管理者与被管理者之间劳动经济权益实现程度的差距不断扩大，被管理者群体的经济社会地位相对下降，并逐步被固化。如果这一问题长期得不到有效解决，普通职工的劳动贡献得不到合理的社会承认，不能公平地分享经济发展和社会进步的成果，可能导致职工队伍内部群体间冲突和分裂，对社会稳定带来严重影响。

（四）贯彻《就业促进法》和《劳动合同法》，保障职工的就业和分配权利，是实现普通职工体面劳动的基本前提。

我国社会的基本国情是劳动力长期供大于求、就业岗位不足。就业是民生之本。要使广大职工实现体面劳动，必须贯彻实施好《就业促进法》和《劳动合同法》，努力扩大就业规模，增加就业岗位，扩大市场对劳动力的需求，规范用工制度，提高就业质量，把劳动者权益保障纳入法制化轨道。政府要把促进就业作为自己的重要职责，纳入经济社会发展的总体规划和考核目标，积极实施扩大就业的发展战略，推动城乡劳动者平等就业。通过建立城乡统一规范的劳动力市场，促进劳动力的合理流动，大力开发公益性就业岗位，落实就业再就业优惠政策，发展创业小额贷款，规范企业破产关闭和裁员行为等，为职工创造更多的高质量的就业岗位，努力把失业率控制在最低限度，同时，加强《劳动合同法》的执法监督力度，依法维护职工的分配权益，这是保证普通职工逐步实现体面劳动的必要前提和当务之急。

（五）加强基层单位民主管理，保障和发展广大职工的民主权利，是社会主义民主政治建设的重要内容。

民主权利是职工合法权益的重要组成部分，也是维护职工经济利益的重要保障。党的十七大强调发展基层民主，保障人民享有更多更切实的民主权益，要求完善以职代会为基本形式的企事业单位民主管理制度，推进厂务公开，支持职工参与管理，维护职工合法权益，这对于推动国家的民主政治建设具有极为深远的意义。这就要求进一步完善相关法律法规，在所有用人单位中加强民主管理制度和机制建设，依法确立职工参与民主管理的权利。职代会制度是我国企事业单位民主管理的基本形式，是保障职工民主权利的有效载体，具有深厚的群众基础和广泛的社会影响，必须深入研究新形势下进一步加强和改进职代会制度、厂务公开和其他民主管理形式的有效措施，充分发挥职代会在保障职工民主政治权利中的作用。

（六）发展和谐劳动关系，维护职工合法权益，必须充分发挥工会的重要作用。

这次调查显示，凡是建立了工会组织的单位，职工合法权益就维护得比较好；凡是加入了工会的职工，其劳动经济权益就实现得比较好；凡是开展和谐劳动关系创建活动的企业，其劳动关系就相对稳定。这充分表明，工会组织在发展和谐劳动关系，维护职工合法权益中，占有特殊的地位，能够发挥不可替代的作用。这就要求我们，必须加强工会组织建设，不断扩大工会工作覆盖面，增强工会组织凝聚力，充分发挥工会在构建和谐劳动关系、维护职工合法权益上的重要作用。

七、关于加强我国职工队伍建设的几点建议

加强新形势下的职工队伍建设，是一项长期、复杂的系统工程，涉及方方面面，需要党和政府、社会各方共同推进。

（一）进一步推动党的全心全意依靠工人阶级指导方针的贯彻落实。

通过各种形式，加强对各级党政干部的宣传教育，提高贯彻落实全心全意依靠工人阶级指导方针的自觉性和坚定性。充分尊重职工群众的主体地位，在政治安排、权益维护、舆论宣传上积极加以落实。制定改革发展的各项政策要充分听取广大职工的意见，体现全心全意依靠工人阶级的要求。加强对工人阶级和工会工作重要地位、作用的舆论宣传，弘扬劳模精神，在全社会形成工人伟大、劳动光荣的氛围，大力发展工人阶级先进性，用工人阶级先进思想影响和带动全社会。提高对工会组织、引导、服务职工和维护职工合法权益重要作用的认识。

（二）深入贯彻落实科学发展观，切实维护广大职工劳动经济权益。

牢固树立和谐社会由全体人民共同建设、共同享有的思想，全面维护职工

群众的经济、政治、文化和社会权益。推动政府大力促进就业和再就业，把扩大就业纳入经济社会发展和调整经济结构的重要目标，促进积极就业政策的贯彻落实；推动科学合理、公平公正的收入分配机制的加快建立，推进有关工资收入分配的法律法规的立法进程，制定和落实在初次分配中也要强调公平的具体政策，推动建立企业工资共决机制和工资支付保障机制、正常增长机制，逐步解决社会分配中的突出问题；推动完善社会保障体系，改革社会保险制度，提高社会保障能力，切实保障贫困职工的基本生活；坚持“安全第一、预防为主、综合治理”的方针，把预防事故作为安全生产工作的主要任务，强化企业安全主体责任，加强劳动安全卫生管理，完善安全生产监管体制，加强职业病防治和职业危害治理，建立安全生产长效机制，维护职工的劳动安全卫生权益。

（三）着力解决职工群众的“三最”问题，不断密切党和政府与广大职工群众的血肉联系。

切实推动社会建设，着力解决关系民生的重大社会问题，促进经济社会协调发展。加快改革医疗卫生体制，健全基本医疗保障体系，扩大医疗保险受惠职工范围；加快廉租住房、经济适用房建设，保持经济适用房价格基本稳定，努力改善中低收入职工住房条件；针对农民工流动性大、职业不稳定、收入水平低、保险福利差的特点，研究制定适合农民工的养老保险制度，提高统筹层次，妥善解决农民工保险关系异地衔接转移问题；制定适合农民工的大病统筹医疗保险办法，逐步使普通职工、困难职工和农民工能公平享有基本医疗卫生保障。加强对工会困难职工帮扶中心的扶持力度，巩固党政领导牵头、工会具体运作的帮扶模式，推动帮扶工作标准化、规范化，实现帮扶工作对困难职工的全覆盖，解决好职工因大病医疗、子女就学、意外事故造成的特殊困难，拓展“金秋助学”活动。

（四）加强企事业单位民主管理制度建设，切实维护职工民主权利。

坚持和发展以职工代表大会为基本形式的企事业民主管理制度，推进基层民主政治建设，畅通职工参与渠道，为维护职工民主权利、推动社会主义民主政治建设打下坚实的制度基础。研究制定《中华人民共和国企事业民主管理法》，进一步规范职代会职权，鼓励和支持地方立法机关加快企事业民主管理立法工作，为维护职工民主管理权利提供法律保障。研究制定有关职工董事、职工监事的指导意见，推动其健康发展。探索适合时代要求和企事业实际的多种形式的民主管理制度，努力保障职工的主人翁地位和民主管理企事业事务的权利。

（五）大力提高职工队伍素质，保障职工的精神文化需求。

以深入开展中国特色社会主义理论体系主题教育活动为载体，切实加强和改进职工思想政治工作，建设社会主义核心价值体系，为共建共享奠定良好的思想基础。大力加强社会主义精神文明建设，深入开展群众性精神文明创建活动，不断提高职工队伍的思想道德素质。以职业道德、敬业精神、社会公德教育为重点，教育引导职工树立正确的价值观念和道德观念。切实把提高职工队伍素质摆在重要位置，进一步加强职业培训工作，以优化结构、提升素质为重点，不断深化“创建学习型组织，争做知识型职工”活动，为共建共享和谐社会打下坚实的人才基础。大力弘扬劳模精神，不断丰富职工的精神文化生活，维护职工群众的精神文化权益。

（六）发展和谐劳动关系，维护职工队伍的团结统一。

深入开展创建劳动关系和谐企业活动，着力建立健全以劳动关系三方机制、平等协商和集体合同、工资集体协商等为中心内容的社会利益调节机制，加强利益协调，整合群体关系。深入贯彻实施《劳动合同法》《就业促进法》等法律法规，推动《社会保险法》等法律法规的立法进程；加强劳动关系协调机制建设，强化对用人单位劳动用工行为的执法监督；建立和完善社会保险基金的管理监督制度，建立健全由工会组织参加的社会保障监督委员会，推进社会保障体系的制度化建设。高度重视职工队伍内部群体关系问题，加强对社会结构、职工队伍内部结构及工人阶级问题的研究，正确认识、妥善处理职工队伍内部的差异和矛盾，维护职工队伍的团结和工会组织的统一。

课题总负责：李滨生
课题组组长：安建华　王　科　郭　悦
课题组成员：张春旺　张妍延　吕　杰　安远超　程　巍
金善文　龙晶激　阳万雄　常品超　项　鹏
黄颂文

全总全国职工队伍状况调查办公室
2007 年

第七次中国职工状况调查报告

（2012 年）

在全面建成小康社会
夺取中国特色社会主义新胜利中
充分发挥工人阶级主力军作用

——2012年全国职工队伍状况调查总报告

新世纪新阶段以来，我国经济体制深刻变革、社会结构深刻变动、利益格局深刻调整、思想观念深刻变化，职工队伍也发生着深刻变化。为了全面把握2007年第六次全国职工队伍状况调查以来我国职工队伍发展的新变化、新特点，科学评价广大职工在推动经济平稳较快发展和保持社会和谐稳定中的主力军作用，积极破解构建和谐劳动关系、促进社会和谐稳定中面临的突出问题，切实维护职工合法权益，更好地调动广大职工群众积极性、创造性，团结动员广大职工在全面建成小康社会、夺取中国特色社会主义新胜利中作出更大贡献，全国总工会于2012年7月至10月，开展了第七次全国职工队伍状况调查。

这次调查在全国15个省（区、市）进行，涉及150个城市（主要是地级市，也包括少部分直辖市的城区和县级市）。调查城市的选取兼顾了东、中、西部地区，国有企业集中地区、非公有制经济发达地区，老工业基地和传统资源型城市、新兴产业密集地区；同时兼顾到了我国职工队伍的地域分布，特别是注意到了农民工输出地和输入地的平衡。被调查单位分为两大类，一是已建工会单位，共3750家，从最新的工会年报数据库中随机抽选；二是未建工会单位，共750家，由抽中的调查城市总工会根据实际情况抽选，兼顾单位类型、行业和规模等因素。本次调查问卷分职工卷和工会主席卷。职工样本按照等距原则抽取，共调查职工45000名，回收有效问卷44828份，有效回收率99.6%。另外，在抽中的已建工会单位中，同时对工会主席进行问卷调查（3750名），回收有效问卷3735份，有效回收率99.6%。职工样本按照第二次全国经济普查中从业人员数进行加权处理。本次调查的抽样过程科学合理，样本分布均匀，对不同地域、不同类型城市、不同类型单位和不同职工群体均有较好的代表性。调查期间，各调查市工会还开展了职工个案访谈，并针对一些重点问题召开了各种类型的专题座谈会。

这次调查所涉及的“职工”，是指在中国境内的企业、事业、机关及其他单位中就业，与用人单位建立了劳动关系（包括人事关系）或存在事实劳动关系，并由单位支付劳动报酬的体力劳动者和脑力劳动者的总和。既包括正式职工、合同制职工，也包括在岗的临时工、季节工和小时工，还包括由于各种原因已离开本单位的生产或工作岗位，且不在本单位从事其他工作，但仍保留劳动关系、尚未找到相对稳定工作的不在岗职工，即下岗、内退人员等。不包括离休、退休、退职人员和非公有制经济单位的经营者。

调查表明，过去5年来，我国职工队伍不断发展壮大，主力军作用更加突出；广大职工的劳动经济权益、民主政治权利、精神文化权益和社会权利进一步实现，职工队伍总体稳定。与此同时，影响职工队伍稳定、职工权益实现和职工积极性发挥的一些问题仍然存在，有的还比较突出，必须引起高度重视并采取措施切实解决。

第一部分　广大职工主力军作用更加突出

进入新世纪新阶段特别是过去5年来，我国广大职工在党的坚强领导下，充分发扬主人翁精神，充分发挥主力军作用，为全面建设小康社会、加快推进社会主义现代化作出了重大贡献。在这一进程中，工人阶级的先进性不断发展，充分体现出国家领导阶级的伟大历史作用。

一、全心全意依靠工人阶级根本方针进一步得到落实

全心全意依靠工人阶级的方针，是我们党在七届二中全会提出的，自那时起，我们党始终坚持这一方针。毛泽东、邓小平、江泽民、胡锦涛同志都对我国工人阶级的历史地位作出过重要论述，强调要全心全意依靠工人阶级。

新世纪新阶段以来，党中央始终把工人阶级作为推动我国先进生产力发展和社会全面进步的根本力量，作为不断发展人民群众根本利益的坚定力量，作为维护社会安定团结的中坚力量，从政治保障、制度安排、利益维护、舆论宣

传等方面采取一系列重大措施。提出“以人为本，全面协调可持续”的科学发展观，提出着力保障和改善民生、促进社会和谐，并制定“提低、扩中、限高”的收入分配政策，实施积极的就业政策；提出推动实现体面劳动、造福劳动者等一系列重大思想；全心全意依靠工人阶级根本方针的内涵进一步丰富，全心全意依靠工人阶级根本方针进一步贯彻落实，极大地激发了广大职工的主人翁精神，工人阶级主力军作用不断发挥。

党的十八大高举中国特色社会主义旗帜，坚持党的基本理论、基本路线、基本纲领、基本经验、基本要求，对新的时代条件下推进中国特色社会主义事业作出了全面部署，重申要坚持全心全意依靠工人阶级的根本方针，在重大方针政策、重大理论观点、重大决策部署中，都充分体现了贯彻落实这一方针的要求。党的十八大以来，习近平总书记多次强调，必须紧紧依靠工人阶级发展中国特色社会主义。2013 年 4 月 28 日，习近平总书记在同全国劳动模范代表座谈时，热情赞扬了我国工人阶级的历史功绩，深刻阐述了发挥工人阶级主力军作用与实现中华民族伟大复兴中国梦、巩固工人阶级领导阶级地位与坚持和发展中国特色社会主义的内在联系。强调工人阶级要牢固树立中国特色社会主义理想信念，始终做坚持中国道路的柱石，做弘扬中国精神的楷模，做凝聚中国力量的中坚。强调全心全意依靠工人阶级不能只当口号喊、标签贴，而要贯彻到党和国家政策制定、工作推进全过程，落实到企业生产经营各方面。

长期以来，各级党委政府贯彻全心全意依靠工人阶级的根本方针，尊重职工主体地位，完善职工群众参与国家事务、社会事务管理和企事业民主管理的各项制度，认真解决职工群众最关心最直接最现实的利益问题，健全完善党政主导的职工群众权益维护机制，把更多的资源和手段赋予工会组织，支持各级工会开展工作，使这一方针更好地落实到政策制定、工作推进的方方面面。

各级工会在党的领导下，坚持中国特色社会主义道路、理论体系和制度，坚定不移地走中国特色社会主义工会发展道路，大力构建社会主义和谐劳动关系，旗帜鲜明地维护职工群众利益，全心全意为职工群众服务。各级工会结合工作实际，积极开展理论创新和实践探索，先后提出“组织起来、切实维权”的工作方针，“以职工为本，主动依法科学维权”的工会维权观，“促进企业发展、维护职工权益”的企业工会工作原则，“规范有序、公正合理、互利共赢、和谐稳定”的新型劳动关系目标等，以理论创新推动体制创新和工作创新，为在新形势下推动全心全意依靠工人阶级方针的贯彻落实做出了不懈努力。

二、广大职工在推动我国经济社会发展中的主力军作用进一步发挥

过去5年来，我国改革和建设事业取得一系列新的历史性成就，社会生产力、经济实力、科技实力迈上一个大台阶，人民生活水平、居民收入水平、社会保障水平迈上一个大台阶，综合国力、国际竞争力、国际影响力迈上一个大台阶，国家面貌发生新的历史性变化。这些历史成就的取得，无不凝结着广大职工和全体劳动者的劳动创造和奉献。

（一）广大职工以辛勤劳动、诚实劳动、创造性劳动为我国经济平稳较快发展作出了突出业绩。

在包括广大职工在内的全体中国人民共同努力下，我国综合国力大幅提升。2008年到2012年的5年间，我国的国内生产总值由26.6万亿元上升到51.9万亿元，增长95.1%，跃升到世界第二位；公共财政收入由5.1万亿元增加到11.7万亿元，增长129.4%；进出口贸易总额由2.2万亿美元增长到了3.9万亿美元，增长77.3%。基础设施建设明显加强。5年来，全国新建各类保障性住房1800多万套，棚户区改造住房1200多万套；完成大中型和重点小型水库除险加固1.8万座，治理重点中小河流2.45万公里，新增节水灌溉面积770万公顷；新增铁路里程1.97万公里，其中高速铁路8951公里，一批高铁和城际铁路相继投入运营；新增公路60.9万公里，其中高速公路4.2万公里，高速公路总里程达9.56万公里；新建机场31个；新增万吨级港口泊位602个；一批跨江跨海大桥、连岛工程相继建成；西气东输、西电东送、南水北调等重大工程顺利推进或建成。在经济建设主战场，广大职工以主人翁的姿态，积极参与各行各业的劳动竞赛，辛勤劳动、诚实劳动、创造性劳动，有力地推动了经济平稳较快发展。据全总统计，截至2012年底，劳动竞赛企事业单位覆盖面达到78.4%，职工参与率74.2%，其中已建会的非公企业劳动竞赛覆盖面和职工参与率分别达到67.4%和63.7%，同比增长5.1%和6.3%。

5年来，在应对国际金融危机冲击、同严重自然灾害斗争和完成一系列重大建设项目中，广大职工无私奉献、忘我劳动，发挥了中流砥柱作用。2008年以来，国际金融危机对我国经济造成严重冲击，广大职工识大体、顾大局，立

足本职岗位，与企业同舟共济、共克时艰，使我国经济在世界范围内率先实现回升向好。在汶川特大地震、玉树强烈地震、舟曲特大山洪泥石流和芦山地震等重大自然灾害面前，各行各业职工和灾区人民同心协力，发扬伟大的抗震救灾精神，取得抗击严重自然灾害和灾后恢复重建的重大胜利。在北京奥运会、残奥会、上海世博会、广州亚运会等重大建设项目中，广大职工自强不息、艰苦奋斗，为这些重大活动的成功举办贡献了力量，赢得了世界的广泛赞誉。

（二）广大职工为建设创新型国家贡献了聪明才智。

我国工人阶级是包括广大知识分子在内的，由各种所有制企业、各种机关事业单位的全体体力劳动者和脑力劳动者构成的统一整体。知识分子作为工人阶级的一部分，大大增强了工人阶级的科学文化素质。截至2011年底，我国科技工作者队伍已达5800万人。5年来，广大科技工作者和职工群众以其艰苦劳动和创造性实践，为推动我国科技进步和产业结构升级作出了杰出贡献。我国在重要科学前沿和战略必争领域取得了一批重大创新成果，“神舟”系列飞船载人航天，“嫦娥”一号、二号探月卫星发射，“蛟龙号”载人深潜，北斗卫星导航系统开发应用，“天河”一号、二号超级计算机系统开发，“辽宁舰”入列，等等。

5年来，我国专业技术人才、高技能人才分别增加了860万人和880万人。包括工程技术人员在内的广大职工为推动企业技术进步、增强自主创新能力提供了可靠的人力资源保障，促进企业技术改造不断升级，高科技产业、新兴产业蓬勃发展。“中国制造”开始向“中国创造”转型，传统制造业产品质量整体水平不断提高，高技术制造业不断发展。5年来，我国高技术制造业增加值年均增长13.4%，成为国民经济重要先导性、支柱性产业。企业节能减排工作不断推进，5年来，我国累计淘汰落后炼铁产能1.17亿吨、炼钢产能7800万吨、水泥产能7.75亿吨；新增城市污水日处理能力4600万吨；单位国内生产总值能耗下降17.2%，化学需氧量、二氧化硫排放总量分别下降15.7%和17.5%。清洁能源、节能环保、新一代信息技术、生物医药、高端装备制造等一批战略性新兴产业不断涌现；信息服务业、现代物流业、商务服务业、高技术服务业等迅速发展。

与此同时，广大职工适应形势的发展，刻苦学习、增长本领，为企业技术革新、技术进步贡献自己的聪明才智。据全总统计，2008年至2012年的5年间，职工向企业提出合理化建议4000多万条，被采纳实施建议2000多万条，共产生经济效益2000多亿元；职工技术革新项目、发明创造项目和推广先进操作法项目400多万项，荣获国家专利项目34.4万项。

（三）工人阶级伟大品格和劳模精神成为推动我国经济社会发展的强大精神动力。

广大职工为改革开放和社会主义现代化建设作出了突出贡献，也铸就了“信念坚定、立场鲜明，艰苦奋斗、勇于奉献，胸怀大局、纪律严明，开拓创新、自强不息”的工人阶级伟大品格。职工队伍中涌现出一大批劳动模范和先进工作者，如“蓝领专家”孔祥瑞、“金牌工人”窦铁成、“新时期铁人”王启民、“新时代雷锋”徐虎、“知识工人”邓建军、“马班邮路”王顺友、“白衣圣人”吴登云、“中国航空发动机之父”吴大观等。自2008年至2012年，有2985人先后获得全国劳动模范（先进工作者）光荣称号，在此期间，全国总工会先后表彰全国五一劳动奖章先进个人6738人、全国五一劳动奖状先进单位2237个、全国工人先锋号6538个、全国职工职业道德建设标兵51人、标兵单位50个。职工群众中涌现的先进模范人物在各自的岗位上作出了卓越的贡献，弘扬了“爱岗敬业、争创一流，艰苦奋斗、勇于创新，淡泊名利、甘于奉献”的劳模精神，丰富了民族精神和时代精神的内涵，成为中国精神的重要内容，得到了职工群众的广泛认同。这些充分说明，工人阶级不愧是坚持中国道路的柱石，弘扬中国精神的楷模，凝聚中国力量的中坚。工人阶级伟大品格和劳模精神对于凝聚社会共识、激发奋斗热情，培育积极向上的社会道德风尚，纠正精神缺失、信仰危机带来的社会失范现象，积聚实现中国梦的强大正能量，发挥着十分重要的作用。

三、职工队伍不断发展壮大

在推动经济社会快速发展的同时，我国职工队伍在数量、素质、结构方面都体现出新的时代特点，总体上呈现与时俱进的良好态势。

（一）职工队伍规模继续扩大。

随着我国劳动年龄人口的不断增长，第二、三产业不断发展，农村富余劳动力不断向城镇转移，我国职工队伍规模进一步壮大。第二、三产业从业人员的变化清楚地反映出近年来职工队伍规模的发展变化趋势。我国第二、三产业从业人员从 2007 年的 4.5 亿人增加到 2011 年的 5.0 亿人，增长 11.7%；第二、三产业从业人员占全部从业人员的比例从 2007 年的 59.2% 上升到 2011 年的 65.2%。农村富余劳动力转移形成的农民工大军成为职工队伍的一支重要力量。据国家统计局有关农民工的监测调查显示，我国农民工总量从 2008 年的 2.3 亿人增加到 2012 年的 2.6 亿人，增长 16.5%，其中大部分成为职工队伍的成员。据全国总工会测算，截至 2011 年底，全国职工人数为 35061.4 万人，比 2007 年增加 6262.6 万人，增长 21.7%，年均增长率 5.0%，其中包含了劳动关系比较稳定的农民工。

（二）职工队伍素质全面提高。

职工队伍的整体文化素质不断提高。近年来，我国教育经费投入不断增加，国民受教育程度大幅提升，带动了职工队伍文化素质的提升。调查显示，职工的平均受教育年限为 12.95 年，比 2007 年提高 1.47 年；大学本科及以上的职工占 21.8%，比 2007 年的 8.9% 提高 12.9 个百分点，大专（高职）水平职工占 25.6%，比 2007 年的 16.9% 提高 8.7 个百分点。而初中水平职工仅占 18.8%，比 2007 年的 30.6% 下降 11.8 个百分点。

职工队伍的技术素质有所提升。随着人才强国战略的深入实施，职工队伍技术素质不断提升，高层次、高技能人才不断涌现。调查显示，本次调查的职工中有 46% 拥有专业技术职称，比 2007 年提高 12.8 个百分点；21.9% 的职工拥有初级职称，19.1% 拥有中级职称，5% 拥有高级职称，分别比 2007 年提高了 7.2、3.9、1.7 个百分点。专业技术人员中拥有专业技术职称的占 86.8%，比 2007 年的 82.7% 提高 4.1 个百分点。我国职业教育的发展也促进了职工技术技能水平的提升，调查显示，52.0% 的职工接受过技校、职高、中专、高职等职业教育，其中，专业技术人员接受过职业教育的比例高达 62.6%。

职工队伍的政治素质和思想道德素质不断发展。广大职工拥护党的大政方针，支持改革开放，对改进党的作风、反对消极腐败充满期待。调查显示，82.3% 的职工认为改革开放是大势所趋，应该继续坚持；71.8% 认为有必要继续推进政治体制改革；88.4% 认为必须重视改革开放中出现的消极腐败现象。职工中党团员的比例不断提高，本次调查中，26.2% 的职工是中共党员，比 2007 年的 19.1% 增加 7.1 个百分点；25.3% 的职工是共青团员，比 2007 年的 17.7% 增加 7.6 个百分点。职工队伍的思想道德素质总体积极向上，大多数职工具备较强的社会责任感和正义感。调查显示，85.2%的职工认同雷锋精神的社会价值；56.6%的职工表示“如果路上遇到老人摔倒的情况，即使冒着被人赖上的风险，依然会去扶助”。

（三）职工队伍结构更加优化。

职工队伍年龄结构保持稳定。调查显示，我国职工队伍年龄结构比较年轻，平均35.3岁，比2007年的36.47岁降低了1.17岁，68.0%的职工在40岁以下。其中，城镇职工的平均年龄36.56岁，农民工平均年龄33.04岁。70后、80后职工群体成为职工队伍主体，随着职工队伍的新老更替，70后、80后职工已经占到职工队伍的30.7%和38.6%，90后职工也逐渐进入职工队伍。这些青年职工文化程度更高、更乐于接受新事物。

职工队伍性别结构趋于平衡。调查显示，职工队伍中男性占51.1%，女性占48.9%，总体性别比104.5，接近于2011年劳动年龄人口性别比104.2。这说明，在就业总体规模上不存在明显的性别差异。从职工队伍细分的群体来看，在第一、二产业的所有行业，第三产业中的交通运输、仓储及邮政业、水利、环境和公共设施管理业、公共管理、社会保障和社会组织中，男性职工多于女性职工，部分是由于男女生理差异而导致的分工差别。从职业发展来看，提高女职工社会地位，实现男女平等仍面临一些突出问题。调查显示，单位高层管理人员和中层管理人员性别比分别为256.8和153.1，远高于其他身份职工。而普通职工和一般管理人员中女性职工多于男性，性别比分别为92.5和88.6。11.1%的最低收入职工组的女性比例最高，性别比为57.6，男性人数仅为女性人数的一半左右；收入越高，男性比例就会逐渐增加；8.2%的最高收入职工组的女性比例最低，性别比为153.2。

职工队伍技术结构进一步优化。调查显示，城镇的从业人员当中，有技能的劳动者占到了36%；有技能的劳动者当中，高技能的劳动者占到了25%。据国家统计局统计，截至2011年，规模以上工业企业办研发机构3.1万个，研发人员181.6万人，比2008年分别增长19.6%、39.3%；高技术产业从业人员年平均人数1147万人，比2008年增长21.4%；开发区高新技术企业从业人员有1073.6万人，比2007年增长65.1%。此外，截至2011年，公有经济企事业单位的专业技术人员已达2356.9万人。

职工的产业、行业分布与我国经济社会发展总体适应。大量农村富余劳动力向第二、三产业的转移，企业不断转型升级，服务业逐渐成为我国吸纳就业的主渠道，城镇化进程不断推进等，这些都使职工产业、行业分布发生相应的变化。具体表现在，第一产业就业人数呈下降趋势，第二产业平稳增长，第三产业增势明显。2011 年底我国三次产业就业人员依次占比 34.8%、29.5% 和 35.7%，第三产业就业人数比重超过第一产业。与城镇化发展相关的产业就业人数增长最快，如 2011 年建筑业、房地产业、住宿和餐饮业城镇单位就业人员分别比 2007 年增长 64.1%、49.3%、30.6%，现代服务业就业人数也有长足的发展，如 2011 年信息传输、计算机和软件业、金融业城镇单位就业人员分别比 2007 年增长 41.6%、29.7%。在各类社会组织就业的职工已成为职工队伍新的组成部分。据国家统计局统计，2011 年末社会组织职工人数 599.3 万人，比 2007 年增长 31.2%。其中，民办非企业单位 234.8 万人，社会团体 363.0 万人，分别比 2007 年增长 41.0%、25.8%。

职工队伍内部群体结构总体上适应社会主义市场经济的发展要求。经过 5 年来的发展，我国职工队伍内部群体结构出现了一些新的变化。一是在改革开放以来逐步形成的普通职工、专业技术人员、经营管理人员、公务员、农民工等群体作为职工队伍中的主要群体仍然存在的同时，劳务派遣工、灵活就业人员等新的群体逐渐形成并不断扩大。近年来，由于一些企业大量使用劳务派遣工，突破了“临时性、替代性、辅助性”的限制，在一些单位形成了“正式职工—劳务派遣工”的二元用工结构，据全国总工会调查，包括机关和事业单位在内，其总数已超过 4000 万人，这种状况在一些国有大中型企业表现得比较明显，劳务派遣工在就业质量、工资收入和福利待遇各方面都与正式职工差别很大。普通职工中的灵活就业人员通常是指非全时工、季节工、劳务承包工、家庭小时工、临时工等，所从事的往往是低技能、低收入、高强度的工作，劳动关系不稳定、流动性大，维护这部分职工的合法权益是工会面临的新挑战。下岗职工群体是上世纪末国企改革中出现的特殊群体，目前其中大部分人已经进入退休年龄。二是部分群体分类标准之间的相关性减弱，一些职工群体之间出现融合趋势。随着市场经济的发展、法制的完善以及社会建设的推进，职业、收入、所有制、户籍等群体分类标准之间的一致性逐步打破，不同群体之间的交流加大。如，普通职工与专业技术人员、经营管理人员之间的界限开始模糊。普通职工素质的提高和企业业态的变化，使专业技术人员不再局限于传统的拥有专业技术资格的人员，许多普通职工同时也是专业技术人员。农民工加速融入职工队伍，许多优秀的农民工进入专业技术人员和经营管理人员队伍。户籍差异对劳动就业和收入的影响在减弱，但享受住房、医疗和子女教育等城市公共服务的差异更加凸显。三是一些群体之间的差异性变得明显。如，企业科层化的发展使得管理者与被管理者之间的差别更加明显。一方面，非公有制企业形成了一支专职的经营管理者队伍，这支队伍并非企业所有者，但在经济和社会地位上也不同于企业普通职工；另一方面，一些企业特别是大型、特大型国有企业不断强化不同层级之间差异，普通职工与企业管理人员之间收入相差悬殊，使得职工内部管理者与被管理者之间的矛盾也日益复杂。行业垄断形成的收入畸高，一定程度上造成了社会收入分配不公，垄断行业职工与其他行业职工在工资收入、福利待遇、住房保障等方面存在强烈的反差，社会也普遍将垄断行业职工视为一个既得利益群体来看待。四是职工队伍中形成一些特征鲜明的亚群体。如新生代农民工逐渐成为外出农民工的主体，据国家统计局测算，2009 年，80 后农民工的比例已经占到总体的 58.4%，他们在受教育水平、利益诉求、权利意识、自主意识等方面都与其父辈有着明显的不同，更渴望融入城市，获得更好更公平的发展机会。公务员群体相对比较稳定，据人社部统计，2012 年底，我国公务员总数为 708.9 万人，总体上福利待遇、社会地位、社会保障比较好，但其内部存在着很大的差别，高层与中低层、东部地区与中西部地区、发达地区与贫困落后地区不一样，不同部门之间也不一样，很多贫困落后地区的基层公务员仍面临收入低、工作压力大的问题。除企业化经营的事业单位之外，一些事业单位职工具有“准公务员”的特点，一般也被作为“公务员”的亚群体看待，据第二次全国经济普查数据显示，事业单位从业人员已达 3051 万人。但是在分类推进事业单位改革的背景下，其逐渐成为一个特殊的群体，受到越来越多的关注。总而言之，我国职工队伍内部群体结构是适应社会主义市场经济发展要求的，不同群体之间的差异是根本利益一致基础上的具体利益的差异，各群体之间的关系总体上呈现功能互补性，在经济社会持续发展和社会公平正义不断实现的过程中，其利益的一致性将不断得到发展。

第二部分　职工合法权益进一步得到实现

过去 5 年来，我国经济持续发展，社会建设加速推进，劳动法律法规逐步完善，特别是党和政府以改善民生为重点的社会建设各项政策的贯彻落实，为保障和发展职工利益创造了有利的条件，职工群众的经济、政治、文化、社会等各方面的权益得到进一步保障和发展。

一、职工劳动经济权益进一步得到改善

（一）就业质量总体向好。

近年来，随着我国实施就业优先战略和更加积极的就业政策，就业规模不断扩大，职工就业质量总体向好的方向发展。

从宏观上看。经济长期保持平稳较快增长，对于扩大就业起到了至关重要的基础和拉动作用，过去 5 年来，国内生产总值年均增长 15.8%，创造了大量的就业机会。政府累计投入就业专项资金 1973 亿元，平均每年城镇新增就业超过 1000 万人，城镇登记失业率维持在 4% 左右，累计实现高校毕业生就业 2800 万人、城镇就业困难人员就业 830 万人。据人社部监测，反映 103 个监测城市的公共就业服务机构市场供求关系的求人倍率（岗位空缺与求职人数的比率）基本都高于 1.0，2013 年 3 季度，我国东部、中部、西部劳动力市场求人倍率分别为 1.06、1.06 和 1.13，保持了我国就业形势的总体稳定。保障和促进就业的法律法规进一步完善。新世纪新阶段以来，我国劳动和社会保障方面的立法进程加快，特别是 2008 年《劳动合同法》《就业促进法》的实施，2013 年《劳动合同法（修正案）》的实施，为促进就业、提高就业质量提供了更加有利的法制环境。工会开展的就业援助月、民营企业招聘周、困难职工家庭高校毕业生阳光就业工程、家政服务工程、千万农民工援助行动、技能培训促就业行动、下岗职工再就业等工作，有效地促进了就业和再就业。在国际金融危机对我国劳动力市场造成持续不良影响的情况下，工会曾通过大力开展企业与职工的“共同约定行动”，促进企业发展、维护职工权益，企业积极履行社会责任，努力做到不裁员、少裁员，对稳定就业起到了重要的作用。目前，除传统的就业方式之外，我国网络创业就业已累计创造岗位超过 1000 万个，缓解了近几年来

的就业压力，成为创业就业一个新的增长点。

调查表明，职工对就业岗位满意度较高。21.2% 的职工对自己目前的工作表示“非常满意”，47.5% 的职工对自己目前的工作表示“比较满意”，两项合计 68.7%；另外还有 28.5% 的职工表示“一般”，2.8% 的职工明确表示不满意。职工就业岗位也具有一定的稳定性。调查显示，在本单位平均工作年限 7.4 年，占到平均工龄 13.3 年的一半以上，56.7% 的职工本单位工作年限都超过工龄的一半以上。

（二）职工工资收入有一定提高。

近年来，我国职工收入总体上有了一定程度的提高，城乡居民生活水平也因之得到一定改善。调查显示，职工上月从单位获得的全部货币收入平均为 2562.5 元，比 2007 年第六次全国职工队伍状况调查时的 1366.7 元提高 87.5%，同期居民消费价格指数上涨 14.5%，如果扣除价格上涨因素，职工上月从单位获得的全部货币收入的增长幅度约为 63%，年均增长 10.3%。本次调查中，9.7% 的职工表示自己的工资收入水平在所在城市属于中等偏上或高收入，40.4% 的职工表示自己的工资收入水平在所在城市属于中等。农民工和城镇职工的收入差距扩大趋势减缓，调查显示，农民工与城镇职工上月从单位获得的全部货币收入之比由 2007 年的 1∶1.26，缩小为 1∶1.13。最低工资标准和工资指导线的提高在一定程度上促进了职工特别是低收入职工收入的提高。2012 年，25 个省份上调了最低工资标准，平均增幅为 20.2%；23 个省份发布年度工资指导线，基准线普遍提高了 14% 左右。拖欠农民工工资状况有所改善，据国家统计局农民工调查监测报告显示，被雇主或单位拖欠工资的农民工比例逐年下降，2008 年至 2011 年分别为 4.1%、1.8%、1.4% 和 0.8%。

工资性收入的提高带动了城乡居民家庭生活水平的提高。城镇居民家庭人均可支配收入中近三分之二来自于工资性收入，农村居民家庭人均纯收入中近二分之一来自于工资性收入，2007 年至 2012 年，城镇居民家庭可支配收入增长了 78.2%，农村居民家庭人均纯收入增长了 91.2%。

（三）职工劳动安全卫生条件逐步改善。

职工劳动安全卫生条件的逐步改善主要体现在安全事故发生和职业病防治方面。近年来，我国安全事故发生量持续下降。从 2003 年开始，我国事故总量和事故死亡人数连续九年“双下降”。近五年，事故总量和事故死亡人数分别下降了 33.4% 和 29.1%，各省（区、市）的事故死亡人数下降幅度均超过 10%；重大事故起数和死亡人数分别下降了 27.8% 和 29.5%，特别重大事故起数和死亡人数分别下降了 66.7% 和 72.2%；亿元 GDP 事故死亡率、工矿商贸十万就业人员事故死亡率、煤矿百万吨死亡率分别下降 66%、46%、75%。重点行业安全技术改造不断推进，“十一五”期间，国家共投入 150 亿元国债资金，扶持原国有重点煤矿进行安全技术改造，从 2005 年开始，煤炭行业用三年多的时间，开展了瓦斯治理和小煤矿整顿关闭的攻坚战。职业病防治能力不断加强，2012 年全国职业健康检查机构和职业病诊断机构总数分别达到 3077 家和 562 家，设置重点职业病监测哨点 120 个，每个县至少有一所医疗机构承担劳动者职业健康体检工作，有效维护了广大职工健康及相关权益。女职工劳动保护工作不断推进，2012 年颁布实施的《女职工劳动保护特别规定》，适应新形势，调整女职工禁忌从事的劳动范围，规范产假假期和产假待遇，调整女职工劳动保护监督管理体制，进一步加强了女职工劳动保护工作。

与此同时，工会参与安全生产的群众监督网络不断健全，对于改善职工劳动安全卫生条件发挥了重要作用。2012 年，全国各级工会建立劳动保护监督检查组织达 90 多万家；工会积极配合政府和企业开展安全隐患排查治理，参与重特大安全事故的调查处理，连续多年组织开展了“安康杯”竞赛等群众性安全生产活动。近五年，全国各级工会参加安全生产检查 2342.1 万次，参加职工伤亡事故调查处理 63.7 万件，参加劳动安全卫生设施与主体工程同时设计、同时施工、同时投入生产和使用“三同时”审查验收项目 93.4 万项，有力地保障了职工群众生命财产安全和职业健康。

（四）集体协商和集体合同制度普遍建立。

近年来，集体合同制度覆盖面不断扩大，集体协商质量逐步提高，职工参与能力和意愿也在不断增强，集体协商在解决一线职工特别是农民工、劳务派遣工以及困难企业职工工资收入低、增长缓慢问题上发挥了重要作用。

集体合同制度普遍建立。从 2010 年开始，国家劳动关系三方共同推进集体合同彩虹计划，经过 3 年努力，到 2012 年底基本实现已建工会企业普遍建立集体合同制度的目标。近年来，工会组织积极推动依法普遍开展工资集体协商。据全国总工会统计，截至 2012 年，全国签订集体合同 224.5 万份，覆盖企业 579.2 万个，覆盖职工 26719.7 万人；签订区域性集体合同 28.1 万份，覆盖企业288.3万个，覆盖职工8129.1万人；签订行业性集体合同20.8万份，覆盖企业97.0万个，覆盖职工3761.8万人；签订工资专项集体合同122.9万份，覆盖企业308.1万个，覆盖职工15029.5万人。

职工参与集体协商的数量和质量不断提升。近年各省（区、市）陆续出台了一系列工资集体协商指导意见、企业工资集体协商目标考核办法、工资集体协商专项合同参考样本等，推动企业普遍开展工资集体协商。全国总工会制定和实施工资集体协商三年规划，建立工资集体协商指导员专业队伍，截至2012年，全国各级工资集体协商指导员达14.9万人。调查显示，开展了工资集体协商的企业职工中61.0%都知晓最近一次工资集体协商的情况，这些职工中有74.4%的人表示最近一次工资集体协商使全体职工都增加了工资。在最近一次工资集体协商中，职工认为单位行政方能够积极协商、工会能尽力为职工争取利益的比例均为93.3%。职工参与集体协商的意愿强烈。调查显示，79.3%的职工希望工会代表职工与企业行政进行工资集体协商；74.9%的职工愿意作为职工代表与企业行政进行工资集体协商。

二、职工民主政治权利进一步得到保障

（一）以职代会为基本形式的企事业民主管理制度不断完善。

5年来，越来越多的企业建立了以职代会为基本形式的民主管理制度，促进了广大职工知情权、参与权、表达权和监督权的落实。

职代会运行程序日益规范，作用发挥明显。据全国总工会统计，截至2012年，全国建立职代会制度的已建工会企事业单位404.9万个，其中，非公有制企业335.8万个；5年来，建立了职代会的非公有制企业增幅达205.7%；主要覆盖非公有制小微企业的区域（行业）职代会达到13.9万个，覆盖企业158.6万个，覆盖职工4853.8万人。调查显示，75%的职工参加过本单位选举职代会代表的投票，这反映职代会制度在职工中拥有广泛的民意基础；职代会代表中普通职工占52.4%，专业技术人员占21.7%，一般管理人员占13.5%，高层管理者只占2.5%，这也说明职工代表构成比较合理，具有普遍的代表性。61.7%的职工认为单位职代会作用发挥好，56.8%的职工把在单位职代会（议事会、恳谈会）上提出提案作为发表意见和反映愿望的渠道。职代会的作用在职工当中得到普遍认可。调查显示，58.7%公有制企业职工认为单位职代会作

用发挥得好，这一比例在非公有制企业中为 62.7%。职代会作用的发挥更有利于劳动关系的和谐稳定。调查显示，在建立职代会的企业中，80.4% 的职工表示其所在单位经营管理者和普通职工之间的关系融洽，而在未建职代会的企业中这一比例只有 65%。

企事业单位厂务公开的内容日益丰富，形式也趋于多样化。全国已建工会企事业单位实行厂务公开的 395.5 万个，其中，非公有制企业 330.6 万个；5 年来，建立了厂务公开制度的非公有制企业增幅达 221.7%。企事业单位生产经营管理的重大事项、涉及职工切身利益的规章制度、党风建设和经营管理人员廉洁从业相关情况等方面的内容基本做到了公开，且进一步向薪酬管理、领导人员职务消费、企业招投标等职工更为关心关注的问题拓展。厂务公开形式除以职代会为主要载体外，还有公开栏、墙报、报刊、厂情发布会、广播等方式，近年来又引入了局域网、内部电视等创新平台。

公司制企业职工董事、职工监事制度不断推进。近年来，各地按照《公司法》等法律法规进一步加强职工董事、职工监事制度建设，规范制度运作，职工董事职工监事与董事会、监事会其他成员平等地参与企业的决策、管理和监督，代表和维护职工合法权益，强化了企业职工在参与企业管理和内部监督方面的作用。据全总对已建工会单位的统计，截至 2012 年，48.5% 的已建工会公司制企业董事会中设立了职工董事，60.0% 的已建工会公司制企业监事会中设立了职工监事。

（二）职工参与民主管理的意愿强烈。

随着企事业民主管理制度日益发展、作用日益发挥，职工对于单位民主管理制度有了较高的认同和预期，参与民主管理的能力和意愿不断提高，进一步促进了企业民主管理制度的完善、职工民主政治权利的落实。调查显示，75.5% 的职工认为参与单位管理是职工应当享有的权利，对自身民主管理的权利有明确的认知；86.6% 的职工认为参与单位管理有利于促进单位发展，84.9% 的职工认为参与单位管理有利于维护职工利益，表明广大职工对参与民主管理的作用有较高的认同度，也认识到民主管理制度对维护企业和自身利益的重要性。在单位规章制度制定过程中，职工的参与度不断加大。调查显示，53.8% 的职工表示单位制定规章制度时有工会或职代会代表参与，53.5% 的职工表示单位制定规章制度中曾事先张贴出来征求职工意见。普通职工参与管理的机会与高层管理人员相比仍有较大差距，高层管理人员表示有机会参与的占79.8%，中层管理人员为75.0%、专业技术人员为62.8%、一般管理人员为60.2%、普通职工为51.1%。

（三）工会代表职工进行源头参与的水平不断提升。

工会通过参与立法、推动执法、开展法律监督等形式，努力从制度上、源头上维护职工权益。

积极参与立法工作，推动劳动法律法规的制定实施。5年来，全国总工会重点参与了《劳动合同法》《劳动争议调解仲裁法》《社会保险法》《安全生产法》《职业病防治法》《人民调解法》《工伤保险条例》《女职工劳动保护特别规定》《最高人民法院关于审理劳动争议案件适用法律若干问题的解释（三）》等数十部涉及职工权益的法律法规规章和司法解释的制定和修改。各地工会也参与了地方性劳动法律法规的制定和实施。仅2012年，全国省、市（地）级地方工会参与制定地方法规290个，其中涉及职工权益的法规213个，占73.4%；涉及工会工作的法规31个，占10.7%，工会参与制定的地方性规范文件（除法规外）579个。近年来，在各级工会的大力推动下，全国人大多次对《工会法》《劳动法》《劳动合同法》开展了执法检查；各级工会与政府有关部门联合开展企业用工管理、社保缴费、工资拖欠、劳动安全卫生等方面的维权专项行动，参与查处严重违反劳动法律法规的案件，参与重大安全生产事故和职业危害事件的调查处理。工会代表职工参与劳动法律监督，在监督企业贯彻落实劳动法律法规方面发挥了基础性作用。工会劳动法律监督组织覆盖广泛、网络健全，截至2012年，全国各级工会建立劳动法律监督组织77.9万个，受理违法、违规案件12.6万件，自行处理案件8.1万件，提请劳动监察部门处理案件2.3万件。

工会与政府联席会议制度、协调劳动关系三方机制成为工会源头参与的重要形式。在联席会议制度方面，全国县及县级以上建立政府与同级工会组织联席制度的已有3000多个，运行逐渐成熟，议题更加务实具体，逐渐成为各级政府制定政策的重要机制之一。在协调劳动关系三方机制方面，各级地方及产业工会参与建立的协调劳动关系三方机制近2.5万个，有的地区延伸至村和社区一级，协调劳动关系三方机制网络基本形成。截至2013年初，国家协调劳动关系三方已经召开专项会议18次。

三、职工精神文化权益进一步得到发展

（一）职工精神文化生活多样化需求不断得到满足。

随着职工物质生活条件的改善，精神文化生活越来越受到重视，需求日益多样化。国家统计局资料显示，2011 年全国 36 个大中城市居民消费支出中，13.18% 用于教育文化娱乐服务；调查显示，职工家庭上月平均花费在教育和休闲娱乐方面的支出占户均总支出的 19.6%。职工参加单位文体活动的积极性比较高，92.6% 的职工表示愿意参加单位组织的文体娱乐等活动。职工文体活动内容多样，30.2% 的职工在工作之余参加文体休闲等兴趣爱好团体，24.4% 的职工参加社会公益组织；超过半数的职工表示喜欢观看电影、电视剧、文艺演出、读书、运动健身、上网等文体娱乐形式。

职工多样化精神文化生活需求的满足得益于公共文化服务体系和职工文化阵地的发展。一方面，公共文化服务体系建设的快速发展不断满足包括职工在内的广大人民群众日益增长的文化需求。2011 年末，全国共有公共图书馆 2952 个，博物馆 2650 个，艺术表演团体 7069 个，广播节目综合人口覆盖率为 97.1%，电视节目综合人口覆盖率为 97.8%。文化产业的繁荣为职工群众创造了丰富的文化产品，仅 2011 年就生产电视剧 469 部 14939 集，动画电视 26 万多分钟；生产故事影片 558 部，科教、纪录、动画和特种影片 131 部；出版各类报纸 467 亿份，各类期刊 33 亿册，图书 77 亿册（张）。另一方面，职工文化阵地建设为职工开展精神文化活动提供了场所和便利的物质条件。截至 2012 年，各级工会建有文化宫、俱乐部 5.6 万家，体育场、体育馆 6.1 万家，藏书 1 万册以上图书馆 4.4 万家；建设全国“职工书屋”示范点 5000 个，带动各级工会建设“职工书屋”5 万余个。职工群众参加文化体育活动更加方便，享受到的服务更加完善，积极性更加高涨。调查显示，53.6% 的职工表示本单位拥有职工文体活动场所，54.6% 的职工经常参加活动，63.9% 的职工对单位职工文体活动的开展情况表示满意。

（二）职工获取和交流信息渠道不断拓宽。

随着科技进步和信息传播方式的发展，新闻网站、微博、手机报等新渠道对职工的吸引力不断增加。调查显示，69.8% 的职工将广播电视作为获取信息的主要渠道，66.0% 的职工将新闻网站作为获取信息的主要渠道，19.6% 的职

工将手机报作为获取信息的主要渠道，16.6%的职工将微博作为获取信息的主要渠道。

近几年来，互联网在社会事件传播和社会大众表达意见方面作用日益凸显，已经成为职工信息获取、社会交往、教育培训和参与社会交流的重要途径。调查显示，下班后上网人数已经远远超过了读书看报和唱歌跳舞健身的人数；职工平均每周上网11.5小时，每周上网一个小时以上的职工占70.3%，利用手机上网的职工占64.1%，80后、90后职工平均每周上网时长均在15小时，其他年龄段职工平均每周上网时长10小时。微博、微信作为新媒体的代表受到职工的普遍关注，特别是年轻职工受网络影响较大，不仅仅以其作为获取信息的手段，更是进行社会交往的渠道。互联网的开放性减低了职工获取信息的成本和职业培训的门槛，为职工的工作和生活带来了许多便利。广大职工通过互联网参与社会监督、参加社会公益活动，成为维护自身权益、实现民主政治权利的一种新形式。

（三）职工思想更加积极活跃。

职工队伍思想观念总体乐观进取。多数职工具备正确的劳动观念，比较认同积极向上的劳动价值取向。调查显示，52.0%的职工认同“靠劳动能够过上富裕生活”；52.0%的职工“希望自己成为劳动模范”；在回答对劳动模范的看法时，41.6%的职工认为“劳模是工人学习的榜样”。职工对未来预期普遍乐观，58.5%的职工认为自己未来的生活会变得越来越好。

四、职工社会权利进一步得到扩展

（一）广大职工拥有依法参加和组织工会的权利。

职工组织化率不断提高。全国各级工会依法推动企业普遍建立工会组织，会员数和基层工会组织数显著增长。截至2012年9月底，全国建立基层工会266.3万个，覆盖单位616.7万个，工会会员达2.8亿人，其中农民工会员约1.0亿人，5年来分别增长76.6%、93.1%、45.0%、79.8%。

工会组织进一步得到职工的认同。基层工会组织与职工群众联系更加紧密，调查显示，92.6%的职工知道本单位工会主席是谁，90.6%的职工清楚本单位工会的办公地点。同时，各级工会组织通过开展维护职工群众合法权益的各项工作，赢得了职工群众的信赖，成为真正的职工之家。调查显示，在74.4%的职工心目中，工会与“职工代表”这个关键词的联系最为紧密，说明多数职工把工会当作是自己的代表。

（二）广大职工拥有更广泛的社会参与渠道。

职工社会参与的渠道不断增多。在国家政治层面，职工通过制度化的渠道为国家发展建言献策，选举人大代表参与国家政治生活，工会代表职工参与立法、执法和法律监督，在国家和社会管理中发挥重要作用。在工作单位层面，职工通过职代会等渠道参与单位民主管理，为促进所在单位的和谐发展发声出力。在社会生活层面，职工通过参加社会组织，参与社会监督、社会公益、社区事务等方式，积极融入社会，主人翁意识和社会责任感不断增强。调查显示，50.9%的职工表示关心工作和生活所在城市，认为城市发展与自身利益关系密切。职工从城市建设的“旁观者”逐步转变为真正意义上的“当事人”，越来越多的职工借助网络等渠道，表达对社会事务的意见，积极参与社会监督，在一些重大问题上充分表达自身的意愿，得到了广泛关注，产生了重要影响。

（三）广大职工享有更多的社会保障权益。

社会保险参保人数逐年增加。截至2012年底，全国参加城镇职工基本养老保险、基本医疗保险、失业保险、工伤保险和生育保险人数分别为30379万人、53589万人、15225万人、18993万人、15445万人，分别比2007年增长50.9%、197.4%、30.7%、56.0%、98.6%。截至2011年底，全国共有530多万未参保集体企业已退休人员纳入企业职工基本养老保险，312万国有企业“老工伤”人员等纳入了工伤保险统筹管理。社会保险保障水平不断提高，2005年至2012年连续8年调高企业退休人员养老金，全国企业参保退休人员月人均基本养老金达到1721元；城镇职工基本医疗保险最高支付限额由职工年均工资的4倍提高到6倍，重庆等7个省市实现省内异地就医直接结算。截止到2012年，全国建立企业年金制度的企业5.5万家，参加职工1846.6万人，积累基金4821.0亿元。

送温暖和帮扶困难职工工作在保障职工权益方面发挥了重要作用。各级工会积极创新送温暖和帮扶工作机制，完善工作网络、拓展工作领域，形成“救助—维权—服务”三位一体的工作格局。目前，全国已建立县级以上工会帮扶中心3504个，基层工会帮扶站点17万多个。2008年至2012年，在各级党政的支持下，工会共筹集帮扶资金137.7亿元，发放帮扶款物121.8亿元，帮扶困难职工3810.3万人次，在生活救助、职业介绍、助医助学、信访咨询、职业技能提升、就业服务、法律援助等方面取得了明显成效。此外，职工互助互济日益成为重要的社会互助形式。目前全国工会开展职工互助互济保障活动的基层工会15.3万家，覆盖单位42.5万家，参加职工2249.4万人；全国开展职工医疗互助活动的基层以上工会1.1万家，参加职工5704.0万人。

（四）广大职工享有更多的接受继续教育机会。

5年来，我国教育事业改革发展取得重大进展，国家财政性教育经费支出5年累计7.79万亿元，年均增长21.58%，2012年占国内生产总值比例达到4%，广大职工享受到更多的接受继续教育权利。

职工队伍受教育程度随着国民教育的发展“水涨船高”，职工及其子女在基础教育阶段享有更加公平的机会。近年来，我国高等教育毛入学率提高到30%，国民受教育程度大幅提升，15岁以上人口平均受教育年限达到9年以上，2008年至2011年全国普通高等学校毕业人数2226.6万人，研究生毕业人数153万人，同时，近三年各类非学历教育结业人数平均每年有6000多万人，教育公平取得明显进步，国民整体文化素质得到提升。同时，教育资源重点向农村、边远、少数民族、贫困地区倾斜；国家助学制度不断完善，建立了家庭经济困难学生资助体系，实现从学前教育到研究生教育各个阶段全覆盖；实施中等职业教育免学费政策，覆盖范围包括所有农村学生、城市涉农专业学生和家庭经济困难学生；逐步解决进城务工人员随迁子女在城市接受义务教育问题，现有1260万农村户籍孩子在城市接受义务教育。这些政策的实施，为经济困难职工家庭、农民工等弱势职工群体的自身发展提供了机会。

职工职业教育权益得到更好的落实。近年来，各级政府和工会组织大力实施职工素质建设工程，推动企业加强职工素质建设，职工职业教育条件不断改善，受教育机会不断增多。“十一五”期间，中央和地方为实施“雨露计划”投入培训资金46亿元，其中34亿元用于劳动力转移培训，641万人接受培训；政府每年资助职工培训超过1000万人。2011年末，全国共有技工学校2914所，就业训练中心4083所，民办培训机构19287所；2011年共组织开展各类职业培训2200万人次，1482万人取得不同等级职业资格证书，其中取得技师、高级技师职业资格的有35.8万人。2011年底启动的全国专业技术人才知识更新工程，累计为40多个行业培养培训2万多名高层次人才，开展急需紧缺人才培养培训和岗位培训，参加人员109万人。企事业单位更加重视职工职业培训。调查显示，5年来接受过单位培训的职工占79.4%，比2007年增长13.5个百分点；81.3%的职工表示通过培训增加了劳动安全卫生知识，74%的职工提高了技术等级或专业技能，73.1%的职工提升了就业竞争力，45.2%的职工增加了工资收入，35.5%的职工调到了更理想的工作岗位，25.2%的职工晋升了职务。

5年来，各级工会充分发挥“大学校”作用，通过深入开展“创建学习型组织，争做知识型职工”活动、“工人先锋号”创建活动、“安康杯”竞赛活动等，加强对职工的教育培训，不断提升职工的技术技能。2010年，全国总工会启动全国职工素质建设工程，全方位提升职工素质。截至2012年，28个省（区、市）开展了劳模创新工作室创建活动，创建劳模工作室1.1万多个，实行选树“首席员工”制度的企业16.4万家，共选树技能带头人35.9万人。目前，全国县及县级以上地方工会拥有独立举办的职工教育机构1668所，其中职工高等院校63所，职工中等学校205所，农民工业余学校352所，女职工培训学校390所，职业技能实训基地696个，在培养职工技术技能、提升职工素质方面发挥了重要作用。

第三部分　职工队伍发展变化中面临的问题及对策建议

在我国职工队伍不断发展壮大的同时，职工队伍结构、自身素质和权益实现等方面依然存在一些矛盾和问题，这些问题是经济社会发展不平衡在职工队伍中的反映。对这些存在的问题，应引起足够的重视，并采取有力措施推动解决。

一、职工队伍发展变化中面临的主要问题

（一）职工队伍结构性就业压力依然较大。

我国就业压力大的现状仍未从根本上改变。从劳动力供给看，尽管劳动人口的总量在稳步下降，但是总量依然很大，国家每年要保证新增就业1000万人。从劳动力供给看，据社科院《在全面深化改革中创新社会治理》课题组研究，“到2018年我国城镇化水平可达60%”。按这个水平粗略估算，今后5年城镇人口将增加近1亿，大量的农村富余劳动力向城市转移。“大学持续扩招使

每年应届大学毕业生数量不断增加，2013 年达到 699 万人，今后若干年大学毕业生数量将继续处于上升态势。”从劳动力需求看，导致劳动力需求扩大和缩减的因素并存，就业问题存在许多变数。在城镇化发展带动投资增长、消费增加、现代服务业发展的同时，随着制造业的转型升级和劳动生产率的提高，就业弹性将逐步减小，单位资本所需的劳动力数量将逐步缩小，纺织、煤矿、冶金等一些传统行业吸纳就业能力减弱。国际经济形势持续低迷，导致出口型企业订单减少，对相关劳动密集型产业的劳动力需求产生一定影响。因此，人口多、就业压力大的现状短时间内还难以改变，实现职工充分就业仍然是维护职工权益和保持劳动关系和谐稳定的重要问题。

在就业总量压力大的同时，就业市场中存在着劳动者技能与岗位需求不相适应、劳动力供给与企业用工需求不相匹配的结构性矛盾，就业和招工“两难”现象并存。职工队伍素质不能完全适应转变经济发展方式和企业转型升级的需要，传统行业的转型升级和高技术行业、新兴行业的发展对劳动力素质的要求不断提高，电子信息、生物技术、新能源、金融、物流等一些新兴行业技术门槛高，对高技能人才需求量大，很多行业和企业技术工人严重短缺。据人力资源和社会保障部统计，我国仅制造业高级技工缺口就达 400 余万人。据国家统计局“我国服务业区域发展研究”课题组研究，珠江三角洲、长江三角洲、环渤海经济区等三大经济圈服务业普遍同时存在缺乏高技术职称人才和缺乏技术工人（特别是高级技工）的“双短缺”现象，其中高级技术职称的从业人数仅占到总人数的 12.0% 左右，在珠三角经济圈，服务业从业人数中高级技工占比为 7.1%，长三角经济圈占比为 5.2%，环渤海经济圈的占比为 5.0%。与此同时，一些“苦、累、脏、险”的工作岗位，因长期待遇过低、工作条件差、社会地位低，职工往往不愿意从事这方面的工作，出现了一方面有大量富余劳动力，另一方面企业却招不到普工而用工短缺的现象。

（二）职工各项权益的落实还存在一定差距。

不同行业间的职工收入差距依然较大。调查显示，金融业、科学研究和技术服务业、房地产业等行业工资收入较高，而劳动密集型的住宿和餐饮业等行业工资收入较低，住宿和餐饮业职工平均工资收入最低，为 2202.15 元，仅是金融业的 67.1%。从最近一次涨工资的情况来看，金融业、科学研究和技术服务业、房地产业工资涨幅也高于其他行业。收入较高的职工群体往往工资增长额度也比较高，不同行业之间工资收入差距仍然比较明显。普通职工收入偏低，工资增长缓慢。调查显示，普通职工工资收入水平仅为高层管理人员的53.2%，普通职工最近一次涨工资的幅度也不到高层管理人员的一半，13.9%的普通职工反映，2009年以来就没有涨过工资。大部分职工家境不宽裕，特别是多数低收入职工家庭入不敷出。调查显示，在月收入1000元以下的职工家庭中，65.0%的家庭支出超过收入。从职工的主观感受来看，60.5%的职工认为，收入低使自己感觉压力最大；61.2%的职工认为影响社会和谐稳定的最突出问题是“收入分配差距大”。

社会保险制度尚需完善。目前，我国存在不同单位、不同身份的多种社会保险制度，缺乏有机衔接，突出表现在养老金“双轨制”问题，造成职工社保权益实现不公。目前，企业退休人员月均养老金虽已提至1721元，但与机关事业单位退休金还有不小差距。有研究指出，机关事业单位养老金替代率在100%左右，而企业养老金替代率不足50%。调查显示，85.6%的职工担心“将来的养老金不够用”，39.2%的职工担心退休后领不到养老金，企业职工对养老金“双轨制”问题反映强烈。养老、医疗等社会保险因统筹层次不高，各地社保缴费率、支付办法等方面存在较大差异，导致职工特别是农民工跨省区流动时社会保险关系转移接续存在障碍，农民工社会保险参保率一直不高。调查显示，农民工参加职工基本养老保险的仅为59.1%，加上参加新型农村养老保险的16.1%，仍比城镇职工有近10个百分点的差距。农民工参加基本医疗保险的仅为62.2%，参加工伤保险仅为67.4%，参加失业保险的仅为46.5%，离“应保尽保”还有很大差距，农民工群体社会保障权益难落实的问题突出。

职工休息休假权利落实状况堪忧。调查显示，加班加点现象较为普遍，22.3%的职工上周实际工作时间在48小时以上，且14.1%的职工表示几乎每天或经常加班加点。21.6%的职工加班加点没有得到任何补偿，或者得不到足够时间的倒休和足额的加班工资。职工的带薪休假权益难落实。调查显示，仅45.3%的职工能享受到带薪年假，46.2%的职工完全没有享受到带薪年假，还有8.5%的职工虽然享受了带薪年假但没达到规定天数。总体上看，普通职工享受带薪年假的比例低于平均水平，为41.5%。非公有制企业职工、小微企业职工分别为44.2%、41.2%。

企事业民主管理存在形式化的倾向。少数企业把民主管理制度视同“历史包袱”或“外在强迫”，没有真正得到企业经营者自觉认可，一定程度上存在图形式、走过场的现象。调查显示，56.0%的职工明确表示有机会对单位经营管理和自身权益发表意见或反映愿望，表示没有机会或说不清的占到44.0%；在明确表示单位劳动规章制度经过职代会讨论和审议的职工中，仍然有24.7%的职工同时表示规章制度由单位领导个人说了算，有34.1%的职工同时表示规章制度由管理部门单独制定，从而导致劳动关系双方制度化的沟通渠道不畅，职工权益和诉求得不到及时解决。

职工的心理健康问题不容忽视。近年来，职工心理健康问题凸显，特别是富士康员工连续“十三跳”事件引起了全社会对职工特别是青年职工心理健康问题的高度关注。有数据表明，目前我国精神疾病发病率在15%左右，其中严重精神疾病发病率为1%～1.5%。调查显示，92.6%的职工都感觉生活有压力，其中41.8%的职工表示压力很大，50.8%的职工表示有一定压力，仅7.4%的职工表示没什么压力，这在低收入职工群体中体现得尤为突出。通过对不同收入职工生活压力感受的分析，可以看出，职工收入越低，感受到的生活压力越大。调查显示，22.2%的职工表示，在遇到困难和问题时，因无从求援，只能默默忍受。

看病、住房和子女教育等仍然是职工广泛关注的问题。调查显示，43.8%的职工认为让自己压力最大的问题是“看病就医费用高”，43.7%的职工认为是“房价越来越高”，39.5%的职工认为是“子女教育”。在职工认为对社会和谐稳定影响最突出问题的排序中，房价贵、看病贵、教育机会不均等都比较靠前。同时，职工对物价上涨、食品安全、环境污染等普遍感到担心。调查显示，97.5%的职工认为现在物价上涨对生活有影响，69.0%的职工认为影响很大；94.4%的职工对食品安全表示担心；93.8%的职工对环境污染表示担心，据社科院《在全面深化改革中创新社会治理》课题组研究，“在信访总量、集体上访总量、群体性事件总量下降的情况下，因为环境问题而发生的群体性事件却在快速上升”。新闻、宣传和舆论缺乏职工意识，对职工群众的所思所虑宣传报道不够。职工普遍反映，专门为职工开办的栏目、节目较少，工会系统内的媒体影响力不强，主流媒体又不关注职工群众的生产生活。

（三）部分职工群体之间存在的利益固化问题更加突出。

近年来，不同职工群体之间的利益固化趋势明显，突出表现在农民工、劳务派遣工等群体向上流动困难，一线职工、农民工、劳务派遣工群体高度重合，群体结构弹性降低，这些问题在职工思想和心理认知上有比较强烈的反应，影响社会和谐。

农民工群体在城市中向上流动的空间狭窄。2012年外出农民工达1.6亿，且举家外出的比重逐年加大。与早期农民工的迁移流动模式不同，越来越多的农民工或者打算一直工作到退休，或者选择留在城市生活，因而在社会保障、住房、子女教育、公共服务等方面需要与城镇居民享受均等的权利，希望更多地融入城市生活。但由于城市公共服务资源的限制，农民工往往受到不平等的对待。从农民工自身的流动来看，农民工群体在人力资本方面处于弱势，就业层次低，职业发展空间有限。调查显示，农民工平均受教育年限为11.50年，低于城镇职工的13.77年；76.0%的农民工受教育程度在高中或中专以下，城镇职工该项比例仅为49.6%；农民工中普通职工的比例为74.1%，远高于城镇职工的53.3%。同时，城市的高房价也影响农民工在城市的居住和长远发展。农民工子女难以公平享受在教育资源、成长环境上的城市公共服务，使得其代际之间向上流动的能力和渠道受限，导致农民工群体相对缺乏对社会的信任和认同，成为城市社会中一个较为封闭的边缘化群体。

近年来，一些行业、企业出于自身利益实现的考虑和规避法律责任，超限度地使用劳务派遣工。据全国总工会有关统计，我国劳务派遣工的规模约为4200万人，与劳务派遣工过度使用相伴随的是“同工不同酬”和“同工不同权”问题逐渐突出。劳务派遣工与正式职工工资福利往往差距明显，有的只相当于正式工的一半，甚至只略高于当地最低工资标准；一些企业为了降低用工成本，逃避社保义务的现象时有发生；在许多企业中，劳务派遣工对企业的民主管理没有发言权，职代会中也往往没有劳务派遣工的代表；劳务派遣工被用工单位视为“外人”，单位不重视对其人力资本的投资，职业发展的空间极其有限。这种因身份差异形成的“同工不同酬”和“同工不同权”现象，直接影响了劳务派遣工合法权益的实现，导致其对单位缺乏归属感，造成不同职工群体间的对立和不满，影响了劳动关系的和谐稳定。

一线职工、农民工、劳务派遣工等相对弱势群体的重合使得职工群体结构弹性降低。调查显示，74.1%的农民工都是普通职工，比总体中普通职工60.8%的比例高出13.3个百分点。农林牧渔业、制造业、住宿和餐饮业、采矿业等行业普通职工中，农民工的比例均比农民工的总体比例高，这说明农民工的就业存在向劳动密集型传统行业的一线岗位集中的特点。据全国总工会有关调查显示，劳务派遣工中农民工占52.6%，且大部分劳务派遣工是普通操作工和一般技术工人，在使用劳务派遣规模较大的国企中，一线操作人员大量长期使用劳务派遣工，而绝非仅限于短期可替代岗位。如某省电力公司在农村电网管理和维护上使用的劳务派遣工达85%以上。这些群体自身权益实现难、自我救济能力差，群体身份的高度重合将导致弱势叠加。群体之间的利益固化难以破除，群体内部相对封闭，具有高度内聚力。

（四）事业单位职工群体面临改革带来的新问题。

分类推进事业单位改革，牵扯到大量事业单位职工的身份转换及其相关权益的变化，职工群体中的不稳定因素有所增加。一方面，部分事业单位职工对改制动力不足，一些从事生产经营活动的事业单位职工对于“转企”所带来的身份转换和福利待遇的变化表示担忧，还有一些高等教育机构、非营利医疗机构等职工因担心养老待遇下降而对改革有抵触情绪。据了解，许多职工虽然认同事业单位改革的大趋势，但主观上准备不充分，对改革前景担忧，有的甚至认为，事业单位改革说到底就是政府把事业单位当作包袱甩，担心改革造成待遇降低或下岗。据部分省市事业单位的不完全统计，43%的人担心收入会减少；26%的人担心会下岗失业；31%的人担心会影响自己的职业生涯。另一方面，我国事业单位在承担公共服务职能的同时，大量地行使了行政管理职能，积累了许多社会资源，具有较强的社会影响力和号召力。有职工提出，事业单位改制如果在人员安置、福利待遇等方面不能实现顺利转换过渡，势必影响改革的推进，甚至会影响社会安定。

（五）互联网对职工队伍稳定的影响值得高度关注。

互联网曝光已成为一些弱势群体寻求救助的重要选择，借助互联网强大的社会动员能力，实现“网上联动，网下行动”，在一定程度上有助于推动解决职工群众切身利益问题，但也使劳动关系矛盾易于积聚、传播和发酵，甚至被一些别有用心的人利用，肆意扭曲和放大个别偶发事件，导致个别的、小范围的劳动关系矛盾演变为地区性、行业性的停工、罢工事件，有的演变为具有一定规模的群体性事件，对社会和谐稳定产生不良影响。网络上的不良信息影响职工身心健康发展，个别职工沉迷于网络游戏、赌博、迷信等，在工作和学习中产生懈怠心理，影响职工自身职业发展和正常的人际交往，甚至出现极端行为。境内外敌对势力利用网络媒介大肆搜集国内涉及职工权益的各种信息，传播并放大其中的一些负面信息，混淆视听，制造社会不良舆论，甚至煽动群体性事件，对我国国家安全和职工队伍稳定构成严重威胁，防范抵御敌对势力的难度加大。

二、新形势下加强职工队伍建设的建议

全面建成小康社会、实现中华民族伟大复兴的中国梦，根本上要靠包括工人阶级在内的全体人民的劳动、创造、奉献。要把蕴藏于亿万职工群众中的历史主动精神激发出来，把推动历史前进的积极性、主动性、创造性调动起来，迫切需要加强职工队伍建设。工会是职工群众的组织，肩负着团结带领广大职工坚定不移跟党走的庄严政治责任。在党的领导下，建设一支高素质的职工队伍，各级工会义不容辞。

（一）要大力推动全心全意依靠工人阶级根本方针的贯彻落实，团结动员广大职工在实现中国梦历史进程中充分发挥主力军作用。

工人阶级是全面建成小康社会、坚持和发展中国特色社会主义、实现中国梦的主力军。坚持和拓展中国道路，要靠工人阶级领导阶级作用和主力军作用的发挥；继承和弘扬中国精神，要靠工人阶级伟大品格和劳模精神的引领；凝聚和增强中国力量，要靠工人阶级博大胸怀和模范行动的感召。在实现中国梦的新征程中，必须毫不动摇地贯彻落实党的全心全意依靠工人阶级根本方针，不断巩固工人阶级的领导阶级地位，进一步焕发历史主动精神和伟大创造力量，激励广大职工踊跃投身社会主义经济建设、政治建设、文化建设、社会建设和生态文明建设，始终做坚持中国道路的柱石、弘扬中国精神的楷模、凝聚中国力量的中坚。

（二）要激发广大职工创造活力，为全面深化改革、推动科学发展、加快转变经济发展方式再立新功。

要坚持面向主战场，充分激发职工群众的劳动热情和创造活力，为全面深化改革、促进经济社会持续健康发展、推动新型城镇化建设发挥主力军作用。紧紧围绕转方式调结构、推进自主创新、提高经济发展质量和效益，深化社会主义劳动竞赛，广泛开展职工科技创新活动，适应职工队伍的新变化新特点，把更多的职工群众特别是非公有制企业职工、青年职工、科技人员和知识分子

组织到活动中来，增强吸引力和影响力，把劳动竞赛和职工科技创新活动打造成为提升职工技能、增加职工收益、促进企业发展的有效载体。围绕新型城镇化建设的主要任务，组织动员职工积极参与基础设施建设、绿色城镇化发展、保障性安居工程建设和棚户区改造等，开展有特色的建功立业活动。推动建立健全有利于职工群众勤劳创业、实业致富的制度政策环境，支持职工和进城农民工自主兴业、劳动致富。

大力宣传工人阶级的地位作用和巨大贡献，弘扬劳模精神，宣传劳模先进事迹，进一步做好劳模选树表彰、服务管理等工作，激活和传递蕴藏在职工群众中的正能量，在全社会树立“劳动最光荣、劳动最崇高、劳动最伟大、劳动最美丽”的观念，营造“工人伟大、劳动光荣”的浓厚氛围；加强对工人阶级历史地位、历史功绩的宣传，不断激发广大职工历史主动精神和伟大创造力量。

（三）要在广大职工中深入开展中国特色社会主义核心价值观教育，更加坚定中国特色社会主义理想信念。

深入开展中国特色社会主义和“中国梦·劳动美”教育，引导职工群众坚定理想信念，不断巩固马克思主义在意识形态领域的指导地位，巩固广大职工团结奋斗的共同思想基础，自觉把个人梦与中国梦紧密联系在一起。创新职工思想政治工作，抓住职工关心的利益问题，把思想工作与解决实际困难结合起来，加强人文关怀和心理疏导，不断赢得职工群众的信任。加强形势政策宣传教育，做好释疑解惑工作，精心培育自尊自信、理性平和、积极向上的社会心态。深化社会公德、职业道德、家庭美德、个人品德教育，组织职工参加志愿服务。加强职工文化体育教育等阵地建设，推广先进企业文化和职工文化，不断满足职工群众的精神文化需求。大力发展健康向上的网络文化，用正确的价值观引导网络舆论，发展公益性文化事业和经营性文化产业，继续推进公共文化服务设施向社会免费开放，开展群众性文化活动。

（四）要大力加强职工技术技能培训，切实提高职工队伍整体素质。

围绕推进自主创新和结构转型升级，加强职工技术技能培训工作。配合政府实施农民工技能提升计划，使农民工都能得到基本职业技能培训。整合培训资源，加大对工会院校、实训基地等的建设改造投入，充分发挥作用，增强工会职业技能培训的实践性和实效性。引导企业以战略思维和发展眼光来认识劳动者的价值，倡导三百六十行、行行出状元的人才观，增加在提高职工素质和创新能力上的投入，鼓励企业建立劳模（高技能人才）创新工作室，使优秀技师、技工更加得到社会尊重，更好发挥引领作用。推动政府和企业完善职工成长成才机制，建立技术工人培养、评价、使用、激励机制，鼓励职工学习新知识、掌握新技能，增强劳动本领，提升竞争能力，全方位提升自身素质，努力造就有智慧、有技术、能发明、会创新的职工队伍。

（五）要大力发展和谐劳动关系，维护职工队伍和社会稳定。

发挥工会组织作为枢纽型组织的作用，组织和代表职工积极参与加强和创新社会管理，切实维护职工队伍和社会稳定。充分发挥工会作为职工利益代表者维护者的作用，最大限度地把职工组织到工会中来，增强职工的社会主体参与意识，规范职工参与的行为和秩序，提升职工参与的层次和水平。充分发挥各级人大中职工代表和政协工会界别委员的作用，做好有关政策法规的论证、制定与执行工作，推动健全劳动立法执法体系。拓宽职工群众参与社会管理和监督的渠道，提高职工群众监督的有效性。

普遍推行和健全完善以职工代表大会为基本形式的企事业单位民主管理制度，继续推行厂务公开制度、职工董事职工监事制度，推动完善基层民主制度，落实职工的知情权、参与权、表达权、监督权。推动尽快制定《民主管理条例》，完善企事业单位民主管理相关立法，明确各类企业民主管理的形式、内容、作用和制度。推动修改完善《公司法》，明确职代会、职工董事会监事会制度在公司制企业民主管理中的地位和职权。积极探索非公有制企业职工参与民主管理的新措施、新途径，大力推行区域性、行业性职工代表大会制度。

充分发挥劳动合同、集体合同制度对调整劳动关系的基础性作用，督促企业严格用工管理、履行合同义务、纠正不规范合同。深化和谐劳动关系创建活动，调动企业和职工积极性，完善评价标准，推广先进经验，巩固创建成果，把企业建设成为利益共同体、事业共同体、命运共同体。重视各种劳动争议的调处化解，加强调解组织建设，健全预防、预警、调处机制，加强矛盾纠纷排查，主动反映问题，协助党政妥善处理职工群体性事件，努力把劳动关系矛盾化解在基层、解决在萌芽状态。

（六）要切实维护和发展职工权益，全心全意为职工群众服务，使职工群众更多更公平地分享改革发展成果。

更加注重维护职工的就业权利，促进更多职工实现稳定就业、高质量就业。

推动落实《“十二五”规划纲要》《促进就业规划（2011—2015）》及《人力资源和社会保障事业发展“十二五”规划纲要》等，推动政府促进就业责任制度的落实。监督企业规范招人用人制度，努力消除城乡、行业、身份、性别等影响平等就业的制度障碍和就业歧视。加强就业信息网络建设，发展和完善工会职业介绍和培训机构。

积极推动收入分配制度改革。在宏观层面，积极推动《工资法》《工资条例》的制定和《工资支付条例》《劳务派遣规定》的出台，从源头上维护职工权益。在微观层面，继续普遍开展工资集体协商，扩大覆盖面，提高协商质量，健全完善企业职工工资协商共决、正常增长、支付保障机制，督促企业解决欠薪问题，提高劳动报酬在初次分配中的比重。

始终把职工生命安全放在首位，督促企业健全安全生产责任制、改善劳动安全卫生条件、落实职工休息休假权利，深入开展“安康杯”竞赛活动，加强职业病防治，努力保障职工群众生命安全和健康权益。

积极推动社会保障制度改革，提高社会保障水平和统筹层次，加强对社会保障的群众性监督，促进农民工、困难企业职工公平享有社会保障权利。贯彻落实《劳动合同法》，遏制滥用劳务派遣工行为，推动实现同工同酬、同工同权。推动实现基本公共服务均等化，促进农民工逐步融入城市。

各级党委和政府要采取有力措施，把全心全意依靠工人阶级方针贯彻到政策法规制定、社会管理服务的全过程，贯彻到推动改革发展、维护和谐稳定的全过程。要保障工人阶级当家做主的政治地位和民主权利，通过各种途径和形式，保障和不断发展广大职工依法管理国家事务，管理经济和文化事业，管理社会事务的权利。

要进一步加大教育经费在GDP中的投入比重，合理配置公共教育资源，促进教育公平，逐步缩小区域、城乡、校际差距；加快现代职业教育体系建设，加大对职工教育的政策倾斜，让人口红利真正变成人才红利，让绝大多数职工都成为有技能的从业人员，多数人能够成为高中级技能人员。

要实施更加积极的就业政策，通过稳定增长保证就业；大力发展实体经济，做大做强服务业，以就业优先原则发展中小微企业；健全完善城乡均等的公共就业创业服务体系。维护劳动收入主体地位，推动形成合理有序的收入分配格局，完善收入分配调控体制机制和政策体系。坚持“安全第一、预防为主、综合治理”方针，落实安全生产责任制。积极推动社会保障制度改革，尽快建立全国统一的社会保障制度，提高社会保障水平和统筹层次，加强各项制度的衔接，加强对社会保障的群众性监督，提高农民工、劳务派遣工等职工群体的参保率。健全基层公共服务和社会管理网络，推动实现基本公共服务均等化，促进农民工、困难企业职工公平享有社会保障权利。稳步推进城镇基本公共服务常住人口全覆盖，帮助农民工实现从暂住到安居，从就业到乐业，让他们真正融入城镇，享受应有权利。

要加强和改进党对工会工作的领导，支持工会依照法律和章程独立自主创造性地开展工作，关心爱护工会干部，为工会工作提供更多资源和手段，创造更加有利的条件和环境。

课题总负责：李滨生
课题组组长：安建华
课题组副组长：王　科　金善文　王利中
课题组成员：张　伟　安远超　张延妍　常品超
项　鹏　张倩颖　徐小洪　苏林森
李仁智　李　刚　贾　莹　梁　乾

全总职工队伍状况调查课题组
2012年

第八次中国职工状况调查报告

（2017 年）

在实现“两个一百年”奋斗目标和中国梦中作出工人阶级新贡献

——第八次全国职工队伍状况调查总报告

党的十八大以来，面对错综复杂的国际形势和艰巨繁重的国内改革发展稳定任务，以习近平同志为核心的党中央团结带领全党全国各族人民进行伟大斗争、建设伟大工程、推进伟大事业、实现伟大梦想，党和国家事业发生历史性变革，中国特色社会主义取得巨大成就。为深入了解至2012年第七次全国职工队伍状况调查5年来职工队伍的新变化新趋势新特征，全面展示广大职工在党的领导下推进改革发展的生动实践和历史性贡献，准确把握工会工作面临的新形势新任务，及时反映基层和职工的愿望呼声，深化对职工队伍发展规律的认识，全国总工会成立了由全总党组书记、副主席、书记处第一书记李玉赋任组长的第八次全国职工队伍状况调查领导小组，下设由全总研究室牵头，全总办公厅、网络工作部和中国工运研究所有关人员组成的调查办公室，于2017年1月至8月组织开展了第八次全国职工队伍状况调查。

这次调查共设置1个总课题和9个分课题，调查内容涉及职工队伍总体状况的新特点、内部结构的新变化、职工权益实现的新情况，聚焦职工队伍技术技能素质、新技术新业态新模式蓬勃发展的深刻影响、互联网和新媒体广泛应用给职工带来的巨大变化等问题。调查通过文献研究、抽样问卷调查、专题调研、典型调查、网络调查相结合的方式进行，覆盖北京、山西、辽宁、江苏、浙江、安徽、福建、山东、河南、湖北、广东、广西、四川、陕西、甘肃15个省（区、市）的150个城市。调查城市的选取兼顾了经济社会发展水平，职工队伍分布的地域差异，以及与上一次职工队伍状况调查的延续性、可比性。抽样问卷分为职工问卷、工会主席问卷两部分，职工问卷共调查45026个样本，回收有效问卷45002份，有效回收率为99.9%，其中已建工会单位职工占83.3%，未建工会单位职工占16.7%；工会主席问卷共调查3750个样本，回收有效问卷3744份，有效回收率为99.8%。专题调研由全总有关部门承担。典型调查由10个全国产业工会在本产业内有关行业或企事业单位进行。调查还依托全总门户网站、中工网、人民网工会频道等网站和工会微信公众号等新媒体平台，于2017年5月2日至8日面向全社会开展网络调查，有12.8万名网民（其中职工8.9万人，占69.5%）在线填写问卷。这在历次全国职工队伍状况调查中尚属首次。

这次调查所涉及的“职工”，是指在中国境内的企业、事业、机关及其他单位中就业，与用人单位建立了劳动关系（包括人事关系）或存在事实劳动关系，由单位支付劳动报酬的体力劳动者和脑力劳动者。既包括正式职工、合同制职工，也包括在岗的临时工、季节工和小时工，还包括由于各种原因已离开本单位的生产或工作岗位，且不在本单位从事其他工作，但仍保留劳动关系、尚未找到相对稳定工作的不在岗职工，即下岗、内退人员等。不包括离休、退休、退职人员和非公有制经济单位的经营者。

调查表明，5年来，我国职工队伍不断发展壮大，主力军作用充分发挥，劳动经济权益、民主政治权利、精神文化权益进一步实现，获得感幸福感进一步增强，总体保持稳定。与此同时，在经济发展进入新常态、改革处于攻坚期、社会结构深刻变动的新形势下，职工队伍建设面临一些新情况新问题，影响着职工队伍的稳定、权益的实现和积极性的发挥，必须引起高度重视并采取措施加以解决。

第一部分　职工队伍发展态势良好、主力军作用进一步彰显

5年来，以习近平同志为核心的党中央坚持以人民为中心的发展思想和全心全意依靠工人阶级的方针，推出一系列重大战略举措，出台一系列重大方针政策，推进一系列重大工作，我国职工队伍总体规模不断发展壮大。全国总工会调查办公室以2016年国家统计局公布的城镇就业人员和乡镇企业就业人员统计年报、2016年度人力资源和社会保障事业发展统计公报和第六次全国人口普查数据等资料为依据计算，全国职工总数已达3.91亿人左右，比2012年的3.5亿人增长了11.8%。在职工队伍总量持续增加的同时，职工队伍的内部结构、整体素质、权益保障、作用发挥等方面也发生了许多新的变化。

一、职工队伍结构呈现新特征

（一）非公有制单位就业职工不断增加

据测算，私有、港澳台商、外商及其他单位职工总数为 32435.6 万人，占职工总数的 82.9%；国有和集体单位职工总数为 6689 万人，占职工总数的 17.1%。2016 年，城镇个体工商户和私营企业就业人数，分别比 2012 年增长 52.9% 和 59.9%，占城镇就业的比例分别为 20.8% 和 29.2%，比 2012 年分别提高 5.6 个和 8.8 个百分点。调查显示，在非公经济就业的职工占绝对多数。

（二）职工年龄结构较为合理

本次调查显示，职工队伍年龄整体出现小幅增长，平均年龄为 37.1 岁，比 2012 年的 35.3 岁增加了 1.8 岁，62.5% 的职工在 40 岁以下，比 2012 年的 68% 降低了 5.5 个百分点。"70 后"、"80 后"仍是职工队伍主体，两者合计达 66.9%，"90 后"职工大幅增加，已占职工队伍的 16.6%，"00 后"也逐渐进入职工队伍。城镇职工平均年龄 38.8 岁，农民工平均年龄 34.1 岁，职工队伍年龄结构仍然处于合理区间。

（三）农民工作为职工队伍的重要成员更加壮大

2016 年我国农民工总量达到 2.82 亿人，比 2012 年的 2.63 亿人增加 1910 万人，增长 7.3%。本次调查显示，从行业上看，制造业农民工最集中，比例达 30.5%，制造业、建筑业、批发和零售业、住宿和餐饮业、居民服务业 5 个行业，农民工合计占比将近八成。"80 后"是农民工主体，占比为 41.7%，高于"80 后"城镇职工 6 个百分点，"90 后"农民工占比为 26.5%，高于"90 后"城镇职工 15.5 个百分点。"90 后"农民工的思想状况、行为特点与"70 后"、"80 后"农民工相比有明显差异，对做好"90 后"农民工工作提出了新的更高要求。

（四）第三产业职工增加趋势明显

职工产业、行业分布结构持续优化，第一产业劳动者逐步向第二、第三产业转移，第三产业就业人数快速增加。2012—2016 年，第三产业就业人数累计增加 6067 万人，就业人数达 3.38 亿人，占比从 36.1% 升至 43.5%；第一产业和第二产业就业人数占全部就业比例分别从33.6%和30.3%降至27.7%和28.8%。其中，就业增长最快的3个行业依次是租赁和商务服务业、科学研究技术服务和地质勘查业、信息传输计算机服务和软件业，分别增长72.7%、50.3%和38.7%。三次产业的就业结构与产值结构的协调性明显提高，初步改变了三次产业就业结构长期滞后于产值结构的局面，这是我国转变经济发展方式、谋求产业升级的结果。

（五）战略性新兴产业职工迅猛增长

5年来，以节能环保、新一代信息技术、生物、高端装备制造、新能源、新材料、新能源汽车为代表的战略性新兴产业实现跨越式发展，就业职工人数也不断增加。仅2015年战略性新兴产业新设市场主体就吸纳就业人数500多万人，从业人员达2362万人，互联网+金融、信息传输计算机服务和软件业等行业用人需求增速远高于建筑、农林渔牧、批发和零售以及制造业等传统产业。同时，战略性新兴产业职工受教育水平普遍高于传统行业，以本次调查的信息传输、软件和信息技术服务业为例，本科以上学历的职工占比达55%，仅次于教育、金融、公共管理和科技这4个行业。

二、职工队伍素质大幅度提升

（一）科学文化素质稳步提高

职工受教育程度进一步提升。本次调查显示，职工平均受教育年限为13.6年，比2012年的13年提高0.6年。高中及以上学历达84.6%，比2012年提高5.8个百分点；大学本科及以上的占31.9%，比2012年提高10.1个百分点，特别是研究生及以上学历职工占比达2.1%，比2012年提高0.9个百分点；中专（中技）以下的职工仅占40.6%，比2012年降低12.1个百分点。按行业划分，拥有大学本科及以上学历职工比例排在前5位的分别是：教育业，金融业，公共管理、社会保障和社会组织，科学研究和技术服务业，信息传输、软件和信息技术服务业，占比分别为74.9%、72.7%、66.4%、57.7%和55%。城镇职工文化素质相对较高，高中及以上学历的占比达92%，比全体职工高出7.4个百分点。农民工文化素质提升较为明显，在学历层次上，高中及以上学历的农民工达到71.8%，比2012年增长10.4个百分点，其中本科学历占15.7%，比 2012 年增长 9.4 个百分点。

（二）技术技能素质普遍提高

拥有专业技术职称的职工人数不断增加，高层次、高技能人才不断涌现，职工技术素质显著提升。截至 2016 年末，全国累计有 2358 万人取得各类专业技术人员资格证书，比 2012 年增加 783 万人。5 年来涌现出一大批创新能手和高技能人才，多名职工荣登国家科技奖最高领奖台和荣获全国创新争先奖，高技能人才总量达到 4791 万人，获取相应等级职业资格证书共有 7625 万人次。在连续三届高技能人才表彰活动中，有 90 人获得中华技能大奖、899 人获得全国技术能手称号。

本次调查显示，职工参加技术培训的比例普遍提升，单位职业培训、劳动和技能竞赛、劳模创新工作室对提升职工技术技能素质发挥了重要作用。77.8% 的职工参加过单位组织的培训，比 2012 年增加 13.2 个百分点。参加单位职业培训的职工中，90.4% 提高了技术等级或专业技能。据中国职工技协 2017 年 7 月数据，2011 年至 2016 年，各级职工技协举办的技术培训班达 48.4 万场次，培训职工 4015.9 万人次，有 510.8 万人次的职工通过技能培训提升了技术等级；组织了 1.4 亿人次职工参加各类技能比赛，639.5 万人次的职工通过比赛提升了技术等级。本次调查显示，专业技术人员中具有职称的占 85%，其中高级、中级、初级职称分别占 12.6%、41.7% 和 30.7%。普通职工中有技术等级的占 27%，其中初级工占 12.7%，中级工占 8.3%，高级工占 3.6%，技师占 1.8%，高级技师占 0.5%。不同所有制单位、不同规模企业职工技术等级差异明显。国有单位的普通职工中有技术等级的占 39.3%，私营单位则占 24.6%。不同规模企业中技术工人的占比也存在明显差距，根据大、中、小、微企业规模的差别，技术工人的数量渐次减少，分别占比为 31.4%、27.3%、25.8% 和 21.4%。

三、职工权益得到较好保障

（一）职工劳动经济权益有效落实

1. 职工就业基本稳定。一是就业数量稳中有进。截至 2016 年末，全国就业人员 7.8 亿人。2013—2016 年城镇新增就业年均增长 225 万人，连续 4 年保持在1300万人以上；城镇失业人员再就业累计2790万人，就业困难人员实现就业881万人，28万户零就业家庭每户至少1人就业；全国城镇登记失业率长期稳定在4%—4.1%，远低于4.5%的控制目标，全国31个大城市城镇调查失业率基本稳定在5.1%左右。公共就业服务机构市场求人倍率持续平稳在1以上运行，岗位需求人数始终略大于求职人数，就业市场整体活跃，人力资源供求关系基本平衡。二是就业质量不断提高。本次调查显示，75.4%的职工对目前工作“非常满意”或“比较满意”。最近5年内从未有过下岗、待岗、转岗安置经历的占59.8%，职工平均从事职业份数为1.96，工龄平均为13.56年。

2. 职工收入水平持续提高。据人社部统计，职工工资水平稳步提高，2012—2016年，全国城镇私营单位和非私营单位就业人员平均工资年均分别增长11.8%和10.1%，跑赢了GDP增速。2016年，全国居民人均可支配收入比2012年增长44.3%，扣除价格因素，实际增长33.3%，年均实际增长7.4%，快于同期GDP年均增速0.2个百分点。劳动报酬占初次分配的比例2014年回升到超过50%。本次调查显示，职工上月从单位获得的到手全部货币收入平均值为3608.4元，比2012年的2562.5元增长了40.8%，其中，“2001元至5000元”的合计占73%，比2012年增长18.9个百分点。45.5%的职工认为自己的工资水平在所在城市属中等及以上水平，69.1%认为自己现在的工资收入水平可以接受；66.9%表示生活比5年前“有很大提高”或“有所提高”。最低工资制度对促进低收入职工工资水平增长发挥了较大作用。

3. 职工社会保障权益实现状况不断向好。一是参保人数不断扩大。本次调查显示，参加养老、医疗、失业、工伤、生育五项保险的职工分别为86.2%、88.7%、69%、76.4%和67.4%。职工中至少参加一项社会保险的比例为92.2%，参加了医疗、养老保险的职工占比为78.3%，参加了医疗、养老、工伤保险的职工占比为64.4%。二是社保待遇水平稳步提高。全国企业退休人员月均养老金从2012年的1686元增加到2016年的2362元，年均增长8.8%；全国月平均失业保险金水平由2012年的707元提高到2016年的1051元，年均增长10.4%；因工死亡职工一次性工亡补助金标准从2012年的43.6万元提高到2016年的62.4万元，年均增长9.4%；生育保险待遇水平从2012年的11287元提高到2016年的15385元，年均增长8.1%。三是城乡社会保障一体化逐步推进。实现城镇职工基本养老保险省级统筹，建立统一的城乡居民基本养老保险制度，打通职工和居民两大基本养老保险制度的衔接通道。2016 年全国办理基本养老保险关系跨省转移接续 200 万人次，较 2012 年增长 74.4%。整合城乡居民基本医疗保险制度，全面实施城乡居民大病保险，逐步扩大医疗保险保障范围。完善社会保险关系转移接续制度，维护流动就业人员的社会保障权益。

4. 职工劳动安全卫生权益得到较好维护。一是生产安全事故发生率逐年下降。2016 年发生各类生产安全事故 6 万起、死亡 4.1 万人，与上年相比分别下降 5.8% 和 4.1%，与 2012 年发生事故 33 万起、死亡 7.2 万人相比，分别下降 81.8% 和 43.1%。企业对安全生产工作的重视程度有所提升，本次调查显示，75.1% 的职工最近两年参加了单位组织的安全生产培训，比 2012 年高 6.1 个百分点。发放劳动保护用品有所改善，50.7% 的职工所在单位能够按时足量发放劳保用品，高出 2012 年 3.5 个百分点。二是职业病防治力度加大。本次调查显示，职工工作环境不存在高温低温、粉尘、噪声、有毒有害气体、辐射、机械故障隐患的比例分别为 76.1%、76.3%、76.6%、86.1%、88.5% 和 81.3%；92.1% 的职工没有患过职业病和受过工伤；最近一年职工参加单位组织体检的比例为 58.2%，比 2012 年提高 6 个百分点；认为发生职业病或工伤后，单位的治疗、疗养、赔偿做得不好的职工占 21.6%，比 2012 年下降 1.8 个百分点。

（二）职工民主政治权利有序实现

1. 职工民主政治权利的实现渠道更加畅通。党的十九大代表中，生产和工作第一线党员代表明显增加，共 771 名，占 33.8%，比党的十八大增加 79 名，比例提高 3.3 个百分点，其中工人党员代表 198 名（农民工党员 27 名），占 8.7%；专业技术人员党员代表 283 名，占 12.4%。中国工会十六大选举劳模代表为全总兼职副主席，全总执委会议选举农民工代表为兼职副主席，执委中增加劳模和一线职工 12 名，比例由 11.6% 增至 15.4%；主席团成员中增加劳模和一线职工 3 名，比例由 9.9% 增至 13.5%。各全国产业工会全委会委员、常委中劳模和一线职工比例均提高到 9% 以上，并分别增设 2 名兼职副主席。截至 2017 年 7 月底，全国已有 23 个省级地方工会配备了 77 名兼职副主席，19 个省级工会领导班子配备了劳模和一线职工兼职副主席。

2. 企事业单位民主管理制度发挥了重要作用。民主制度不断健全，民主形式不断丰富，民主渠道不断拓宽，职工群众的知情权、参与权、表达权、监督权得到有效保障。截至 2016 年末，全国已建立工会的企事业单位单独建立职工代表大会制度的有515.4万家，比2012年增长27.3%，覆盖职工2.5亿人；建立厂务公开制度的504.7万家，比2012年增长27.6%，覆盖职工2.4亿人；建立职工董事、职工监事制度的企业分别为17万家和16.5万家。从企业类型来看，非公有制企业民主管理建制工作得到了跨越式发展，与2012年相比，单独建立职工代表大会制度的非公有制企业从335.8万家增加到426.6万家，建制率从80.1%增长到92.2%；单独建立厂务公开制度的非公有制企业从330.6万家增加到417.8万家，建制率从78.8%增长到90.3%。全国31个省区市都建立了政府和工会联席会议制度，各产业工会与产业对口部门、行业协会建立了联席会议制度。本次调查显示，75.7%的受访工会主席所在单位在制定重大经营决策时经过了职代会审议，75.8%在制定涉及职工权益的解决方案特别是职工安置方案时由职代会审议通过。

3. 集体协商和集体合同制度进一步完善。本次被调查职工劳动合同签订率达90.8%，比2012年提高了2.4个百分点。在所在单位开展了工资集体协商的企业中，82.4%的职工认为工资集体协商在维护职工权益方面发挥的作用“非常有效”或“比较有效”。随着集体协商制度不断完善，企业劳动关系和谐度和职工对企业的认同度也大幅提升，79.7%的职工认为经营者和普通职工的关系“很融洽”或“比较融洽”，比2012年提高了7.1个百分点。

（三）职工精神文化权益有力发展

1. 互联网成为职工生活的新空间。互联网和手机应用已深度渗透到职工生活的方方面面。截至2017年6月，我国网民规模达到7.51亿人，互联网普及率为54.3%，手机网民规模达7.24亿人，微信朋友圈、QQ空间用户使用率分别为84.3%和65.8%。本次调查发现，主要通过微博、微信获取新闻和信息的职工占58.5%，阅读过互联网时代的电子书报杂志的占66.3%，在参加过网上工会活动的职工中，认为其新颖度、吸引力“很好”或“比较好”的占95.9%。87.2%的职工有过网上购物经历，经常网购的占到45.6%；53%的职工使用过网络约车或共享单车，55.9%的职工用过移动外卖服务，26.1%的职工使用过网络理财或贷款服务，用过移动支付的职工占83.8%，经常用的达50%，18.9%的职工有过网约家政等生活服务的经历。本次网络调查显示，职工最先从网上看到重大新闻的比例高达88.8%。

2. 职工文化服务体系不断健全。本次调查显示，58.8%的职工所在单位有职工文体活动场所，比 2012 年增加了 5. 2 个百分点；52. 9% 的职工愿意且经常到单位的职工文体场所活动。46. 3% 的单位有图书馆，55. 5% 的单位有乒乓球、台球室，40. 2% 的单位设立了职工文体协会或职工兴趣小组，95. 8% 的单位对文体协会或职工兴趣活动小组给予经费支持，84. 2% 的单位职工参加文体活动不需交费。

3. 职工接受继续教育机会增多。本次调查显示，47. 2% 的单位提取职工教育培训经费占职工工资总额的比例达到或高于 1. 5% ，70% 的单位职工教育培训经费用于一线职工的比例达到或超过 60% 。职工的学习意愿很强，95. 5% 的职工对学习新的职业技术、知识或能力有兴趣，52. 6% 的职工“经常主动坚持学习”或“在工作需要时，会有针对性开展学习”，27. 1% 的职工近 5 年来自费参加过进修或培训。

四、职工在推进经济社会发展中展现积极作为

广大职工围绕统筹推进“五位一体”总体布局和协调推进“四个全面”战略布局，充分发扬主人翁精神，勇担历史使命，汇聚磅礴力量，在实现中华民族伟大复兴中国梦的征程中体现价值、展现作为。

（一）在经济建设中创业创新创优

广大职工围绕“一带一路”建设、京津冀协同发展、长江经济带发展、河北雄安新区建设等国家战略，积极参加劳动和技能竞赛、技术革新、技术协作、发明创造、合理化建议等活动，为推动经济保持中高速增长、产业迈向中高端水平建功立业。5 年来，我国 GDP 总量增长 37. 8% ，达 74. 4 万亿元，成为世界经济增长的第一引擎；创新指数排名上升 3 位，成为唯一进入前 25 名集团的中等收入国家；专利申请量等指标继续位居第 1 位；具有世界先进水平的重大科技创新成果不断涌现，一批分布在高端装备、战略性新兴产业、信息化等方面的重大工程惊艳全球。特别是在港珠澳大桥、天眼、蛟龙、墨子号、神舟、高铁、北斗、大飞机等重大项目工程中，广大职工锐意创新、争创一流，在伟大历史进程中镌刻了工人阶级的无上荣光。5 年来，职工参加劳动和技能竞赛达 4. 6 亿人次，开展技术革新、发明创造分别达 329. 5 万个、94. 1 万项，提出合理化建议 5816. 6 万件，推广先进操作法 89. 9 万项，为产业创新发展、企业技术进步贡献了聪明才智。本次调查显示，71. 9% 的工会主席认为本单位大多数

职工都积极参加劳动和技能竞赛。全总设立职工创新补助资金，出台《职工创新补助资金管理办法（试行）》，为职工开展技术创新活动提供资金支持和创新指导。据中国职工技协2017年7月数据，2015年以来，创新补助资金累计支出915万元。2011年至2016年，全国开展岗位练兵、技能带头人选树活动的企业分别达到235.8万家和62.8万家，选树技能带头人277.9万人，师徒结对407.5万对。

（二）在政治建设中体现领导阶级本色

广大职工不断增强“四个自信”，牢固树立“四个意识”，坚决维护习近平总书记在党中央和全党的核心地位，坚决维护党中央权威和集中统一领导，在思想上政治上行动上始终同以习近平同志为核心的党中央保持高度一致。本次调查显示，广大职工对我国全面建成小康社会充满信心，积极参与国家和社会事务管理，高度评价并大力支持党中央坚定不移推进全面从严治党、推进反腐倡廉。69.9%的职工对2020年全面建成小康社会“充满信心”或“比较有信心”；91.4%的职工对坚定不移推进全面从严治党、大力推进反腐倡廉的做法“非常支持”或“比较支持”；80.8%的职工认为中央八项规定政策出台以来贪污腐败情况减少；66.6%的职工认为近年来工人社会地位“有很大提高”或“有所提高”。包括农民工在内的一线职工在各级党代会、人大和工会代表大会及企业职代会中的比例逐步提高，成为工人阶级政治地位的重要体现。

（三）在文化建设中树立良好形象

广大职工积极参与中国特色社会主义理想信念教育，牢固树立中国特色社会主义共同理想，践行社会主义核心价值观的积极性、主动性、自觉性越来越强。本次调查显示，46.7%的职工对社会主义核心价值观“非常了解”或“比较了解”，社会主义核心价值观已经融入职工的政治立场、价值追求、职业操守、精神境界各个方面。广大职工投身社会公德、职业道德、家庭美德、个人品德建设，积极弘扬劳模精神、劳动精神、工匠精神，叫响做实“大国工匠”品牌，职工中全国道德模范及最美教师、最美医生、最美司机等最美人物不断涌现，5年来，先后涌现出2064名全国劳模、904名先进工作者和40名“最美职工”代表。本次调查显示，64.6%的职工认为，现在和以前相比，人们的道德水平“有所提高”；多数职工对“如何看待学习雷锋”都表现出积极态度，

91.8%的职工认同雷锋精神的社会价值；82.4%的职工表示遇到摔倒的老人会帮忙。广大职工注重美好和谐的“家庭、家教、家风”，97.7%的职工家庭生活“和睦融洽”或“比较融洽”。

（四）在社会建设中展示中坚力量

广大职工积极参加以职代会为基本形式的企事业单位民主管理，推进公司制改制，积极参加集体协商，以劳动关系和谐促进社会和谐稳定。本次调查显示，已建职工（代表）大会制度单位78.2%的职工愿意担任职代会的代表，57.5%的职工有机会对工作单位的经营管理和自身权益发表意见或反映愿望。5年来，广大职工坚决拥护党中央各项决策部署，积极支持、参与、推动全面深化改革，正确认识和对待社会关系和利益格局调整，发扬识大体、顾大局的光荣传统，依法有序表达利益诉求，自觉维护工人阶级团结统一，切实发挥了维护社会和谐稳定的中流砥柱作用。

（五）在生态文明建设中发挥带动作用

广大职工树立绿色发展理念，着眼建设美丽中国，积极参与新技术、新设备、新工艺的推广应用，参加节能减排活动，在淘汰落后产能、推动工业结构优化升级、促进低碳循环发展、降低单位产品能耗等方面作出了重要贡献。2012年，中国经济总量约占全球11.5%，却消耗了全球21.3%的能源、45%的钢、43%的铜、54%的水泥，排放的二氧化硫、氮氧化物总量居世界第一。2016年，单位GDP能耗、用水量分别比2012年下降17.9%和25.4%，主要污染物减排效果显著。与2013年相比，2016年京津冀地区PM2.5平均浓度下降了33%、长三角区域下降31.3%、珠三角区域下降31.9%。广大职工积极弘扬生态文明主流价值观，认真履行环境保护义务，带动全社会形成勤俭节约、绿色低碳、文明健康的生活方式和消费模式。

五、工会组织地位和作用更加凸显

（一）坚持自觉接受党的领导

各级工会把保持和增强政治性放在第一位，认真学习贯彻习近平总书记系列重要讲话精神特别是关于工人阶级和工会工作的重要论述，自觉用习近平总书记系列重要讲话精神和治国理政新理念新思想新战略武装头脑、指导实践，坚定不移地走中国特色社会主义工会发展道路，切实承担起引导职工群众听党话、跟党走的政治责任，不断巩固党的阶级基础和群众基础。本次调查显示，有51%的工会主席所在单位工会最近一年对工会干部组织过1—2次的关于中央决策部署方面的专题学习，有28.7%的工会主席所在单位工会最近一年对工会干部组织过3—5次的关于中央决策部署方面的专题学习。

（二）切实履行维护职工合法权益职责

各级工会高举维权旗帜，加大办实事解难事力度，推动解决职工群众最关心最直接最现实的利益问题，促进职工共享改革发展成果。高度关注供给侧结构性改革中职工权益维护问题，开展就业创业援助月、阳光就业等活动，协同有关方面做好职工安置工作。5年来，共组织招聘活动4.95万场次，为3392万人次提供免费就业服务。推进和谐劳动关系创建活动，深化平等协商和集体合同制度建设，全国共签订集体合同242.2万份，覆盖职工2.9亿人，健全协调劳动关系三方机制，省级全部建立，市（地）级覆盖率超过95%，县（市、区）级覆盖率超过91%，5年来受理劳动争议119万件，成功调解59.4万件。把困难职工帮扶解困融入国家脱贫攻坚大局，依托全国3515个困难职工帮扶中心，着力建设市、区（县）、街道（乡镇）三级职工服务体系，扎实做好400多万名城市困难职工的解困脱困工作；5年来，工会“两节”期间共筹集送温暖资金202.1亿元，走访慰问一线职工、困难职工和农民工4282万人次；金秋助学活动共发放助学款45亿元，资助困难职工子女245.9万人。本次调查显示，职工对本单位工会发挥作用打分最高项为帮扶困难职工（8分，满分为10分）；认为与工会联系最密切的关键词为“慰问送温暖”的私企职工占64.1%。

（三）以改革促进工会服务职工能力的提升

各级工会贯彻中央党的群团工作会议精神，按照增强“三性”、去除“四化”、做强基层、着力创新的改革总体思路，在改进工会领导机构设置和人员构成、创新职工建功立业的载体和方式、完善维护职工权益制度和机制、健全联系职工制度、创建工会网上工作平台等方面，积极谋划和推进工会改革，建机制、强功能、增实效，推动改革成果向基层延伸、向纵深推进。全总顺利完成中央群团改革试点任务，各级工会主动对接、及时跟进，31个省（区、市）工会均已制定出台了改革方案，成立了改革工作领导机构，绝大部分省（区、市）已正式启动，改革进入全面实施高峰期，普遍定于 2018 年底前完成省级、市级、县级工会改革，形成了上下联动、左右互动、整体推动的良好态势。以非公有制经济组织、社会组织、新产业新业态为重点领域，开展“强基层、补短板、增活力”行动，加大工会组建力度，全国工会会员达 3.02 亿人。开展农民工入会集中行动，2015 年、2016 年新增农民工会员 3000 万人，农民工会员达到 1.4 亿人，占农民工总数 50% 左右。将精简的行政编制补充到县级工会，带动省级、市级工会实行编制“减上补下”。加大对省以下工会的转移支付、定额补助力度，将全国工会经费全年收入的 95% 留在地方和基层工会，带动各地工会将财力物力向基层倾斜，夯实工会基层基础，努力使基层工会建起来、转起来、活起来。

第二部分　职工队伍发展中值得关注的新情况新问题

经济发展新常态下，伴随着新技术新业态新模式的大量涌现，移动互联网、大数据、云计算等信息技术的广泛运用，我国职工队伍内部结构、就业形态、技能素质、权益实现、利益诉求、入会动力等方面出现了一些新情况新问题，具体表现在以下几个方面。

一、职工队伍内部分化加大

（一）职工队伍内部分层明显

随着市场经济的推进和产业结构的调整，职工职业结构趋向离散化，职工队伍内部公务员、经营管理人员、专业技术人员、新经济组织新社会组织群体、普通工人、困难职工、劳务派遣工和农民工等群体分化日益显著，各群体之间的界限、利益关系、总体格局逐渐明晰。本次调查显示，32% 的职工认为社会“不太公平”或“很不公平”。职工认为社会“不太公平”或“很不公平”的主要原因前 3 项中，有收入分配不公平（65.8%）和“富二代”、“官二代”特权（40.5%），与 2012 年调查结果一致，反映出社会阶层差距的显性化。阶层分化还表现为不同地区、不同行业、不同所有制、不同工种职工之间收入的差距，以及同一地区、同一行业、同一所有制、同一工种职工内部收入的差距。本次调查显示，对自己现在工资收入水平“满意”或“比较满意”的仅占

32.2%。不同阶层的收入差距仍然较大，上月收入最高的管理人员平均工资是普通职工的1.8倍，2012年这个比例为1.9倍。职工队伍内部的分化更体现在思想意识层面的分化上。工人阶级内部阶层的分化，在一定程度上使整个阶级的认同感相对弱化，阶级意识趋于模糊，计划经济时期那种工人阶级高度的同质性有所消解。一些工人往往在思想意识里把企业家和知识分子排斥在本阶级之外，以为工人阶级就是工人；一些企业家和知识分子也没有在思想上正确认识自己的阶级属性，往往在潜意识里自置于工人阶级之外。

（二）职工队伍内部阶层流动受阻

不同群体职工由于文化程度、技能素质等原因，在劳动岗位、劳动报酬、教育、医疗、居住等利益诉求方面的差异显著，阶层间的门槛开始出现，职工队伍内部流动性减弱，一些不利于阶层流动的倾向也日渐显现。比如，职工队伍中工人与管理人员、干部的身份界限并未完全打破。本次调查显示，认为在本单位发展“机会较少”或“没啥机会”的比例达20.7%，“机会一般”的比例为41%，感觉自己就业选择空间“比较小”或“很小”的占14.6%，说明职工改变现有身份的难度很大。农民工难以真正融入城市，其受教育程度、党团组织率、身份认同度、社会事务参与度都低于城市职工。不同阶层职工在教育资源的占有上呈现出不平衡，影响了跨阶层流动。据教育部数据显示，学生高考弃考率连续5年都保持在10%左右，56.8%的受调查者表示选择弃考的原因是“就业难，读了大学也没用”。而协调、沟通、整合的平台和制度安排相对滞后，职工不同群体间的利益矛盾时有出现，近年来，“官二代”、“富二代”、“星二代”、“穷二代”等词汇越来越流行，与改革开放初期读书改变命运、经商积聚财富等阶层社会流动的有效途径相比，向上垂直流动的门槛逐渐提高，阶层流动通道也一定程度上遇到堵塞。

二、职工就业形态日益多样

（一）互联网催生职工“原子化”现象

互联网、人工智能等新技术革新及分享经济的发展，正在改变工业化基础上的传统就业方式，缓解了社会结构性失业问题，孕育自由灵活的就业创业形态，改变着职工就业生态。本次调查显示，有54%的职工认为基于互联网技术快速发展的“分享经济”、“数字经济”等新业态带来更多就业选择机会。互联网行业的平台效应越来越明显，“平台型就业”浮现，“创业式就业”热潮发展，越来越多职工通过互联网平台寻找工作机会。麦肯锡全球研究院发布的报告显示，到2025年各种在线人才平台有望贡献约2%的世界生产总值，并将创造7200万个就业岗位。阿里巴巴集团的淘宝平台除了直接创造就业（网店店主）外，还催生了网店客服、网店代运营、网店装修等大量新岗位。本次调查显示，48.3%的职工明确认为离开互联网无法或只能部分完成现在的工作，正在做、曾经做过互联网新兴工作的比例达16.6%，在正在或曾经做过各类互联网新兴工作的职工中，互联网新兴工作评价比较好的占47.7%。而通过本次网络调查得到的“我正在或曾经从事互联网新兴行业的工作”的比例高达59.9%。新就业形态以极高的开放性和包容性为不同社会阶层、不同特征群体提供公平和无差异的就业机会和就业收入。许多人开始不再将自己束缚于某个公司或者机构，而更愿意“为自己工作”，将自己的知识和技能作为资源加入分享经济平台。在一些领域一个职工可能对应多个职业，其身份难以用一种职业界定，单位的概念越来越模糊，职工呈现单枪匹马的“原子化”状态，并且这种趋势在不断增强。

（二）职工就业压力明显增大

随着新技术新业态新模式的发展，劳动力市场需求出现结构性分化，职工群体特别是低文化程度、无技能的劳动者面临更多的就业压力。本次调查显示，担心和有点担心自己会失业的职工比例高达45.4%，有过下岗经历的职工占12.6%。30.9%的职工认为基于互联网技术快速发展的“分享经济”、“数字经济”等新业态对就业岗位有较大冲击。本次网络调查显示，有14.9%的网民认同随着人工智能快速发展，未来可能有很多就业岗位会被机器取代。一些地区纺织、制造、物流业开展较大规模的“机器换人”，很多企业结构性用工矛盾趋于常态化，大量劳动力被机器挤出原来的企业，出现中短期就业困难。特别是在供给侧结构性改革中，钢铁煤炭等行业去产能、处置“僵尸企业”涉及一些企业的关停并转迁，大量职工面临安置分流。比如，2016年未安置职工的88%分布在河北、吉林、黑龙江、湖南、陕西5省，主要集中在煤炭钢铁产业单一城市、资源枯竭城市、独立工矿区等。2016年煤炭去产能过程中，解除终止劳动关系职工占44.2%，其中失业的占17.6%，联系不上的占12.3%，两者接近30%。据中国劳动保障科学研究院调查发现，去产能企业未安置职工40岁以上的超过七成，大多文化程度偏低、家庭负担偏重、伤病偏多、技能单一，再就业能力较差。中国社科院调查显示，占城镇就业37%的农民工群体，劳动合同签订率仅约为40%。一些沿海地区流动人口比例大、周期性劳动力短缺和劳动力过剩问题交替出现。

三、职工技术技能素质存在短板

（一）素质总体偏低、结构分布不合理

本次调查显示，制造业职工平均受教育年限为12.7年，在各个行业中处于倒数第3位，其中具有大学及以上文化程度的从业人员比例为16.4%，在各个行业中处于倒数第2位；大专（高职）文化程度的比例为26.2%；高中（职高）文化程度的比例为20%；而初中及以下文化程度的为23.2%，在各个行业中比例较高，位列第3位，仅低于住宿和餐饮业（30.1%）、农、林、牧、渔业（24.1%）。这种情况显然难以适应发展实体经济、实施“中国制造2025”、建设制造强国战略的需要。本次调查显示，在结束上一份工作后，没有接受职业技能培训的达66.6%；最近一年偶尔参加单位组织培训的职工占19.8%，没参加过的占2.2%；在是否参加过所在单位开展的劳动和技能竞赛（技术比武、岗位练兵等）活动方面，没参加、单位没开展过、不清楚的占66%。我国技术工人求人倍率超过1.5∶1，高技能工人高达2∶1，高端技术工人需求缺口一直居高不下。在非公企业、小微企业，技术工人更是严重匮乏。本次调查显示，无技术等级的比例达72.8%，没有专业技术职称的达61.3%，有高级职称的职工仅为4.5%，与2012年相比没有明显改善，仅提高0.5个百分点。据河南省统计，截至2016年底，专业技术人员只有34%分布在企业，这一数字与发达国家70%的专业技术人员分布于企业形成鲜明对比，知识分子过多地集中在非生产领域，而生产领域人才缺乏。

（二）职工提升技术技能缺乏激励保障机制

本次调查显示，56.7%的职工表示参加了单位培训并没有增加收入，57.7%的职工表示没有因参加培训得到工作岗位的提升，培训在收入提升、职务晋升上的作用并不明显。高级技师上月从单位获得的到手全部货币收入均值

为 3742 元，而单位一般管理人员、中层管理人员、高层管理人员收入均值分别为 3785 元、4736 元、5535 元，说明高级技能人才的工资收入在企业中仅与一般管理人员持平，与中层管理人员和高层管理人员有一定差距，技术职称对职工的吸引力不足。技术工人特别是高技能人才在收入分配上没有体现出优势，发展存在“天花板”效应。在与职工个别访谈时，有许多职工反映，因身份区隔等原因，当技能等级达到可评定的最高级别后，在岗位、身份和收入上都很难再有提升。技能人才教育投入不足，一些企业不能很好落实按职工计税工资总额的 1.5%—2.5% 足额提取职工教育经费有关规定。据对企业工会主席的问卷调查统计，企业提取职工培训经费占职工工资总额比例低于 1.5% 为 18.2%，没有提取或表示“不知道”的占 34.6%；职工培训经费用于一线职工培训的比例“未达到 60%”，“没有用于一线职工”和“不知道”的占 30%；企业对加强技术工人队伍建设态度属于“一般，差不多够用就行”的占 10.3%，“不太积极，培养好了就跳槽”的占 2.7%，“基本不培养，就从市场招人”的占 1.8%。从地方调查的情况来看，国有及国有控股企业从机构部门的设置，到职业教育培训经费的提取、使用，都有一套较为完善的机制，基本能保证相关经费用在生产一线职工教育培训上。外资及集体所有制企业在职工教育培训上就出现时间安排、经费使用有折扣等问题，而许多民营企业表现出重使用轻培训，或只使用不培训现象，甚至有的企业将职工教育培训经费提取后，不用于职工教育培训，有些地方面对农民工开展的技术培训针对性不强。

四、职工权益实现不够到位

（一）职工面临更加复杂多样的劳动关系

我国正处于经济社会转型时期，劳动关系进入矛盾凸显期和多发期，劳动争议案件居高不下，集体停工和群体性事件时有发生。本次调查显示，20.3% 的职工认为所在单位经营管理者与普通职工之间关系一般和不融洽。分享经济、平台经济等新经济逐渐渗透到社会各领域，劳动关系主体由双方转向多方，显现出灵活复杂的趋势。新就业形态从业者与互联网平台型组织的复杂关系难以用现行的法律关系界定。以网约车为例，专车司机与网约车平台之间是一种“新型劳动关系”，与传统的劳动合同关系并不完全匹配。平台就业呈现出关系灵活化、工作碎片化、工作安排去组织化的特征，给适应机器大工业时代的劳动关系、社会保障等政策体系带来较大冲击，增大了就业者面临的市场风险，包括收入不稳定、需求变动冲击、价格变动冲击、无就业保护、无社会保险等。本次调查显示，职工结束上一份工作时，没有拿到经济补偿金的高达50.3%。本次网络调查显示，自雇就业、自由职业者中参加过工会法律援助活动的占5.5%。

（二）职工劳动经济权益保障水平亟待提高

一是收入分配不合理。职工收入差距仍然较大，19个行业门类中，城镇非私营单位就业人员平均工资最高行业是最低行业的3.64倍。本次调查显示，拖欠工资特别是拖欠农民工工资案件数量和欠薪金额上升明显，单位拖欠工资的比例为3.6%，而拖欠工资的数额在1万—5万元的达20.1%。企业内部职工收入分配差距较大，收入分配向管理等岗位倾斜，同工不同酬、工资结构不合理的现象突出，一线职工的劳动价值没有得到合理的体现。本次调查显示，普通职工上月从单位获得的到手全部货币收入均值为3113元，为各序列职工的最低。在年终奖发放上，普通职工平均拿到4150元，而高层管理人员则为18061元，差距也十分明显。在回答“单位经营管理者和普通职工关系不够融洽的主要原因”时，排在前两位的分别为“职工收入低”（57.2%）、“收入和福利待遇差距大”（41.4%）。普通职工对自己的收入满意度不高。本次调查显示，认为自己的工资收入水平在所在的城市属于中等偏下、低收入的普通职工占54.1%。23.6%的普通职工自2014年以来没涨过工资，这个比例高于专业技术人员（15.2%）及各类管理人员（一般管理人员20.8%、中层16.2%、高层18.9%）。有62.8%的普通职工认为现在物价上涨对生活影响很大。在回答“哪些问题让您感到压力最大”时，职工选择“收入低”的比例占了63.4%，远远高于其他选项。

二是社会保障水平不高。城镇不同人群的社保分割严重、统合性差，部分职工未纳入制度覆盖范围。不同单位、职业身份享有的社保权益存在较大差异，农民工参加城镇职工基本养老和医疗保险的比例依然较低，跨省转移接续难。部分企业特别是非公企业，普遍存在社保未缴费、不足额缴费、不按时缴费的现象。本次调查显示，职工劳动合同中没有（包括不清楚）对社会保险有明确规定的达24.8%；没有办理（包括不知道）失业、工伤保险的职工比例分别达31%和23.6%。不同所有制单位的职工参加社保情况差别较大，以养老保险和医疗保险为例，公有制单位职工参加基本养老和医疗保险的分别占 90.1% 和 91.7%，非公有制单位分别为 73.3% 和 74.9%，相差在 15 个百分点以上。近年来社会保障类信访数量不断上升，2016 年，全国市（地）以上工会共受理社保类信访事项 6.39 万件，占职工信访总量的 19.98%。

三是劳动定额有待规范。当前部分职工劳动定额主要还是企业单方说了算，企业单方面确定劳动定额和计件单价，迫使职工超时加班现象较为普遍。本次调查显示，工作单位在制定劳动规章制度时，由领导（老板）个人说了算、管理部门单独制定的占 54.6%。只有 47.1% 的职工每周工作时间在 40 小时以内，31.3% 的在 41—48 小时，48 小时以上的占 21.6%，表示加班加点按劳动法规定足额拿到加班费，或按加班时间安排相当时间倒休的仅占 44%。在是否愿意加班方面，表示因为没有补偿或补偿很少而不愿意加班的占 28.5%。在休息休假方面，表示没有享受带薪年假、没有补偿的占 35.1%；享受了带薪年假，但没有达到规定天数的占 6.8%。如果按行业类别划分，既没有享受带薪休假也没有得到补偿比例最高的是住宿业和餐饮业，达到 24.3%。

四是职业危害问题仍然较重。一些行业和企业劳动条件和作业环境改善落后于经济社会发展，煤炭、建筑等高危行业职工特别是农民工的生命安全健康权益受到侵害。本次调查显示，工作岗位或工作环境存在高低温作业风险，并且防护措施不够或没有的占 7.3%，噪声污染占 10.9%，粉尘污染占 10.7%。由于“三新”经济发展的初级阶段性，职工的户外和企业外劳动保护基本上处于自发状态。北京市总工会调查显示，在北京市网约工中，平台为其提供标准化生产工具的只有 19.36%（主要是网约家政人员和美容师等），提供劳动保护用品的只有 13.9%，提供商业意外险的只有 16.44%。

（三）困难职工和农民工群体生产生活问题突出

据全总统计，截至 2016 年末，全国工会建档的困难职工家庭 345.58 万户，其中因病致贫、因病返贫占 37.5%，呈逐年上升趋势，存在“一人得大病、全家陷困境”，“小病拖、大病挨，实在不行才往医院抬”的现象。老工业基地、三线地区、资源枯竭型城市、独立工矿区等领域困难职工人数较多，且呈现集中连片趋势，容易形成贫困固化和代际传递。由于户籍原因，扶贫政策尚未覆盖到长期生活在城市的农民工，在遭遇困难时，这部分人既无法享受城市低保，也无法享受农村低保。城市贫困群体特别是困难职工游离于现行扶贫政策之外，城市社会救助主要依据贫困家庭的人均收入，没有考虑“支出型贫困”，低保边缘户、“夹心层”难以进入救助范围。甘肃省调查发现，49.9%的职工表示家庭“花销较大，基本月光”，98.2%的职工认为现在的物价对生活影响很大或有影响；除医疗和教育问题外，住房问题也成为职工最关注最无奈的问题，正在还房贷的占28.4%，无房职工近35%，按目前的收入和房价买不起房的职工占27.5%。

五、职工利益诉求日趋多元

（一）职工对于社会状况、基本权利的认知和自身利益的诉求差异较大

近年来，房价、物价上涨，教育、就医支出加大，成为不少职工的普遍感受。本次调查显示，91.5%的职工认为自己生活压力很大或有一定压力，职工感觉压力最大的前五项分别是“收入低”、“房价越来越高”、“看病就医费用高”、“子女教育”、“养老”，占比分别为63.4%、49.4%、40.6%、39.5%、24%。这与2012年相比没有变化。45.2%的职工认为脱贫解困、农村人口市民化等具体政策与自己关系不大；35%的职工认为加大党风廉政建设和反腐败斗争与自己关系不大；31.8%的职工对是否希望成为劳动模范表示不希望或没想过。同时，基于前期改革历史遗留问题与市场经济条件下新出现的矛盾相互交织，劳动关系的主体及其利益诉求越来越多元化，一些职工思想状况表现为“三转变”，即从被动维权向主动诉求转变，从追求生存权益向追求发展权益转变，从追求物质权益向追求精神权益、民主权利转变。

（二）职工对地位认同有所弱化

随着市场经济的发展，计划经济体制下的身份制、单位制逐步解体，部分职工认为自己政治地位、经济地位、社会地位呈现下滑趋势，对工人阶级的认同感也同向递减。从政治地位看，职工中党员、共青团员的比例不高。本次调查的职工中党员比例为27.3%，共青团员比例为21.7%。职工政治参与热情不高，65.5%的职工没有参加过最近一次的人大代表选举，67.2%的职工从未参与过现在居住的社区或村镇的活动，27%的职工仅是偶尔参与。一些职工特别是在非公企业职工被雇佣感强烈，“为人打工，低人一等”的心理较普遍。本次调查显示，认为近年来工人社会地位没有提高的达33.4%。河南省调查发现，三成多的一线

工人不认为自己是“主人翁”，而自嘲为“主人空”，究其原因，主要是感觉“工人的收入水平偏低”（24.9%）、“工人的就业岗位不稳定”（17.5%）、“工人的工作大多是苦、脏、累”（15.9%）等。

（三）职工民主参与渠道有待拓展

一些地方职工群众进入“两代表一委员”（党代会代表、人大代表，政协委员）的比例相对较少，尤其是人数庞大的农民工、劳务派遣工和一线工人等群体缺乏参政议政、反映意见的合法渠道。绝大多数省份本届人大代表中，生产一线工人不到2%，个别省份甚至低于1%。本次调查显示，仅有34.5%的职工参加过最近一次的人大代表选举投票。部分职工代表的身份大都被企业经营管理者替代，普通职工对宏观政策制定的影响较小。互联网技术应用对职工民主参与行为的影响亟须加强引导。在调查中了解到，已经有一些企业实行了网上职工代表大会、网络投票表决，但也引发了职工对意愿表达真实性、隐私性和安全性的担忧。职工特别是青年职工在通过正常渠道表达利益诉求受阻后，往往选择通过QQ群、微信群、朋友圈、微博等表达不满情绪，极易诱发群体性事件。

六、职工入会内生动力不足

（一）一些职工尚未加入工会

截至目前，全国工会会员为3.02亿人，占职工总数的77.2%，还有22.8%的职工没有加入工会。非公企业及其他新经济组织、新社会组织越来越成为职工集中的主要领域，但从总体上看，非公企业建会率不到40%，非公企业职工入会率不到60%，总体偏低，大量的农民工、劳务派遣工尚游离于工会组织之外。全国4.1万个乡镇（街道）中，成立工会的仅3万个，建会率为75%；一些开发区（工业园区）没有组建工会，基层工会组织体系出现中间“断层”；一些基层工会联合会所辖全部为工会小组而没有独立的工会委员会，有的联合基层工会覆盖单位太多，存在虚假覆盖；国有企业改革改制深化过程中，随意撤并工会组织现象突出，且呈蔓延趋势。新业态新模式带来了企业和职工的新型组织形态，如创客空间、创客小镇、网约车平台公司等，能否组织其从业人员加入工会、如何有效组织他们入会，急需研究破题。据北京市总工会的问卷调查显示，“三新”下的网约工整体入会率不高，在全部网约工中只有26.5%是工会会员，在专职网约工中工会会员更少，仅占20.8%。职工加入工会的途径也不尽规范，最多的是由单位组织统一加入工会，占66.6%，网上申请的职工最少，仅占0.2%，说明网上入会、网上建会工作还有很长一段路要走。

（二）工会组织对职工吸引力凝聚力不够

本次调查显示，在问到保护工人的利益要靠政府政策和法律，工会的作用有限的，表示“非常赞同”或“基本赞同”的占72%。感觉单位工会主席在职工中不太有威信和没什么威信的达10.1%，感觉工会主席在为职工维权上，说话不太有分量和没什么分量的占12.3%。在被问及遇到困难和问题倾向于找谁帮忙解决时，选择“工会”的职工只占11.1%。职工最希望单位工会开展或加强的职工服务工作，排在前三位的是：提高职工工资收入（27.6%）、开展职工职业技能培训（22.6%）、组织职工参与企业管理（11.8%）；而职工对本单位工会发挥作用情况进行评分时，评分最低的前三项是，“组织职工参与企业管理”（7.06分）、“提高职工工资收入”（7.09分）、“提高职工职业技能”（7.41分），三者完全对应。可见，在职工心目中，工会最应当做好的工作反而是职工眼中最大的“短板”。据本次网络调查显示，认为当前工会主办的服务职工类的网站或App存在单调枯燥不吸引人、版面样式无特色、信息量少范围狭窄问题的，分别占15.80%、15.10%和20.80%。在问到是否参加过的工会活动中，比例最高的是文体娱乐占37.8%，最低的是法律援助活动占6.2%，都没参加的占7.5%。认为工会组织活动中少数吸引力不够、效果不够理想、活动实际意义不大的占47.1%。一些基层工会普遍缺人，在工作方式方面与职工缺乏紧密联系，工会干部理论素养、工作能力、创新精神还不适应工作需要。本次调查显示，大部分县级工会仅有编制3—4人，实有干部职工5—6人（包括聘用人员）。大多数工会主席有大专及以下学历，占56.7%。企业工会干部普遍兼职，按3‰比例配备专职工会干部的要求在大多数企业难以实现，工会主席专职率比例较低，基层工会主席76%是兼职。

（三）“互联网+”工会建设任重道远

在利用互联网开展工作上，目前工会还处于探索发展阶段，开展工作的载体、方法、措施还缺乏经验。本次调查显示，38.6%的职工表示所在单位工会没开展过网上服务职工工作，23.9%的职工没参与过在网络上（网页、客户端、微信、微博、公众号等）开展的工会服务职工活动，没听说过的高达48.7%，经常参加的仅有6.7%。没有参与网上工会活动主要原因中，24.1%认为操作技术不太熟悉，19.9%认为活动没多大吸引力，15%觉得麻烦浪费时间，8.3%表示带给职工的实惠不够。在参加网上工会活动的职工中，有52%的职工是被单位要求参加的，通过亲友同事推荐、上网无意发现等自发途径知道网上工会活动的，只有34.3%，这说明工会工作主要还是采取传统的"线下"方式开展，缺乏具有足够吸引力的网上服务项目，职工网上活跃度还不高，网上覆盖群体还不足，网上工作与职工渴望享受到更加便捷、更多服务内容的需求之间存在较大差距。

第三部分　新形势下进一步发挥工人阶级主力军作用的政策建议

到2020年全面建成小康社会，实现第一个百年奋斗目标，是我们党向人民、向历史作出的庄严承诺。2020年全面建成小康社会后，全党全国各族人民要为实现第二个百年奋斗目标而努力，踏上建设社会主义现代化国家新征程，让中华民族以更加昂扬的姿态屹立于世界民族之林。新的使命和担当，为工人阶级提供了更加壮阔的历史舞台。中共中央、国务院下发《新时期产业工人队伍建设改革方案》，发出了推进产业工人队伍建设改革的动员令。站在新的历史起点上，必须坚持以人民为中心的发展思想和全心全意依靠工人阶级的方针，以推进产业工人队伍建设改革为契机，破除思想观念、能力素质、体制机制等方面的障碍，促进职工队伍全面发展，在实现"两个一百年"奋斗目标、实现中华民族伟大复兴中国梦中充分发挥工人阶级主力军作用。

一、完善促进工人阶级发挥作用的制度安排

（一）提高政治地位

强化各级党委贯彻全心全意依靠工人阶级方针的领导责任，健全党委领导、政府负责、工会推动、企业和社会参与的工作格局。把全心全意依靠工人阶级

方针教育作为思想理论建设的重要内容，纳入党委（党组）学习中心组学习范围和各级党政干部培训教育课程。推进协商民主广泛多层制度化发展，拓宽职工群众依法有序参与管理国家事务和社会事务、管理经济和文化事业的渠道。适当增加一线职工在党的代表大会代表和委员会委员、人民代表大会代表、政协委员、群团组织代表大会代表和委员会委员中的比例，加强参政议政能力建设。着力在产业工人中发展党员，重点发展生产一线工人、技术能手特别是优秀青年工人入党。

（二）加强民主管理

加快制定企业民主管理法，健全以职工代表大会为基本形式的企业民主管理制度，探索建立职工民主管理委员会、民主议事会等多种民主管理形式，实现与公司治理结构和现代企业制度的有效衔接，构建党委会、工会、职代会与股东大会、董事会、监事会各负其责、协调运转、有效制衡的公司治理结构。

（三）拓展发展通道

改革企业人事管理和工人劳动管理相区分的双轨管理体制，打破职业技能等级和专业技术职务之间界限。落实以增加知识价值为导向分配政策，有效实施技能人才激励计划，完善多劳多得、技高者多得的技能人才收入分配政策，引导加大人力资本投资，提高技能人才待遇水平和社会地位，带动广大产业工人增技能、增本领、增收入。推进企业建立与职业技能等级相挂钩的工资分配制度，在关键岗位实行特岗特薪。建立技工“蓝卡”制度，依托社会保障卡加载标记功能，为技能人才在不同所有制、不同性质单位、不同行业和跨地区流动中的社会保险关系接续提供依据。以有序推进农民工市民化为目标，以新生代农民工为重点，逐步建立保障农民工权益的基本公共服务、户籍、住房、土地管理、成本分担等制度，重点促进长期在城镇居住、有相对稳定工作的农民工有序融入城镇。

二、积极应对新就业形态蓬勃发展带来的机遇挑战

（一）完善相关法律

适应“互联网+”条件下就业创业方式多元化趋势，针对新就业形态劳动关系、劳动强度、劳动方式等方面的新特点，完善适应新就业形态的劳动合同、

劳务管理等制度。加快出台新的劳动关系认定标准和方法，建立与司法实践相适应的实质审查标准，根据企业用工特点认定劳动关系或劳务关系。

（二）强化政策研究

支持平台就业等新就业形态发展。研究制定新就业形态从业者参加养老、医疗保险和缴纳住房公积金的社会保障制度。完善养老保险制度，合理设定缴费年限、退休年龄、降费及补贴等事项。健全医保制度，为新就业形态从业者建立个人账户，制定相应的门诊、住院、大病统筹、医疗补助政策。引导推广为新就业形态从业者量身打造的雇主责任保险或意外伤害保险，探索适应新就业形态从业者的失业、工伤保险保障方式，符合条件的可享受灵活就业、自主创业扶持政策。建筑领域、物流行业、服务业、互联网平台企业的劳务工和兼职人员，可按项目总造价、业务量或营业收入的一定比例，结合行业风险实情缴纳工伤保险费，参照职工工伤待遇水平计发应获待遇。加快建设“网上社保”，鼓励非现场缴费和网上支付结算，为新就业形态从业者异地参保及转移接续提供便利。

三、全面提升职工队伍技术技能素质

（一）健全职工素质提升长效机制

推动产业工人队伍建设改革，总结推广有关典型经验，加快整合资源，加大投入力度，抓紧出台完善现代职业教育制度、建立劳动者终身职业技能培训制度、统筹发展职业学校教育和职业培训、改进产业工人技能评价方式、打造更多高技能人才等改革举措的配套措施，加快形成有利于职工成长成才的制度环境。

（二）构建职工技能形成体系

适应互联网和人工智能带来的就业结构、就业方式转变，注重运用云计算、大数据、物联网、人工智能等，建立与新型职业和技能需求相适应的终身学习和就业培训体系。实施现代职业教育质量提升计划、“大国工匠”培训支持计划、农民工职业技能提升计划，培养重点产业和新兴战略性产业急需的高技能人才。加快完善现代职业教育体系，促进职业教育专业设置、课程内容等与产业升级、社会需求对接，大力发展技工教育，修改职业教育法，加强产教融合、校企合作，强化企业行业责任和工会监督机制，推广行业企业办学、集团化办学、行业与学校协作等职教办学模式。推进技能人才培养培训基地建设，打造职工技能培训与网上练兵平台。健全职业技能多元化评价机制，优化职业技能标准等级设置，鼓励用人单位向上增加等级。完善技能人才职业技能等级认定政策，实现与职业资格制度的有效衔接，建立优秀技能人才技能资格越级申报、技能等级直接认定制度。

（三）改进劳动和技能竞赛体系

建立以企业岗位练兵和技术比武为基础、以国家和行业职业技能竞赛为主体、国内竞赛与国际竞赛赛项相衔接的劳动和技能竞赛机制。围绕国家战略，聚焦重大工程、重大项目、重点产业，开展全国引领性劳动和技能竞赛，深化非公企业劳动竞赛，探索开展“互联网＋”新经济形态劳动竞赛。加强职工技协建设，深化群众性技术创新活动，加大创新创效扶持力度，引导职工踊跃投身大众创业、万众创新的时代洪流。

四、扎实做好职工维权服务工作

（一）健全完善劳动法律法规

加快完善劳动法、劳动合同法、社会保险法等法律的配套法规政策，加快完善基本劳动标准、集体协商和集体合同、协调劳动关系三方机制等方面的制度。积极推动稳岗补贴政策精准落实，发挥创业孵化基地、众创空间的作用，促进以创业带动就业。加强对化解过剩产能和企业兼并重组中规模化裁员的监控和管制，强化下岗分流和失业人员培训，稳定和促进就业。支持科研人员等高层次人才创业创新，抓紧出台进一步支持农民工返乡创业的措施。加强对深化供给侧结构性改革和国企改革中劳动关系矛盾风险评估和会商研判，密切关注产能过剩行业、资源枯竭工矿、老工业基地和兼并重组、破产清算企业劳动关系矛盾演化现象，健全预防预警和矛盾调处机制。

（二）维护劳动收入主体地位

坚持共享发展，加大政府对收入分配宏观调控力度，规范企业工资收入分配制度，促进一线职工、农民工、劳务派遣工群体收入合理增长。加快建立全国统一的薪酬调查和信息发布制度，用工资中位数替代社会平均工资，建立职工工资与物价指数联动机制。进一步完善最低工资制度，督促企业严格执行。普遍开展企业工资集体协商，加大区域性行业工资集体协商力度，完善企业工资决定机制、正常增长机制、支付保障机制。规范企业劳动定额管理制度，杜绝企业片面随意确定劳动定额的现象。强化执法监督，严肃查处恶意欠薪案件，建立遏制欠薪的长效机制。

（三）健全社会保险制度

提高社会保险统筹层次和保障水平。建立职工大病医疗保险制度，积极推进职工门诊统筹。适当提高失业保险金待遇水平，确保分流职工生活有保障。建立健全隐患排查治理制度、重大隐患治理情况向负有安全生产监督管理职责的部门和企业职代会“双报告”制度。制定职业病防治中长期规划，扩大职业病患者救治范围。加强新材料、新工艺、新业态安全风险评估和管控，提升安全生产工作整体水平。

（四）加大对困难职工帮扶力度

将城市困难职工解困脱困工作纳入国家扶贫攻坚大局，高度重视城市低保线以上边缘户、“夹心层”困难职工，探索建立“支出型”贫困家庭救助支持政策。完善困难职工精准识别机制，实现解困脱困工作痕迹化管理、精准化实施。利用“互联网＋”社会资源对接平台，实现困难职工需求信息和政府的救助资源、社会组织的公益项目、社会各界的爱心捐赠和志愿服务的精准对接。支持工会参与社会管理和社会服务活动，把工会开展的救助、就业服务、职业培训、小额贷（借）款、法律援助等服务活动纳入公共服务体系。

五、有效加强新形势下职工思想政治工作

（一）分类分层开展职工思想政治工作

健全国有企业思想政治工作的责任体系和保障机制，研究制定加强和改进职工思想政治工作意见，实行企业行政领导“一岗双责”的思想政治工作责任制，把思想政治工作纳入企业管理目标考核体系。面向不同所有制性质、产业行业、岗位属性、收入层次等各类职工群体，重视创新“两新”组织的职工思想政治工作方式，推动在具备条件的非公企业设立专兼职思想政治工作人员。

（二）推进职工文化建设制度化长效化

以社会主义核心价值观为引领，在职工群众中广泛加强爱岗敬业、甘于奉

献的职业精神教育和职业素养教育，提升职工道德素质，促进人格发展，培育健康文明、昂扬向上的职工文化，满足职工日益增长的精神文化需求。搞好典型引路，发挥先进典型、道德模范、“最美人物”示范带动作用。鼓励文艺工作者创作出更多宣传劳动者、展现新时代工人阶级风采的优秀作品。在全社会大力弘扬劳模精神、劳动精神、工匠精神，唱响“劳动光荣、工人伟大”的时代主旋律，形成崇尚劳动、尊重劳动者的舆论导向和价值取向。

（三）创新职工思想政治工作方式方法

建立和完善职工思想状况定期调查制度，及时掌握各类职工群体的利益诉求和思想动态。强化互联网服务和引领功能，建设统一规范、各具特色、功能互补、协同互动、有高度粘性的思想政治工作新媒体矩阵，强化社会热点难点问题的正面引导。加强人文关怀和心理疏导，帮助职工解疑释惑、排忧解难、增进共识，引导职工理性看待利益调整，依法有序表达利益诉求。

六、深入推进工会系统改革创新

（一）加强和改善党对工会工作的领导

加大支持保障力度，建立和完善党委研究决定工会工作重大事项制度。学习贯彻习近平总书记关于群团工作和群团改革重要指示精神，紧紧围绕增强“政治性、先进性、群众性”，以更大力度、更实举措推进工会改革，继续在建机制、强功能、增实效上下功夫，丰富和拓展中国特色社会主义工会发展道路，把工会组织建设成为党的群众工作的坚强阵地。

（二）夯实基层基础

推进新兴产业、现代农业企业和社会组织建会工作。重点围绕众创空间、创客小镇、创新园区等新型的企业集聚区，网络预约出租车、大货车、家庭服务等新型服务业态，社会团体和社会服务机构等新社会组织，以及平台型就业、创业式就业等新就业形态，不断扩大工会组织和工会工作有效覆盖面。大力推行网上申请入会和企业外入会，推进会员实名制管理，建立会员组织关系随劳动关系流动接转机制，最广泛地把灵活就业的农民工、劳务派遣工等吸收到工会中来。积极转变拓展服务职能，健全和落实联系基层服务职工长效机制和工会工作评价机制，探索适合工会开展的互助性普惠服务，强化工会联系服务职工的意识、能力和效果。

（三）加强网上工会建设

充分利用互联网等现代信息技术和社会、市场的资源支撑工会改革创新，运用工会系统网站、App 客户端、微博、微信公众号等平台，打造方便快捷、务实高效的服务职工新通道。把工会系统网络纳入国家电子政务网络统一规划建设，推进与网信、人社、民政、公安、住建、工商、金融等部门有关数据交换，建立健全结构清晰、数据准确、动态管理的工会工作和会员信息基础数据库，与国家大数据中心实现数据融合，推动就业创业、困难帮扶、法律援助、劳动保护等业务工作在线化、数字化、可视化和协同化。深入推进为货车司机提供帮助的“工惠驿家”等“互联网 +”工会普惠性服务，加强工会会员服务卡建设，进一步扩大职工受益面。

起草组组长：吕国泉
副　组　长：陶志勇
成　　　员：李睿祎　李　羿　阳万雄　邹广子
廖枢权　冯永光　赖金金　夏　邑

第八次全国职工队伍状况调查办公室
2017 年

编者后记

为庆祝改革开放四十周年，我们组织编写了《改革开放四十年中国职工状况丛书》，包括《中国工人阶级四十年（1978—2018）》《中国职工状况调查报告（1978—2018）》《中国职工状况调查数据（1978—2018）》《中国职工状况调查个案（1978—2018）》四种。该丛书系统回顾了改革开放四十年来中国工人阶级走过的光辉历程，悉心刻画了中国工人阶级时代肖像，全景展现了中国工人阶级与改革开放同行的伟大历程和共同命运，是新时代社会各界和读者大众了解中国工人阶级历史的重要读物。书中所涉文件、资料等截止时间为2018年5月，为体现时代特点，书中有关提法基本保持原貌。

参与本书编辑的人员有（按姓氏笔画为序）：马惠珺、王娇萍、冯永光、吕国泉、伍德道、闫宇平、阳万雄、杜德军、李羿、李跃平、李睿祎、步志昊、时银龙、吴斌、邹广子、张广、张泽、张龙龙、张妍延、张倩颖、逄国君、夏邑、徐田成、陶志勇、常品超、赖金金、廖枢权、戴文宪。

在丛书编写过程中，我们学习借鉴了大量有关中国工运史方面的研究专著、文章，党政机关、工会组织和科研教学机构专家学者的研究成果，限于篇幅不一一列举，特此说明和致谢。在此，我们向为丛书出版提供指导帮助的各位领导、专家学者一并表示谢忱。

丛书内容涉及时间跨度较大，史料众多，一些观点尚未形成定论，加之编写者水平有限，难免存在不妥之处，敬请广大读者批评指正。

本书编辑组

2018年8月